GREEN BOOK OF SUV
ANNUAL REPORT ON THE DEVELOPMENT OF
CHINESE SUV INDUSTRY

(2018-2019)

SUV绿皮书
中国汽车SUV行业发展报告
（2018~2019）

汽车评价研究院 ◎编著

经济管理出版社
ECONOMY & MANAGEMENT PUBLISHING HOUSE

图书在版编目(CIP)数据

SUV绿皮书:中国汽车SUV行业发展报告(2018~2019)/汽车评价研究院编著.—北京:经济管理出版社,2020.8

ISBN 978-7-5096-7289-1

Ⅰ.①S… Ⅱ.①汽… Ⅲ.①越野汽车—汽车工业—工业发展—研究报告—中国—2018-2019 Ⅳ.①F426.471

中国版本图书馆CIP数据核字(2020)第133706号

组稿编辑:范美琴

责任编辑:范美琴

责任印制:黄章平

责任校对:陈晓霞

出版发行:经济管理出版社

　　　　　(北京市海淀区北蜂窝8号中雅大厦A座11层　100038)

网　　　址:www.E-mp.com.cn

电　　　话:(010)51915602

印　　　刷:北京晨旭印刷厂

经　　　销:新华书店

开　　　本:710mm×1000mm /16

印　　　张:23

字　　　数:425千字

版　　　次:2020年8月第1版　2020年8月第1次印刷

书　　　号:ISBN 978-7-5096-7289-1

定　　　价:79.00元

中国汽车 SUV 绿皮书编委会

前　言

　　对汽车行业以"十年"作为节点进行总结和代际划分是一种通行方法。业内通常将 2000 年记为我国"家用汽车元年"，2000 年以后，中国汽车市场规模一路上扬，自 2009 年成为全球第一大汽车市场后，我国便稳坐头把交椅，尽管从 2018 年开始经历了两连跌，也未曾让出第一的宝座。按"十年"来看，21 世纪第一个十年，是中国汽车市场高速增长的十年，销量从 2000 年的 208 万辆上升到 2009 年的 1364 万辆，年均增速高达 23.24%；21 世纪第二个十年是中国汽车市场平稳增长的十年，销量从 2010 年的 1806 万辆增长到 2019 年的 2577 万辆，年均增长率为 4.03%。

　　可以说，中国乘用车市场在 21 世纪第一个十年的高速增长是靠轿车这一品类单擎驱动的结果，2010 年以前，轿车市场份额在 70% 以上，2007 年达到最高峰的 75.1%。2010 年，中国乘用车市场达到一定规模后，SUV 这一品类迅速成长起来，销量增速远超轿车，拥有了独当一面的能力。21 世纪第二个十年中，SUV 与轿车一起成为中国乘用车市场成规模后还能稳步增长的双动力。

　　近年来，SUV 市场份额迅速增长，从 2010 年的 9.64% 上升到 2019 年的 43.67%，相对而言，同期轿车市场份额则从 69.01% 下降到 48.26%。同期，世界主要汽车市场 SUV 的市场占有率都实现了较大幅度提升，加拿大、美国 SUV 市场占有率均超过 50%，这两个"以大为美"的汽车市场的数据，对于同样偏好大车的中国市场有一定参考价值。国家信息中心的消费者调查显示，消费者对 SUV 的偏好为 51%，比对轿车的偏好高 7 个百分点。可以预见，未来 SUV 市场份额还有上升空间，有可能超过轿车成为第一品类。

　　在全世界任何一个汽车市场，SUV 都是非常重要的品类，对于中国汽车市场来说更是如此，SUV 在中国汽车市场具有特殊的价值和意义，超越了 SUV 在成熟汽车市场中的地位。

　　一方面，因为 SUV 这个品类符合中国长久以来的文化审美，使 SUV 成为中国乘用车市场最活跃的细分领域，且在仍有上升预期的情况下，无论是跨国品牌、合资品牌还是自主品牌，都越来越重视 SUV，纷纷将这一品类作为产品布局的重要战略和抢占市场的先锋，SUV 新品发布数量逐年走高，在售产品数量于 2016 年超过轿车，成为第一品类，由此带来的竞争程度也居所有品类之首。

另一方面，是因为 SUV 是中国品牌迅速成长的基石。众所周知，合资品牌在中国乘用车市场是非常强势的，2019 年，合资品牌乘用车市场份额为 60.8%。而在轿车市场，合资品牌市场占有率高达 80.1%。然而与前两者不同，由于抢先一步发现了中国消费者对于 SUV 的偏好，并快速布局推出产品，中国品牌在 SUV 领域迅速抢占市场，从 2015 年至今一直是市场领先者，2017 年市场份额曾高达 60.6%。但随着合资品牌提升在 SUV 领域布局的力度和速度，之后两年，中国自主汽车品牌市场份额有所下降，但 2019 年还是占据了 52.6% 的份额。

更为重要的原因是，中国 SUV 为世界做出了独特的贡献。在中国消费者需求与车企独特性研发的相互作用下，中国 SUV 产品重新定义了 SUV 这一品类的内涵，并在此基础上改变了世界 SUV 市场格局，也因此使中国品牌找到了成为世界品牌的突破口。

过去两年，中国汽车市场整体环境发生重大转折。首先，最大的转折就是在艰难挺过连续两年销量下滑，刚有一丝起色，还没来得及挽起袖子时，2020 年开年就遭遇了疫情黑天鹅，致使全产业链停摆。虽然最好的预期是疫情对汽车行业短期影响大，长期影响不大，但当前销量预期普遍被进一步下调。其次，汽车"三化"（或者"四化"）进入关键阶段，需要将"三化"趋势落实到产品上，而产品需要接受市场严酷的考验。再次，中国汽车消费升级，中国汽车消费者主力军由"90 后"接棒，这一系列消费者特征的变化，使消费需求变得越发复杂而难以把握。最后，中国汽车市场的参与者数量越来越多，也越来越多元化，所有品牌对中国市场越来越重视，竞争越来越激烈，反应速度越来越快，到了展现真正实力的时候，技艺不精者已经被挤到淘汰区。

面对这些重大转折，被寄予厚望的 SUV 市场会如何发展？这需要企业以实际行动来回答。在行动之前，企业应该认清市场趋势和前景，理解透彻消费者需求，真正做到与这些需求匹配，然而做到这些绝非易事，需要专业的知识、长期全面持续的观察、科学的研究方法、过硬的研究能力以及跳出个体纵观全局的视角。

作为致力于为汽车企业提供最实用、最专业意见的机构，汽车评价研究院深耕汽车产业，研究行业热点和难点问题，深知企业痛点问题，并致力于提出具有可操作性的最优解决方案。SUV 是我们持续关注的重要领域之一，此前，我们发布了第一版《SUV 蓝皮书》和第二版《SUV 绿皮书》，因扎实的研究和实用的建议，获得了众多好评，今年，我们将发布由经济管理出版社出版的最新版本

《SUV 绿皮书：中国汽车 SUV 行业发展报告（2018～2019）》（以下简称第三版《SUV 绿皮书》）。

面对两年来 SUV 市场及竞争格局发生的剧变，第三版《SUV 绿皮书》按照市场篇、企业篇、产品篇、前景篇、企业案例篇五部分深入挖掘，精准描述新环境的特点，梳理出在这一新环境下国内 SUV 的现状，分析出变化的实质和因素，介绍海外汽车市场及 SUV 市场情况及产品趋势，分析不同类别企业各竞争层次中的典型代表在企业战略和产品规划方面的差异，对 SUV 各细分市场及产品进行分析，帮企业辨别环境中的机遇和威胁，启发企业如何趋利避害、扬长补短，从而帮助企业度过寒冬，赢得未来。

为了更好地完成这个意义重大且艰巨的任务，我们力邀行业最权威、观点最独到、对研究极具热情、对企业非常关爱的各领域大咖，组成专家团，于 2018 年 8 月召开了以"掌握趋势明前景　无畏凛冬赢未来"为主题的研讨会，进行集中全面深入研讨，得到了多方的积极响应与大力支持，为第三版《SUV 绿皮书》的编写提供了宝贵的智力支持。

在此，特别感谢一汽—大众奥迪的大力支持！可以说，我们研究中国 SUV 市场趋势、编写出版第三版《SUV 绿皮书》是为整个行业服务的、带有公益性质的活动，这不是一个企业的责任，但是一汽—大众奥迪鼎力支持我们开研讨会、进行课题研究，体现了一个企业的担当，这难能可贵。

目　录

第一部分

市场篇

第一章　海外汽车市场情况概述

受中国汽车市场影响，2018年全球汽车销量迎来自2009年以来的首次下滑。根据英国汽车调研公司Jato Dynamic的统计数据，2018年全球汽车销量为8601万辆，同比略微下滑0.5%。即便是在全球车市同比下降的大背景下，SUV这个细分市场仍然保持了上升态势，2018年SUV全年的销量达到了2977万辆，相较2017年增长6.8%。

从市场占有率来看，SUV仍然是当之无愧的全球最热销车型，2018年市场占有率比上年提高了2.6个百分点，达到36.4%。具体来看，紧凑型SUV最受欢迎（见图1-1），全年销量达到1230万辆，销量占全球SUV总销量的41%，同比增长7%，在这一市场遥遥领先的是现代起亚；紧随其后的是中型SUV，全球销量为720万辆，比上年增长3%，这个领域市场的主要受益企业是雷诺—日产集团；排名第三的是小型SUV，销量达到了660万辆，并实现了两位数增长（13%），现代起亚和大众在这一细分领域处于领跑位置；大型SUV销量最低，约为370万辆，增速仅为2%，销量最多的是通用汽车。

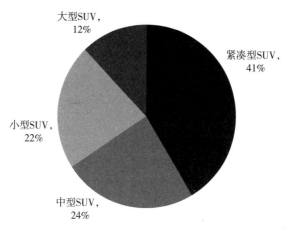

图1-1　2018年全球SUV销量组成

资料来源：Jato Dynamic。

　　值得一提的是，尽管 SUV 的市场份额和销量保持了持续上升的态势，但增速大幅放缓，处于四年来的最低水平。历史数据显示，2015 年和 2016 年全球 SUV 的销量分别增长 21% 和 22%，2017 年虽然增幅下降至 12.8%，但至少保持了两位数增长，2018 年增幅则降到了个位数。当然，这与汽车市场发展的规律相符，任何一个细分市场都不可能一直保持如此高的增长速度，在高速发展一段时间后逐渐回归中低速实属正常。

　　从不同汽车企业来看，丰田、现代起亚和大众汽车集团均实现了两位数增长，但这仍然未能撼动雷诺—日产在全球 SUV 领域的主导地位，后者 2018 年的销量占据了全球市场近 12% 的份额。事实上，SUV 在汽车企业销售中的地位越来越重要，包括 FCA、吉利、马自达、塔塔集团以及许多中国汽车制造商的大部分销售额都来自 SUV。

　　从单一车型来看，日系 SUV 在世界范围内都很受欢迎，销量最高的前三个车型分别是丰田 RAV4、日产奇骏和本田 CR-V。事实上，这三大汽车品牌也是 2018 年在全球范围内 SUV 销量最高的品牌。据分析，RAV4 之所以能在 2018 年超过日产奇骏攀升为世界最畅销的 SUV，得益于它在美国的率先换代，产品力比较领先，同时在中国市场保证了基础的销量。日产奇骏 2018 年表现不佳，主要受累于在美国和欧洲市场的销量下滑，2018 年销量下降了 6%。其他一些车型增速明显，例如，马自达 CX-5（13%）、起亚 KX5（12%）、雪佛兰探界者（18%）和 Jeep 指南者（59%），有望在 2019 年进一步提升。

　　在 SUV 销量排名前十的国家中，中国是唯一一个总量超过千万辆，占全球销量近 35%，但增速出现下滑的国家；全球第二大 SUV 市场是美国，销量达到了 775 万辆，同比增长 10%，几乎所有汽车品牌的 SUV 产品销售都表现向好，通用汽车依旧在本土保持着领先地位；欧洲是第三大 SUV 市场，2018 年售出了 540 万辆，比上年增长 18%，不过欧洲市场以紧凑型和小型 SUV 为主导，考虑到和轿车的竞争，SUV 在欧洲的市场渗透程度仍落后于美国和中国。

　　展望未来，LMC Automotive 市场分析机构预测，全球 SUV 市场增长仍未到顶，不过增速将有所放缓。到 2025 年，全球 SUV 的市场份额将会与轿车持平，市场份额都在 38% 左右。可以预见，在未来的一段时间里，全球 SUV 市场将进入一个稳定增长的新阶段。

第一节　美国

一、紧凑型和中大型SUV受欢迎

2018年，美国汽车市场的表现可谓超出预期。据《美国汽车新闻》统计，2018年美国轻型车（含乘用车和轻卡）的新车销量小幅上涨0.6%，达到1733.4万辆。据研究机构分析，销量上涨原因在于美国经济增长强劲、就业市场创造了更多新的就业机会、工薪阶层工资增长加快，以及低油价和房价上涨等。其中，轻卡（包含皮卡和SUV）销量达到1197万辆，同比增长7.7%，占美国轻型车市场的69%；相比之下，轿车市场表现不佳，2018年共销售新车536万辆，已经接近1958年的最低销量，市场份额占比也从2017年的36%降至31%。这一点在2018年美国十大畅销车排行榜单上也表现明显，SUV与皮卡毫无悬念地占据了压倒性优势。

上述数据表明，美国消费者从购买轿车向轻卡和SUV转变的趋势仍在继续。在2018年美国新车总销量中，轿车仅占32%，市场份额下降的幅度之快令人意外，需知，2015年轿车的市场份额还能占到43%。业内人士认为，这一转变的主要原因在于美国消费者偏好的改变以及汽车厂商产品战略的调整，特别是底特律三大巨头近年来不断削减轿车产品。在美国国内主要汽车品牌不断从轿车市场撤退的同时，进口品牌却仍在轿车市场挣扎，本田、丰田和日产等日系品牌早先以雅阁、凯美瑞和天籁而闻名，但现在也许是时候该承认CR-V、RAV4、Rogue才是它们的增长引擎了。

作为2018年全球第二大SUV销售大国，美国几乎所有汽车品牌的SUV产品线在2018年市场上都有所斩获，拥有"主场优势"的通用继续占据着老大的位置，FCA集团因为Jeep品牌导入了新款指南者和牧马人等热门车型，在市场上供不应求，市场份额排在第二，而现代起亚、大众集团、斯巴鲁、马自达和宝马集团也是北美地区的赢家。美国最畅销的SUV的名号，被丰田RAV4收入囊中。

从美国SUV消费者的喜好来看，紧凑型和中大型SUV十分受欢迎。2019年上半年，美国SUV销量排名前十的车型分别是丰田RAV4、雪佛兰Equinox、日产Rogue、本田CR-V、福特Escape、Jeep大切诺基、Jeep牧马人、丰田汉兰达、福特探险者和 Jeep 切诺基。

值得一提的是，小型 SUV 由于兼具实用性和经济性，在美国市场上的份额也在不断增长。根据《美国汽车新闻》数据中心的数据，2017 年，共有 16 个汽车品牌在美国市场推出了小型 SUV，当年销量为 78.4 万辆，占据美国 SUV 市场 12% 的份额，占美国轻型车总销量的 4.5%。IHS Markit 首席汽车分析师斯蒂芬妮·布林利表示，尽管小型 SUV 市场发展时间不长，但消费者需求旺盛，预计该细分市场仍将保持可观的增长。

二、未来或是唯一 SUV 占比过半的主要市场

虽然 2018 年美国车市意外向好，但分析机构对于 2019 年乃至今后一段时间里美国汽车市场的表现持谨慎态度。有预测称，未来几年，美国市场汽车销量将继续下降，2021 年总销量将降至 1510 万辆，较 2015 年创下的 1750 万辆的纪录高点下滑 200 余万辆。这一趋势在 2019 年上半年已经有所体现，据统计，2019 年上半年美国轻型车销量同比下滑 2.4%，至 841.8 万辆，这是近 10 年来美国车市第 3 次上半年销量同比下滑。有两方面原因：一是美国新车价格不断攀升；二是关税和贸易问题带来的影响，使得美国汽车消费者信心受挫。多名美国汽车分析师预测，随着经济下行、利率上调、物价上涨以及购车补贴减少，消费者的需求将继续被抑制，2019 年美国轻型车销量将跌破 1700 万辆，这将是近 5 年来美国汽车销量首次跌破 1700 万辆。

不过，作为 SUV 最早出现的国家，在车市整体放缓的环境中，美国的 SUV 市场依旧有望在近年来继续保持良好的发展态势。数据显示，自 2016 年以来，SUV 已经超过皮卡、轿车的销量，成为新一代的道路之王。LMC Automotive 预测，未来美国将成为唯一一个 SUV 占轻型汽车总销量 50% 以上的主要汽车市场。美媒 Nation.com 针对消费者进行的调查显示，美国人喜欢 SUV 有六大原因：①相较于一般的轿车，SUV 车身整体平直，把后排座椅放倒后，与小型厢式货车相差无几，载物能力比传统三厢轿车强；②小型 SUV 通常只比轿车高出 25 厘米，而长度却与轿车保持一致，所以一般 SUV 也能挤进窄小的停车位；③虽然小型 SUV 内部空间紧凑，但由于驾驶位升高，宽大的前挡风玻璃和侧窗都能给司机提供更开阔的驾驶视野；④轿车一般都需要俯身弯腰才能上下车，而 SUV 的高车身和高坐姿能让乘客更方便地上下车，尤其对于老人而言；⑤高底盘可以让车子更好地应付泥泞地，同时也能有效降低对底盘的损耗；⑥四轮驱动在 SUV 中是一项较为常见的配置，它能使车辆在雪地上依然保持足够的驱动力。

　　由于近年来美国消费者的偏好从传统轿车转向 SUV 和轻卡，美国汽车制造商也在积极调整产品结构以应对消费者口味的变化。通用汽车、FCA 都削减了轿车和双门跑车的产能，转而专注于生产 SUV 和皮卡，甚至以轿车见长的日系车企也在顺应市场趋势，计划在北美市场推出更多 SUV 产品。

　　其中最为"激进"的要数福特，2018 年 4 月，福特宣布在北美市场停产停售九成的轿车业务，包括嘉年华、金牛座、Fusion（北美版蒙迪欧）、C-Max 以及福克斯 ST、RS 等车型，只留下 Mustang（野马）和即将在 2019 年推出的福克斯 Active 两款产品；2019 年上半年，福特计划将所有轿车车型（野马除外）从其美国产品线中剔除，而最新被淘汰的是 Fusion Sport 轿车。官方对此解释说，对这类车型的停止更新将会更加有助于专注研发消费者更需要的新车。

　　值得一提的是，虽然中国汽车品牌在美国市场目前还未有起色，但包括广汽、拜腾和前途等企业已经宣布了进军美国 SUV 市场的计划，到 2020 年或将有实质性的进展。从机遇来看，美国汽车消费者对于 SUV 的热爱有利于中国汽车品牌的发展，毕竟中国能够成为全球最大的 SUV 消费市场，中国品牌"功不可没"，并已经摸索出了一套具备一定经验和实力的"打法"，加上中国品牌 SUV 产品的国际竞争力和品牌影响力与日俱增，这些都为抢占美国市场奠定了基础。不过，令人担忧的是，由于中美贸易关系日趋复杂和不确定，以及美国汽车消费市场的更高标准和成熟度，中国品牌进入美国 SUV 市场还存在诸多挑战和障碍。

第二节　欧洲

一、增量主要来自小型 SUV

　　和美国车市热捧 SUV 如出一辙，欧洲消费者对 SUV 的热情也逐年提高，自从 2015 年欧洲 SUV 的销量首次超过传统小型车和紧凑型车以来，欧洲消费者开始"远"传统轿车和 MPV，而"近"SUV 和跨界车的趋势变得越来越明显。

　　市场研究机构 JATO Dynamics 的数据显示，尽管欧洲汽车整体销量逐年下降，2018 年也未能例外，全年销量为 1562.45 万辆，相比 2017 年微跌 0.04%，但 SUV 的市场份额仍在不断攀升。2018 年，欧洲 SUV 的注册量为 540 万辆，同比增幅高达 19%，这已经是连续四年保持两位数增长的态势了，与此同时，市场份额也从 2017 年的 29.2% 增长到 34.6%。在 2018 年全球 SUV 销量的排行榜中（见表 1-1），隶属欧洲地区的德国、英国、法国和意大利也分别以年销量 98 万辆、90 万辆、78 万辆和 72 万辆的成绩分列排行榜上的第三、第四、第六和第九名，相较上一年的增幅均超过了 10%，意大利更是以高达 23% 的增幅成为这一地区增长最快的国家。

表 1-1　2018 年不同国家 SUV 销量情况

国家（地区）	2018 年 SUV 销量（万辆）	同比增长（%）
中国	1035	3
美国	775	10
德国	98	15
英国	90	11
加拿大	87	6
法国	78	18
印度	77	11
俄罗斯	77	23
意大利	72	23
日本	56	6

资料来源：Jato Dynamic。

这一趋势在 2019 年得以延续，据统计，2019 年上半年，欧洲 SUV 和跨界车销量超过 300 万辆，同比增长 5.9%，市场份额则从上年同期的 33.2% 上升至 36.1%，再创新高。不过令人遗憾的是，即便是增长势头如此喜人的 SUV 和跨界车，也未能抵消轿车、旅行车、轿跑、掀背车和小型式货车市场的低迷，从而改变欧洲车市的整体下滑。欧洲汽车工业协会（ACEA）的数据显示，2019 年上半年，欧洲汽车销量同比下降 3.1%，新车注册量为 818.4 万辆。除了德国新车销量微涨 0.5% 以外，其他主要市场均出现不同程度的下滑。德国仍是欧洲最大的新车市场，2019 年 1~6 月销量达到 184.9 万辆；英国排名第二，2019 年上半年销量为 126.9 万辆；法国和意大利分列第三和第四位，销量均超百万辆。

众所周知，欧洲汽车消费者对小型车"情有独钟"，这一点也体现在 SUV 领域。从近些年的销售情况来看，欧洲市场的 SUV 增量主要源自紧凑型 SUV 和小型 SUV。具体而言，最受欧洲消费者欢迎的是紧凑型 SUV，2018 年销量达到了230 万辆，同比增长 17%。在欧洲最受欢迎的 SUV 产品中，如日产 QASHQAI（国内名为逍客）、Tiguan（国内名为途观）等车型都是紧凑型 SUV。小型 SUV以总销量 200 万辆的成绩紧随其后，但同比增长远超紧凑型 SUV，达到了 29%，在受欢迎的具体车型中，包括雷诺 Capture（国内名为卡缤）和标致 2008 等车型都属于这一领域。与前两者形成鲜明对比的是，在欧洲市场上，中型和大型 SUV增速与销量均为负增长，以奔驰 GLS 等为代表。

2019 年上半年的 SUV 市场同样如此，只有三个细分市场——高端紧凑型SUV、小型 SUV 和紧凑型 SUV 实现了增长，而非高端品牌的大型 SUV 在 2019 年上半年的销量仅为 5423 辆，需求下跌 30%。

不过，2019 年欧洲市场对 SUV 的发展提出了部分质疑，在 2019 年的法兰克福车展上，就有抗议群体高举 "Klimakiller" 的旗帜，传达禁止 SUV 的观点。抗议者认为，导致 2021 年欧盟制定的交通碳排放量降低至 95g/km 目标无法实现的"罪魁祸首" 就是 SUV 的热销，而汽车企业还在大力推广和宣传 SUV，这是反其道而行之。另外，抗议者提出，SUV 马力大、重量大，在同样的行驶情况下冲撞路人的危害性高于轿车，而且 SUV 的视野盲区更大，在道路狭窄或人口密集的地区，SUV 更不利于交通安全。根据美国 IIHS 的资料，2009~2016 年，SUV 冲撞行人的事故增加了 81%，由 SUV 引发的交通事故占比高达 50%。

不过，不少业内人士仍对欧洲未来 SUV 市场的表现充满期待。日产欧洲公司产品规划负责人 Ponz Pandikuthira 认为："小型 SUV 的市场规模将疯涨。随着各大汽车品牌的进入，我们预计，未来四年欧洲小型 SUV 市场会疯狂增长，大约在 40% 以上。"LMC Automotive 则提出，由于小型 SUV 的独特吸引力——紧凑的尺寸、高座位和年轻的形象，有望推动欧洲小型 SUV 市场销量在 2019 年达到200 万辆，2020 年的销量达到 216 万辆，进而取代紧凑型 SUV 成为最受欢迎的SUV 类别，到 2022 年，这一细分市场的销量或将增至 230 万辆。

二、电动化发展趋势明显

在 2018 年的 SUV 销量排名中，欧洲是第三大市场，虽然从目前情况来看，SUV 在欧洲的市场渗透程度仍落后于美国和中国，但由于小型 SUV 和紧凑型SUV 市场大有文章可做，欧洲 SUV 市场的发展空间值得期待。数据显示，2016~2018 年，欧洲 SUV 的销量增幅一直保持在 20% 以上，虽然进入 2019 年，增长速度放缓到了个位数，但作为欧洲市场目前仅存的硕果，SUV 市场在未来一段时间里依然有望保持增长。

基于欧洲汽车各大细分市场格局的改变，越来越多汽车制造商积极参与到 SUV 细分市场的竞争中，这些都直接导致了竞争的加剧和红海市场的形成，SUV 产品的不断投放，目前欧洲市场上在售的 SUV 产品已经从 2015 年的 75 款暴增至 2019 年的 115 款。

在众多产品的布局中，汽车企业尤其热衷于小型 SUV 和紧凑型 SUV 的开发。福特计划于 2019 年底推出一款名为 Puma 的 SUV，希望当年 SUV 的销量能占到其轻型车销量的近一半。Jeep 也将在小型 SUV 细分市场发力，到 2022 年将推出旗下第二款小型 SUV。PSA 旗下欧宝品牌在小型 SUV 市场已有两款车型，分别是 2018 年在该细分市场销量排名第五的 Mokka X 和排名第八的 Crossland X。不过，从 2019 年第一季度的市场份额来看，因制造平民汽车而闻名的达西亚（Dacia）是目前欧洲市场业绩表现最佳的品牌，这家罗马尼亚汽车品牌以超过 15 万辆的销量创下了 2019 年前三个月 3.63% 的史上最高市场占有率，一举超过了日产、现代起亚等主流品牌。

值得一提的是，由于欧洲法规对二氧化碳排放量的日趋严苛，欧洲 SUV 的电动化发展日趋明显。欧盟运输与环境联合会发布的《欧洲电动汽车 2019~2025》报告估计，电动汽车即将成为欧洲的主流，2020 年、2021 年可能是市场的转折点。汽车企业公布的电动汽车推进计划显示，2018 年底，各大汽车品牌在欧洲推出的电池电动汽车（BEV）、插电式混合动力汽车（PHEV）和燃料电池车型（FCEV）约为 60 款，到 2020 年，将达到 176 款，2021 年将增长到 214 款，2025 年预计将达到 333 款。欧盟运输与环境联合会根据获得的轻型汽车生产预测数据和内部分析，2019~2025 年，预计欧洲电动汽车的产量将增长 6 倍，达到 400 多万辆，超过欧盟汽车产量的 1/5。

与此同时，很多车企也已经开始将小型 SUV 的电动化提上日程。JATO Dynamics 的数据显示，2018 年欧洲小型 SUV 市场中汽油车和柴油车的比例分别为 69% 和 29%，纯电动车型仅占 0.2%，而且没有插电式混合动力车型。但这一情况很快就要发生改变，欧宝将于 2020 年生产新款 Mokka X 的纯电动版，标致也将在 2020 年初开始生产标致 2008 款电动版，雪铁龙也在开发 C3 Aircross 的电动版。

对于致力于进军欧洲市场的中国品牌企业来说，主要面临极其严苛的法规、与国内相差甚多的欧洲本土消费习惯和本土汽车制造商三大门槛。但这并不意味着中国品牌在欧洲市场就难以打开局面，由于在电动汽车以及智能网联汽车方面的优势，中国品牌的 SUV 仍然拥有一定的实力和基础，特斯拉就是最好的榜样。

第三节　日本

一、小型 SUV 较受欢迎

近些年不太景气的日本市场在 2018 年成绩还算不错，本土销量达到 527 万辆，同比增长 0.7%，全年的新车销量已连续两年突破 500 万辆。2019 年上半年，日本新车销量同比增长 0.8%，达到 275 万辆。但与全球 SUV 热潮相反的是，日本汽车消费者并不太喜欢 SUV。2018 年在 SUV 销量排名第一和第二的 C-HR 和缤智（见表 1-2）在日本汽车销量总榜单上都未能进入前十，其中，在 2017 年销量曾冲进总榜单前五，但到了 2018 年销量大跌 30% 多的 C-HR，2018 年还能继续稳坐 SUV 销量冠军的位置，可见日本汽车消费者总体上确实对 SUV 不太"感冒"。

表 1-2　2018 年日本 SUV 销量排行榜

排名	车型	2018 年销量（辆）	同比增长（%）
1	丰田 C-HR	76756	-34.6
2	本田缤智	59629	-7.3
3	日产奇骏	50304	0.9
4	丰田 Harrier	44952	-23.5
5	马自达 CX-5	38290	-8
6	马自达 CX-8	30701	—
7	铃木 Crosby	30624	—

资料来源：日本汽车工业协会。

造成这一现象的原因是多方面的：首先，日本很多城市都是在平原地带，面积偏小，为了尽可能节省土地使用，设计的道路也都比较狭窄，开"大型车"容易造成堵车，加上有的地方甚至用法律规定居民必须要开小型车，因此 SUV 难以成为日本汽车消费者的首选；其次，与 SUV 相比，日本人更钟爱排量较低的车型，消耗燃油更少，不仅可以减少污染气体的排放，还可以降低对资源的消耗，加上日本的油价偏高，SUV 的市场竞争力当然不高；再次，日本的道路状况比较好，对于车辆的通过性没有那么高的要求，这也是 SUV 在日本无用武之地的重要原因之一；最后，日本汽车消费者讲究实用，虽然日本是小国，但平均每个家庭的孩子都在两个以上，只有更多座位才能坐下一家人，这也是日本消费者更青睐 MPV 的原因，MPV 更类似保姆车，非常符合日本汽车消费者的爱好。

从销量来看，日本 SUV 市场较受欢迎的产品以"小"为主。2019 年上半年销量最高的是本田缤智，共卖出 33445 辆，同比增长 102.2%。在日本境内，缤智除了有搭载 131 马力的 1.5L 发动机以外，还有一款搭载了 SPORT HYBRID i-DCD 技术的 1.5L 混动发动机，其综合马力和加速响应速度都超过了汽油版；排名第二的则是丰田 C-HR，销量为 32221 辆，这与 C-HR 在我国市场的销量排名有着天壤之别，很大一部分原因在于 C-HR 具有深受日本消费者肯定的设计，国内很多消费者难以接受；排名第三的是日产奇骏，2019 年上半年共售出 22603 辆，同比增长 76.6%，不过，在日本，奇骏最热卖的车款为 20S HYBRID 混动版；销量第四名是丰田 HARRIER，这是一款日本市场专属的 SUV，2019 年 1~6 月的销量为 20772 辆，同比增长 87%。排名第五的是马自达 CX-5，与 C-HR 一样，这款产品在国内市场表现不佳，但 2019 年上半年在日本的销量达到了 20201 辆，同比增长更是高达 103.1%。

二、消费者兴趣正在增加

2019 年上半年，日本新车销量同比增长 0.8%，达到 275 万辆。但日本车市的向上发展仍面临诸多挑战，其中之一就是 2019 年 10 月，日本的消费税从此前的 8% 提高至 10%。日本汽车工业协会表示，由于该国经济前景不确定性增加，预计 2019 财年日本新车销量将同比下降 2%，至 522 万辆。该协会预测，2019 财年，日本普通乘用车销量将下降 0.5%，至 335 万辆；微型车销量将下降 4.5%，至 187 万辆。日本汽车工业协会表示，上半年日本新车销量仅微增，下半年消费税上调的影响将逐步显现，车市面临的压力更大。

不过，虽然目前 SUV 在日本的市场表现尚不明朗，但有迹象表明，日本消费者对 SUV 的兴趣正在增加。2019 年上半年 SUV 销量排名前五的产品中，同比增长均超过 70%，即便这是在基数较低的前提下，增长势头仍然相当喜人。此外，2018 年底举行的 2018/2019 年日本年度风云车大赏（Japan Car of the Year，JCOTY）中，参与决赛的前 10 强中，有 6 款 SUV 车型，最终摘得桂冠的是沃尔沃 XC40，上年获得这一殊荣的是沃尔沃的另一款 SUV 产品——XC60，这也从侧面反映出日本消费者对 SUV 的兴趣逐渐提升。

对于中国品牌车企而言，想要进入日本汽车市场恐怕并不是一件容易的事。从 2018 年的汽车销售情况来看，日本消费者除了本国产品之外，较为青睐就是德国汽车制造商的产品，对中国品牌的汽车产品认知度还不够，加上中国品牌汽车企业在混合动力方面的技术掌握略显不足，因此，想要在日本汽车市场打开局面，还需"另辟蹊径"才行。

第四节　其他国家

一、印度：SUV 市场有望继续走强

2018 年，印度成功超过德国，成为世界第四大汽车市场，但 2019 年上半年表现不佳，销量仅为 155.68 万辆，相比同期销量下跌 10.3%，新车市场萎缩了 10%。印度乘用车销量的下滑主要受全球经济不景气影响，加上印度商品和服务税（GST）税率改革之后，汽车消费税并没有获得相应的优惠，购车成本偏高，以及印度排放法规升级，各大汽车厂商放缓新车投放速度等原因，造成了印度消费者购车欲望不强烈，车市处于反常的低迷状态。

与全球趋势相同，近年来印度城市地区的消费者不再青睐传统掀背车和轿车，他们都开始转向 SUV。但受到整体大环境的影响，2019 年第一季度印度的 SUV 市场份额下降了 4.4 个百分点，至 20.9%。根据 IHS Markit 的销售数据，印度 SUV 的销量几乎全线下跌，其中，B 级 SUV 市场份额降幅最大，市场份额从 2018 年同期的 14.9% 降至 12.4%，这是印度 SUV 市场份额最高的细分市场，作为 B 级 SUV 市场的主力车型，现代 Creta、玛鲁蒂铃木 Vitara Brezza、Ignis 和 S-Cross 等在第一季度纷纷遇冷；其次是 D 级 SUV 市场，市场份额下降 1.7 个百分点，至 6.8%；C 级 SUV 市场份额下降 0.3 个百分点，至 1.6%。

但市场分析师表示，随着 SUV 继续受到印度消费者的喜爱，该细分市场在印度将继续走强，SUV 车型顺应印度市场需求，也符合全球汽车市场趋势，将继续保持强劲势头。随着多款新车陆续推出，据悉，印度购车贷款利率持续上升，卢比贬值促使油价不断上涨，加上从 2018 年 9 月开始，印度政府规定消费者购

买新车时必须同时购买至少三年的保险，这些都给印度新车市场泼了一盆冷水。此外，从 2020 年起，印度将开始实施更为严格的 Bharat 6 阶段排放标准，届时 Bharat 4 标准的车辆将不能再注册。但市场分析师对印度的 SUV 市场仍持乐观态度，认为 SUV 车型顺应印度市场需求，也符合全球汽车市场趋势，SUV 将继续受到印度消费者的喜爱，该细分市场在印度有望继续走强，保持强劲势头。

汽车企业同样对印度的 SUV 市场拥有信心，2019 年铃木在印度发布了一款 SUV——S-Presso，售价为 369000 卢比（约合 3.7 万元人民币），梅赛德斯·奔驰印度私人有限公司在孟买推出了 G 350 D，起价为 1500 万卢比（不含税，约合 149 万元人民币），起亚汽车印度公司还为印度推出了一款专属的 SUV 概念车型——Kia SP Concept。随着多款新车的陆续推出，印度汽车制造商协会预测，2019 年全年印度 SUV 市场份额将会恢复到 2018 年的水平。IHS Markit 则预测，2019 年印度 SUV 总销量将超过 100 万辆，SUV 的市场份额也将从 2018 年的 22.8%上升至 24.9%。

对于中国品牌乘用车企业来说，印度市场算不上传统意义的汽车出口主要地区，但依然有个别汽车企业在此"扎根"并获得不错成绩，上汽集团就是其中之一。2019 年 6 月，上汽（印度）第一款互联网车型 MG Hector 成功上市，当月订单就成功破万，还在 7 月取得了印度 SUV 细分市场销量第二名的好成绩。

二、俄罗斯：小型 SUV 和紧凑型 SUV 占比较高

2018 年，俄罗斯汽车市场总销量为 180 万辆，同比增长 12.84%，其中，SUV 市场总销量为 76 万辆，占乘用车市场份额的 47.26%。从 2018 年的市场份额来看（见图 1-2），小型 SUV 和紧凑型 SUV 最受俄罗斯人欢迎，小型 SUV 销量共计 30 万辆，紧凑型 SUV 的销量紧随其后，为 27 万辆，两者加起来占到了 SUV 整体市场份额的七成以上，中大型 SUV 在 2018 年共售出 13 万辆，排名最靠后的则是大型 SUV，不到 5 万辆。从销售品牌来看，2018 年现代 Creta 以 67588 辆的成绩，位列 SUV 销量榜第一；第二名和第三名分别为起亚的 Duster（41409 辆）和 Lada 4X4（34413 辆）。

根据欧洲商业协会（AEB）的数据，2019 年上半年，俄罗斯汽车销量同比下降 2.4%，至 83 万辆。不少市场分析机构警告称，居民收入水平下降以及消费者信心下滑将导致 2019 年俄罗斯汽车销量同比下降 3%～10%。部分俄罗斯媒体认为，俄罗斯汽车市场的萎缩速度可能比行业数据显示得更快。值得一提的是，虽然俄罗斯汽车市场的销量在全球汽车市场的前十名中位置靠后，但根据 Jato 的

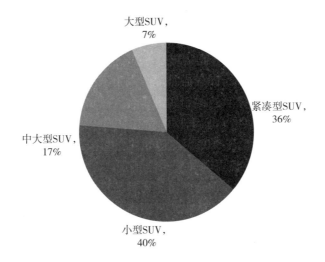

大型SUV，7%

紧凑型SUV，36%

中大型SUV，17%

小型SUV，40%

图 1-2　2018 年俄罗斯 SUV 市场组成

资料来源：俄哈弗。

数据，2018 年各国的 SUV 市场份额排名中，俄罗斯牢牢占据了第一位。对于中国汽车企业而言，一方面俄罗斯是多年来深耕的重要地区，另一方面 SUV 又是中国品牌的"拳头"产品，俄罗斯是值得继续加大布局力度和深度的国家之一。

据统计，2019 年上半年，中国品牌汽车企业在俄罗斯汽车市场共销售 1.6 万辆新车，尽管比上一年同期下降了 0.4%，但在大部分汽车品牌销量大跌的背景下，上半年增幅超过 50% 的仅有吉利（283.6%）、哈弗（202.3）和来自现代汽车旗下高档品牌捷恩斯（56.5%），这释放出一个强烈信号，那就是俄罗斯消费者对于中国品牌汽车依旧拥有需求。值得注意的是，从 2019 年 1~4 月中国品牌在俄罗斯销售的汽车的销量统计来看，排名靠前的均为 SUV。起步价格为 109 万卢布（约合 12 万元人民币）的吉利博越拔得头筹，被认为是在俄罗斯最畅销的中国车；哈弗 H6 排名第二，售价为 110 万~130 万卢布（合 12 万~14 万元人民币）；排名第三的是奇瑞瑞虎 3，最高价格不超过 100 万卢布（约合 11 万元人民币）。

值得指出的是，在俄罗斯布局的中国汽车企业中，长城汽车取得了不错的进展和市场口碑，在 2018 年莫斯科车展就备受好评的哈弗 F7 现已被誉为俄罗斯的"城市英雄"。从 2018 年 12 月到 2019 年 4 月，哈弗 F7 已连续 5 个月突破万辆大关，截至 2019 年 4 月底，上市不到 6 个月的哈弗 F7 累计销量达到了 67483 辆，一举杀入 2019 年 SUV 累计销量榜的前十名，属于人气指数最高的新车车型之一，被誉为 SUV"新车人气王"。目前，长城汽车在俄罗斯拥有 52 家经销商店，这一数字还在不断增加中，预计到 2019 年底将达到 80 家。此外，长城汽车位于俄罗斯图拉州的全工艺整车制造厂也已于 2019 年正式投产，首款"全球车"哈弗 F7 是该工厂的第一辆下线新车。

三、韩国：SUV 销量提升明显

虽然韩国 SUV 的销量有些小波动，但从整体来看，上升的态势还是较为明显的。公开数据显示，如图 1-3 所示，2014 年韩国 SUV 的市场占有率只有 24.8%，而轿车的市场占有率高达 49.9%，到了 2018 年，SUV 的市场占比已经达到了 35.4%，与轿车的 44.1% 相差不到 10%。IHS Markit 的轻型汽车销量预测数据显示，2019 年，预计韩国运动型多功能车（SUV）的销量将同比增长 4.8%，总量有望超过 58 万辆，占该国轻型车总市场份额的 32.6%（较高于 2018 年的 31.2%）。

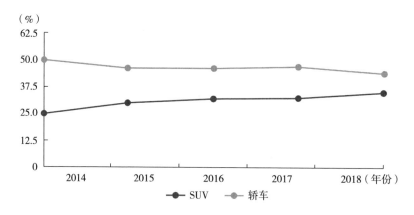

图 1-3 2014~2018 年韩国轿车和 SUV 市场占比变化

资料来源：IHS Markit。

在 IHS Markit 的预测中，2019 年 D-SUV 将是最受韩国消费者欢迎的车型，市场份额达到 13.2%，销量有望达到 24 万辆，同比下降 10.4%，主要原因是基数较高。现代 Santa Fe 将成为最畅销的车型，销量能达到 85105 辆，同比下降约 20.6%，紧随其后的是起亚索兰托，同比略下降 0.6%，销量达到 66833 辆。市场份额排名第二的是 C-SUV，其销量将达到 160884 辆，同比增长预计为 10.1%，市场占比约为 9.0%，起亚狮跑将成为 2019 年这一细分领域的领跑者，有望销售完成 36768 辆，同比下降 1.6% 左右，现代途胜将以 34282 辆的销量成绩排名第二。

2019 年，韩国 B-SUV 的销量将同比增长 4.1% 至 13 万辆，市场份额约为 7.2%。2018 年销量低于现代科纳的双龙 Tivoli 有望在 2019 年实现超越，以 41800 辆的成绩夺得第一名。现代科纳将退居第二，预计销量为 32820 辆，同比下降 35%。

在韩国的豪华 SUV 市场——E-SUV，2019 年的整体销量有望同比增长 188.1%，总量将增加至 52373 辆。其中，现代最近推出的 Palisade 有望在 2019 年实现领跑，销量预计为 29763 辆，事实上，考虑到强劲的市场需求，现代汽车已决定将 Palisade 的产量提高 40%，计划每月生产 8640 辆左右。这一领域的第二名将由宝马 X5 获得，销量预计达到 3070 辆，同比增长约为 69.2%。

由于韩国汽车消费者对 SUV 表现出了极大的热爱，全球各大车企正在积极推进 SUV 的布局。现代将在 2019 年下半年推出一款新的小型 SUV，代号为 QX，定位低于科纳，现代旗下的高端品牌捷恩斯也计划在 2019 年推出首款 SUV——GV80。与此同时，现代的附属公司起亚已推出了第三代 Soul SUV——Soul Booster，包括 ICE 版和纯电动版，2019 年底，起亚还将推出一款比超小型 Stonic 更小的全新 SUV。双龙汽车计划推出的产品是下一代 Korando SUV。2019 年下半年，通用的产品计划中包括全尺寸 Traverse SUV 和 Colorado 皮卡。

中国品牌在韩国 SUV 市场的突破希望并不大。一方面，韩国的进口 SUV 市场几乎被欧洲车垄断，排名前十的只有探险者一个美系车型；另一方面，韩国进口的 SUV 几乎都是柴油车，这与中国市场很不一样。

第五节　中国 SUV 产品强势 "走出去"

一、SUV 成为自主品牌出口主力军

据中国汽车工业协会统计，2018 年，我国乘用车共出口 75.75 万辆，同比增长 18.52%，增速比上年减缓 15.45 个百分点。在四大类乘用车出口品种中，与上年相比，运动型多用途乘用车（SUV）增速最快，共出口 40.07 万辆，同比增长 51.07%，增速比上年提升了 12.22 个百分点。2019 年上半年，出口超万辆的自主品牌汽车企业共计出口 191727 辆，其中，SUV 出口总量约为 13.6 万辆，占比超过

七成，出口量排名靠前的几乎全是 SUV 产品。

毫无疑问，SUV 已经成为自主品牌车企"走出去"的主力军。

2018 年，国内出口量最大的车企是上汽集团，共计出口 23.22 万辆，除了合资企业产品的返销以外，自主品牌的成长也有目共睹。例如，上汽旗下的名爵 ZS，以 2018 年出口 23583 辆的成绩成为国内品牌出口量最大的单一车型，该产品在英国、澳大利亚、沙特阿拉伯和南美等许多地方都已经上市，市场反响良好。2019 年 7 月，名爵 ZS 在泰国的累计销量超过 25 万辆，多次位居细分市场首位。以 SUV 作为主打产品，自主品牌车企已经在日系品牌坚守的东南亚汽车市场打开了突破口。

2018 年，出口排名第二的是江淮汽车，共出口整车 7.48 万辆，同比增长 12.53%。在 2018 年我国 SUV 产品的排行榜上，江淮 S3 位居第二，S5 和 S2 也都进入了前十，"三兄弟"分别以接近 2 万辆、超过 1.7 万辆和 1 万多辆的成绩，支撑起了江淮汽车的国际化市场业务。在伊朗市场，江淮 SUV 已成为当地消费者最热衷的汽车产品之一，同时也在巴西、智利、秘鲁等多个市场位居中国品牌销量第一。

二、中国品牌 SUV 产品竞争力大幅提升

2018 年，中国汽车出口不负众望地突破了百万辆大关，虽然单纯从数量上来看，2018 年的整车出口量还未超过 105.6 万辆的历史最好成绩，但无论是出口类型，还是出口模式，都发生了翻天覆地的变化，实现了质的飞跃。

作为中国品牌出口主力军的 SUV，也实现了国际市场竞争力的大幅提升。在产品设计方面，中国品牌斩获诸多大奖，如德国红点奖和 G-Mark 设计奖等；在产品安全性能方面，自主品牌产品先后获得过 E-NCAP （欧洲新车碰撞测试） 和 A-NCAP （澳大利亚新车碰撞测试） 的五星评价。

值得一提的是，中国品牌 SUV 之所以能在国际市场上取得越来越好的成绩，实现出口模式的转型升级至关重要。近年来，我国车企的出口模式正在从过去简单的商品贸易升级为国际产能合作，在传统的整车出口模式基础上，KD 散件组装模式在出口总量中的占比已经超过 50%。据统计，目前，我国汽车出口目的地遍布全球 200 多个国家和地区，国内骨干企业已在近 40 个重点出口国建立了 148 座工厂，海外营销网点数量为 9700 多个，每年以 20% 的增速不断增加，逐渐实现了技术、人才和资本共同输出的海外产业战略布局，这些都成为汽车出口的新亮点。

以主打 SUV 产品的长城汽车为例，2018 年的出口量同比增长近 20%，经过 20 年的发展，长城汽车累计出口量已经达到 60 万辆。经过 20 年的摸索，长城汽车非常重视本土化运营，拥有俄罗斯、澳大利亚、南非三个子公司（独立运营哈弗品牌）及 460 余家销售服务网点（覆盖俄罗斯、南非、澳大利亚、中南美洲、南亚、中东、非洲等国家与地区）。在"一带一路"倡议的号召下，长城在海外已建成马来西亚、厄瓜多尔、伊朗三个海外 KD 组装厂及中国自主车企在海外首个四大工艺齐全且独资打造的工厂——俄罗斯图拉工厂，2019 年 6 月 5 日，图拉工厂竣工投产，中国品牌的全球车哈弗 F7 正式下线并在海外上市。

值得肯定的是，在出口地区的选择方面，中国品牌汽车企业也开始向新兴市场拓展。上汽集团就根据自身的国际战略布局选择了东南亚和澳大利亚等地，甚至是欧洲地区，同时进行了整车、零部件和金融服务等几大板块的协同发展，先后在泰国、印度尼西亚和印度等地建立了生产基地，成功打造出泰国、澳新和南美等多个"万辆级市场"，甚至实现了中国汽车企业向欧洲地区的批量出口。

三、品牌影响力有待进一步增强

无论是从销量排名、销售范围，还是从海外市场的销量和营收占比来看，中国品牌 SUV 与世界知名品牌之间还存在一定差距。

目前，中国品牌 SUV 中，只有哈弗 H6 进入全球 SUV 销量排行榜前十，而且是连续三年都进入了这一榜单。在 2018 年全球 SUV 的销售量排行榜上，排名前三的分别是丰田 RAV4、大众途观和本田 CR-V，紧随其后的是现代途胜，第五名是日产逍客，排名第六的是起亚狮跑，第七名是哈弗 H6，是第一个也是唯一一个进入前十的中国品牌 SUV 产品，第八名是马自达 CX-5，排在第九名的是日产 rogue，第十名是雪佛兰探界者。从该排名可以看出，中国品牌 SUV 在销量上实现了一定突破，但在中国市场位居前列的 H6 在全世界也只能排到第七位，日本有四个品牌进入前十，韩国有两个，中国却只有一个，可见中国的 SUV 品牌方阵并没有形成。更令人惋惜的是，哈弗的全球销量正在逐渐下降，从 2016 年排名第四位、2017 年第五位，到 2018 年位居第七，排名越来越靠后。

相较于全球其他跨国车企，中国品牌成立时间较晚，早期单纯以贸易形式为主的出口模式也不利于中国品牌汽车产品的口碑传播和品牌积淀，可以说处于"天然"的劣势地位，但这并不意味着中国品牌汽车产品不能在短时间内迅速提升品牌影响力。以上汽集团为例，通过"借力"过去在国际汽车市场具备一定知名度和影响力的名爵品牌，获得外国汽车消费者的信赖和认可，从而更容易打开国际市场。

当然，即便是"借力"已有较高知名度的成熟品牌，中国品牌车企也必须保证较高的产品质量，尤其是在开拓欧美等发达国家和地区市场时，这些国家和地区对汽车产品的各方面性能和质量的要求都极为严格，即便如大众一般的老牌汽车企业，在"排放门"事件中仍然因触犯法律法规而付出了极高的代价，产品质量能否达标将是中国车企发力发达国家市场需要迈过的第一道高门槛。

四、电动化和智能网联成突破口

我国已经连续多年成为全球第一大新能源汽车产销国，在智能网联技术方面也具有得天独厚的条件，这两大优势有望为我国 SUV 走向海外提供基础和保障，也将成为我国 SUV 产品寻求成熟市场机会的重要突破口。

近两年来，我国新能源汽车的国际竞争力提升显著，海关总署发布的数据显示，2019 年上半年，我国新能源汽车出口 11 万辆，同比增长高达 167%，这并不是单纯的低价换市场，统计结果表明，我国新能源汽车出口的平均价格也实现了大幅提高。这一方面是由于我国新能源车企在"新四化"道路上努力转型，中高端产品日益增多；另一方面则是因为在国际市场上，国外品牌新能源汽车价格普遍较高，价格能够"入乡随俗"，与此同时，许多国家正在不断推进的节能减排政策，给我国新能源 SUV 的出口带来了新机遇，帮助中国品牌车企打开在传统汽车领域难以进入的市场。2019 年下半年，上汽的纯电动名爵 EZS 就以 500 辆的单次发运欧洲的规模，打破了中国新能源汽车出口单次发运数量的纪录。目前，纯电动名爵 EZS 在欧洲的订单已经达到了 3000 辆左右。此外，EZS 正在按照进度进行认证，未来还会进入包括泰国、印度、澳大利亚等市场。

《2018 年智能网联汽车产业数据》显示，2018 年全球智能网联汽车产业规模达 8052 亿元，中国以 1224 亿元的产业规模，成为全球智能网联汽车市场非常重要的一个组成部分。目前，无论是从技术发展、政策配备，还是从行业协作、企业创新来看，中国智能网联汽车的发展速度都超乎想象。因此，中国品牌智能网联 SUV 在面临全球市场竞争时，也已经拥有了一定的底气和实力。2018 年 12 月，吉利打造的宝腾 X70 在马来西亚正式上市，这是一款智能互联 SUV，也是基于国产吉利博越"技术出口"打造的新车型。自上市以来，X70 销量一路增长，已经成为宝腾销量最大的一款 SUV，仅 2019 年 5 月一个月，宝腾在马来西亚的总销量就达到 10711 辆，同比增长超过五成，市场份额约为 17%。依靠智能网联技术，吉利宝腾在以日系车和韩系车为主流的马来西亚，杀出了一条"血路"。

第二章 中国汽车市场状况概括

第一节 结束高速增长 乘用车市场产销"领降"
——2018 年乘用车市场分析

一、在年产销 3000 万辆规模边缘徘徊 中国汽车市场结束"高涨"开启"连降"

2018 年，连续第 10 年蝉联全球新车产销量第一的中国汽车市场，结束了高速增长，迎来了近 28 年来的首次下滑。

中国汽车工业协会统计的数据显示，2018 年全年，国内汽车产销量分别为 2780.92 万辆和 2808.06 万辆，同比分别下降 4.16% 和 2.76%。其中，占市场比重最大的乘用车，2018 年全年的产销分别实现 2352.94 万辆和 2370.98 万辆，同比分别下降 5.15% 和 4.08%。产销降幅高于整体市场，其中，轿车的产销量均超过 1100 万辆，同比分别下降 3.95% 和 2.7%；连续多年高速增长的 SUV，2018 年全年的产销量均超过 999 万辆，并未达到 1000 万辆规模，同比分别下滑 3.19% 和 2.52%；MPV 的产销规模停留在 200 万辆以下，同比分别下降 17.87% 和 16.22%；交叉型乘用车的产销量均未超过 5 万辆，同比分别下降 20.75% 和 17.26%，产销降幅居乘用车各类车型之首。

从逐月看，作为近 28 年来的首次汽车产销量全年下滑，2018 年的 12 个月中，呈现了"有涨有落、前涨后落"的特点。2018 年全年，共有 7 个月的汽车销量呈现同比下滑，其中上半年仅 2 月销量同比下滑，而下半年，除 6 月外，7~12 月的汽车销量呈现同比连续下滑趋势，且下滑幅度逐步扩大，从 7 月、8 月的个位数，增至 9~12 月的两位数，12 月汽车销量的同比下滑幅度为全年最高，达到 13.03%，如表 2-1 所示。这也为 2019 年中国汽车市场的持续"连降"埋下伏笔。

表 2-1 2018 年汽车月度销量及同比增长变化情况   单位：万辆，%

月份	1	2	3	4	5	6	7	8	9	10	11	12
销量	280.92	171.76	265.63	231.86	228.77	227.37	188.91	210.34	239.41	238.01	254.78	266.15
增长率	11.59	-11.12	4.67	11.47	9.61	4.79	-4.02	-3.75	-11.55	-11.7	-13.86	-13.03

资料来源：中国汽车工业协会。

尽管 2018 年中国汽车市场整体呈现小幅下滑，但依然蝉联全球新车产销量第一。不过，年产销规模在 3000 万辆徘徊的中国汽车市场，正在经历全球汽车产业的转型升级，以及中国汽车产业的深度结构调整。

一个必须接受的现实是：汽车市场皆大欢喜式的高速增长已经渐行渐远，取而代之的是产业结构、产品结构更加合理的、更高质量的理性增长。在此背景下，企业的两极分化会加剧，市场的竞争会更加残酷，在暂时性的下滑形势下，一些企业、产品和品牌将成为竞争中的胜者，而另一些企业、产品和品牌将被市场淘汰。

二、轿车与 SUV "平分秋色"，MPV 与交叉型乘用车下滑明显

1. 2018 年全年乘用车月度销量变化与汽车整体市场 "同频共振"

总体而言，包括轿车、SUV、MPV 和交叉型乘用车在内的四大类乘用车品类的产销量均呈现下降趋势，由于结构调整、消费升级的趋势更加明显，首次购车的消费者比例下降，加之中高端产品的持续下探，为入门级乘用车产品带来了更严峻的市场压力，因此，这一细分市场的市场份额在 2018 年持续萎缩。作为乘用车的主流核心市场，轿车市场的竞争更加白热化，SUV 也从曾经的蓝海变成竞争的红海，而 MPV 则延续上年的下滑趋势，2018 年下滑得尤为明显，而并没有突出产品技术升级优势的交叉型乘用车在持续边缘化。

另一个乘用车细分市场的销量及份额变化，也在证明消费升级所引发的市场需求变化，这一细分市场就是曾经备受政策眷顾、"红极一时"，而如今连续下挫的 1.6 升及以下小排量乘用车细分市场。2018 年，该细分市场的销量同比下滑 7.9%，降幅明显高于乘用车市场整体水平。2018 年，1.6 升及以下小排量乘用车占乘用车销售总量的 66.79%，占有率同比下降 2.76%。

具体到乘用车市场 2018 年全年的月度销量变化，则与汽车整体市场的波动趋势保持一致，由此可见，作为占据汽车市场份额最大的乘用车板块，是牵动整

体汽车市场增长与下跌的主要神经。

2018 年全年，同样，2 月是乘用车市场销量首次出现同比下滑的月份，尽管下滑幅度低于整体市场，但仍有接近 10% 的降幅。2018 年 7~12 月，乘用车市场的月销量出现连续同比下滑，并且下滑的幅度均高于汽车整体市场，成为"领跌"市场的主角。2018 年 7~12 月，国内乘用车市场的月销量同比下滑，从 5.3% 一路跌到接近 16%（见表 2-2）。

表 2-2　2018 年乘用车月度销量及同比变化　　单位：万辆，%

月份	1	2	3	4	5	6	7	8	9	10	11	12
销量	245.62	147.55	216.86	191.44	188.94	187.42	158.95	178.99	206.05	204.68	217.35	223.31
增长率	10.73	-9.63	3.45	11.16	7.89	2.31	-5.3	-4.55	-12.04	-12.99	-16.06	-15.84

资料来源：中国汽车工业协会。

作为乘用车市场的两大顶梁柱，轿车与 SUV 市场的双双波动，导致乘用车市场全年产销量的同比下滑。轿车与 SUV 市场各月的销量同比增长的变化依然与整体市场以及乘用车市场保持高度一致：2018 年 2 月销量首次同比下滑，7~12 月均处于持续下滑状态。值得一提的是，SUV 市场下半年的连续下滑是从 6 月开始的，比整体市场、乘用车市场和轿车细分市场的连续下滑提前了一个月。从下滑的幅度看，轿车与 SUV 可谓"平分秋色"。2018 年 2 月，轿车的月销量同比下滑高达 12%，进入下半年，SUV 市场月销量同比下滑的迹象和幅度普遍高于轿车，其中在 11 月销量同比下滑超过 18%（见表 2-3、表 2-4）。

表 2-3　2018 年轿车月度销量及同比变化　　单位：万辆，%

月份	1	2	3	4	5	6	7	8	9	10	11	12
销量	115.88	67.7	102.65	92.83	94.01	96.34	81.46	90.11	100.59	99.58	107.63	102.85
增长率	7.29	-12	3.66	10.8	12.09	9.11	-1.25	-3.42	-13.38	-10.05	-11.94	-14.3

资料来源：中国汽车工业协会。

表 2-4　2018 年 SUV 月度销量及同比变化　　单位：万辆，%

月份	1	2	3	4	5	6	7	8	9	10	11	12
销量	108.31	65.13	92.12	81	76.13	73.76	63.27	73.76	87.28	87.09	90.89	98.16

月份	1	2	3	4	5	6	7	8	9	10	11	12
增长率	22.94	-3.14	10.69	18.34	6.51	-0.52	-8.24	-4.68	-10.1	-14.69	-18.06	-16.32

资料来源：中国汽车工业协会。

2. SUV 等主力市场下滑，自主品牌挑战与压力并存

2018 年，自主品牌乘用车的销量和市场占有率均呈现同比下降。2018 年全年，自主品牌乘用车销量为 997.99 万辆，同比下降 7.99%，占乘用车销售总量的 42.09%，占有率比上年下降 1.79%。

自主品牌汽车销量及市场份额在 2018 年出现下滑的一个重要原因是，SUV 市场降速。随着外资品牌在 SUV 细分市场加大产品投入，此前一直由自主品牌掌握更强话语权的 SUV 市场开始出现变化。加之自主品牌此前在 SUV 市场的产品布局过于集中在入门级市场，且产品的同质化现象比较突出，在产品布局更全面的外资品牌 SUV 入市后，为自主品牌 SUV 带来不小的冲击，自主品牌 SUV 的市场空间也因此受到较大挤压。

不过，尽管 SUV 在 2018 年结束了产销的高速增长，但自主品牌在 SUV 市场的占有率仍然领先。2018 年全年，在同比下降 2.61% 后，自主品牌 SUV 占 SUV 销售总量的比例仍然位居各系别 SUV 之首，为 58.03%。在销量前十名的 SUV 品牌中，自主品牌的上座率依然最高，有哈弗 H6、宝骏 510、博越、传祺 GS4 和荣威 RX5 共 5 个自主品牌 SUV 入围，但这 5 个品牌 SUV 的销量在 2018 年均呈现下降趋势。

在轿车市场，自主品牌的市场占有率则呈现明显上升的态势。2018 年，自主品牌轿车市场占有率继续提升，其销量占轿车销售总量的 20.81%。销量前十名的自主品牌轿车共销售 124.68 万辆，占轿车销量总数的 10.82%，占自主品牌轿车销售总量的 51.98%。

MPV 市场的份额虽然并不大，但外资品牌在这一细分市场具有更强的主导权，且多年难以被撼动。与此前 MPV 市场萎缩的因素类似，2018 年 MPV 市场销量下滑的主要原因是相当一部分 MPV 消费者继续向购买 SUV 产品转移和分流，尤其是 8 万元以下的入门级 MPV 消费者，他们的需求被更多的 SUV 产品所满足。

与此同时，自主品牌阵营也出现了前所未有的两极分化，如 2018 年吉利控股集团旗下各品牌汽车累计销量超 215 万辆，同比增长 18.3%；比亚迪 2018 年全年销量同比增长 22.53%；奇瑞 2018 年全年销量同比增长 9.57%。而另外一些自主品牌车企的销量则呈现断崖式下滑，如重庆力帆乘用车 2018 年销量同比下滑 65.87%，海马汽车销量同比下滑 57.98%，重庆比速下滑 46.41%，四川野马下滑 43.14%，东南汽车下滑 41.58%。

3. 新能源汽车 "一枝独秀"，产销首次突破 100 万辆

2018 年的新能源汽车市场逆势增长，产销量首次突破 100 万辆。

"双积分"政策的正式出台和实施、外商投资产业指导目录的修订，都为国内新能源汽车市场的快速增长提供了政策保障。

根据中国汽车工业协会的统计，2018 年新能源汽车产销量分别达到 127.05 万辆和 125.62 万辆，同比分别增长 59.92% 和 61.74%。在政策层面，2018 年新能源汽车补贴政策更加严格，在 "补优不补劣" 的政策导向下，新能源汽车市场仍然呈现逆势增长，说明市场的驱动作用更加明显，国内新能源汽车市场正在从单纯的政策驱动向 "政策+市场" 双轮驱动转变。

目前国内的新能源乘用车以自主品牌为主，技术路线则以纯电动为主。不过，这样的格局在 2018 年已经逐步呈现出被打破、被改变的迹象。2018 年，插电式混合动力乘用车销量实现了同比近 140% 的增长，同时相当一部分续驶里程较短的纯电动汽车销量出现了明显下滑。这些数据表明，增长中的新能源汽车市场对产品核心技术的要求越来越高，在整体汽车市场出现下滑、新能源汽车相关政策逐步趋严的情况下，新能源汽车市场保持逆势增长的关键是核心技术的提升。

随着补贴政策的趋严、补贴的逐步退坡，以市场为主导的新能源汽车优胜劣汰将提速。随着外资品牌的纯电动车型在 2019 年陆续向中国市场投放，未来国内新能源汽车市场的竞争将进入新的阶段。

三、结构调整与消费升级叠加，乘用车产销下滑将成阶段性 "常态"

从 2018 年中国车市的表现可以得出：未来，企业和品牌之间的分化将愈加明显，一个增长与下跌同在的市场，对包括产业结构、产品结构、市场结构、消费结构在内的全面结构调整的需求越来越旺盛。因此而引发的消费升级将持续，市场下滑将成为阶段性常态，尤其是低端车型销量的下滑将更加明显，市场的两极分化加剧，优胜劣汰的速度加快，结构调整的力度空前。这是产业结构调整、市场结构调整的必然结果。合理消费、绿色消费、升级消费的需求将越来越强烈，随之而来的是，市场对品牌力和竞争力更强的绿色环保产品的需求更高。

从产业结构调整的角度看，低速增长甚至阶段性下滑才能真正达到调整产业结构的目的。从高速增长到高质量发展转型，只有增速降下来，调整才真的有意义。而这种下滑，是市场规律的变化，并非产业真的达到了顶峰。从长远看，中国汽车市场仍然有增长的空间和潜力，只不过增长的质量和含金量更高了，对参与竞争的企业和品牌的综合实力要求更高了。

第二节　国内汽车市场产销呈两位数持续下滑
——2019 年上半年汽车及乘用车市场分析

一、产销量降幅持续下挫

国内汽车产销量的下滑依然持续到 2019 年上半年。

中国汽车工业协会统计的数据显示，2019 年上半年，国内汽车产销量分别为 1213.2 万辆和 1232.3 万辆，同比分别下降 13.7% 和 12.4%。

尽管受到部分地区国五、国六切换，国五车型加大促销力度，同时 6 月底新能源补贴 3 个月过渡期到期等因素影响，6 月国内乘用车市场出现一定的回暖，产销环比实现增长，但依然没有改变整体市场下滑的大势。

总体看，2019 年上半年乘用车产销量分别为 997.8 万辆和 1012.7 万辆，同比分别下降 15.8% 和 14%。逐月看，2019 年上半年，乘用车月销量仅有两个月突破 200 万辆，其余各月的月销量均处于 200 万辆以下，2 月达到最低点，为 122 万辆，这也是 2017 年至 2019 年上半年乘用车月度销量最少的一个月（见表 2-5）。

表 2-5　2017 年至 2019 年上半年乘用车月度销量　　　　单位：万辆

时间	1 月	2 月	3 月	4 月	5 月	6 月
2017 年	221.8	163.3	209.6	172.2	175.1	183.2
2018 年	245.6	147.6	216.9	191.4	188.9	187.4
2019 年	202.1	122	201.9	157.5	156.1	172.8

资料来源：中国汽车工业协会。

与上年同期相比，轿车和 SUV 的产销量均呈现较快的下滑。2019 年上半年，轿车销量为 496.2 万辆，比 2018 年上半年减少 73.2 万辆；SUV 销量为 430.1 万辆，比 2018 年上半年减少 66.4 万辆（见表 2-6）。也正是由于轿车和 SUV 两大主要细分市场销量的较大幅度下滑，使 2019 年上半年乘用车市场不但没有扭转 2018 年全年的下滑态势，而且下滑的幅度和速度进一步加大。

表 2-6　2017 年至 2019 年上半年乘用车分车型销量　　　单位：万辆

年份	轿车	SUV	MPV	交叉型乘用车
2017	539.9	452.7	101.1	31.7
2018	569.4	496.5	88.2	23.5
2019	496.2	430.1	67	19.4

资料来源：中国汽车工业协会。

从 2019 年上半年月度销量增长率的变化看，乘用车市场无一例外地每个月的销量增长率都为负（见表 2-7）。其中 1 月、2 月、4 月和 5 月 4 个月的月度销量同比下滑均超过了 17%。与此同时，自主品牌乘用车销量的同比降幅和市场占有率的萎缩更是"惊人"。2019 年上半年，自主品牌乘用车销量为 399.8 万辆，同比下降 21.7%，占乘用车销售总量的 39.5%，占有率比上年同期下降 3.9%。其中，自主品牌轿车、SUV 和 MPV 市场占有率同比分别下降 0.8%、6.9% 和 2%，自主品牌 SUV 市场占有率下滑明显。

表 2-7　2019 年上半年乘用车月度销量增长率变化

月份	1	2	3	4	5	6
增长率（%）	-17.7	-17.4	-6.9	-17.7	-17.4	-7.8

资料来源：中国汽车工业协会。

二、日系小幅增长，各系别乘用车增降不一

与乘用车整体市场和自主品牌汽车销量持续下滑有所不同的是，日系品牌在 2019 年上半年的市场表现呈现逆势增长态势。

数据显示，2019 年上半年，日系品牌汽车累计销量接近 214 万辆，同比增长

6.7%。根据中国汽车工业协会的相关统计数据，2019 年上半年，主流日系车企的销量均呈现逆势增长。其中，2019 年上半年广汽本田、东风本田、广汽丰田销量同比增长为两位数（见表2-8）。

表 2-8　2019 年上半年部分日系乘用车企销量及增长率

企业	销量（万辆）	同比增长（%）
广汽本田	39.5	16.41
东风本田	36.4	13.34
一汽丰田	38	5.58
广汽丰田	31.1	21.86
东风日产	53.2	0.3

资料来源：中国汽车工业协会。

总体而言，日系品牌汽车"久经考验"，能够在整体市场下滑的环境下依然呈现增长态势，有着共同的特质，如得益于产品线的完善并较全面地覆盖了乘用车各主要细分市场，加之综合产品力较强，使日系品牌汽车在激烈的市场竞争中脱颖而出。

除日系品牌外，在国内乘用车市场同样占据举足轻重地位的德系品牌，2019年上半年销量则出现小幅下降。其他国外品牌的销量也呈现较快下降趋势，其中市场规模持续萎缩的法系品牌降幅更加明显。

三、自主品牌乘用车市场占有率开始"缩水"，自主品牌 SUV 市场占用率下滑近 7%

2019 年上半年，自主品牌乘用车依然经历着严峻的市场考验，销量同比下降超过 20%，市场占有率跌破 40%。

中国汽车工业协会的统计数据显示，如表 2-9 所示，从 2018 年 7 月开始，到 2019 年上半年，自主品牌乘用车月度销量已经连续 12 个月下滑，且月度销量同比下滑幅度最大的接近 30%。经过连续 12 个月的下滑，自主品牌乘用车的月销量也从接近 100 万辆大幅跌至 50 万~60 万辆的水平。

表 2-9 自主品牌乘用车销量连续 12 个月下滑（截至 2019 年 6 月）

单位：万辆，%

时间	2018年7月	2018年8月	2018年9月	2018年10月	2018年11月	2018年12月	2019年1月	2019年2月	2019年3月	2019年4月	2019年5月	2019年6月
销量	63.8	68.4	80.6	85.2	91	98	83.2	52.3	83.3	58.5	56.5	66.4
同比下滑	6.1	11.1	16.5	18	23.3	24.3	22.2	25	16.4	27.9	28.1	12.2

资料来源：中国汽车工业协会。

在月度市场份额的变化上，自主品牌乘用车的表现也不容乐观。中国汽车工业协会统计的数据显示，如表 2-10 所示，2017 年 12 月，自主品牌乘用车的月度市场份额曾攀升至 48.8%，接近 50% 的市场占有率，带来的是自主品牌乘用车全盘产销量的普遍增长。2017 年全年，自主品牌乘用车的月度市场份额均稳定保持在 40% 以上。到 2018 年，自主品牌乘用车月度市场份额开始出现波动，2018 年 8 月，首次跌破 40%，达到 38.2%，9 月小幅回升到 39.1%。不过 2018 年全年自主品牌乘用车市场份额跌破 40% 仍然属于"罕见"现象，除 8 月和 9 月外，其他月份的市场份额仍然处于 40% 以上，其中 2018 年 2 月最高，为 47.4%。

表 2-10 自主品牌乘用车月度市场份额变化（2017 年至 2019 年 6 月） 单位:%

时间	1月	2月	3月	4月	5月	6月	7月	8月	9月	10月	11月	12月
2017年	44	48.2	45.6	42.6	41.7	41.3	40.5	41	41.2	44.2	45.8	48.8
2018年	43.5	47.4	45.9	42.3	41.6	40.4	40.1	38.2	39.1	41.6	41.9	43.9
2019年	41.2	42.9	41.3	37.1	36.2	38.4	—	—	—	—	—	—

资料来源：中国汽车工业协会。

自主品牌乘用车市场份额持续性下跌至 40% 以下的状态出现在 2019 年。数据显示，2019 年 1~6 月，除 1~3 月自主品牌乘用车市场份额仍然保持在 40% 以上外，其余 3 个月的市场份额均不足 40%。也就是说，自主品牌乘用车的市场份额在 2019 年上半年已经连续三个月维持在 40% 以下的水平。尽管 2019 年 5 月降至最低点后，6 月有缓慢的小幅提升，但自主品牌乘用车月度市场份额何时能回升并稳定保持在 40% 以上，仍然未知。

曾经为自主品牌汽车市场份额不断攀升立下汗马功劳的 SUV 产品，在 2019

年上半年，市场规模仍在持续萎缩，自主品牌 SUV 市场占有率下滑接近 7%，达到 6.9%。

从 2019 年上半年销量前十名 SUV 生产企业的数据看，这十家企业共生产 SUV 车型 237.9 万辆，占 SUV 销售总量的 55.3%。在销量前十名的 SUV 生产企业中，也呈现"有涨有降"的特点，其中销量增长和下降的企业各有 5 家（见表 2-11）。

表 2-11 2019 年上半年销量前十名 SUV 生产企业销量及增长率

单位：万辆，%

企业	长城	吉利	上汽大众	长安汽车	东风有限	一汽—大众	东风本田	奇瑞汽车	上汽通用	上汽股份
销量	40.9	36.5	28.5	25.9	23.8	19.6	17.5	15.7	14.9	14.7
增长率	1.4	-18.1	17.6	-22	-4.4	93.1	12.3	11.9	-26.9	-32.6

资料来源：中国汽车工业协会。

与 2018 年上半年相比，曾经在 SUV 产品布局方面有着"短板"的一汽—大众，在 2019 年上半年其 SUV 销量增速最为明显，这得益于以探岳、探歌为代表的 SUV 产品的持续投放，另外，上汽大众、东风本田和奇瑞也呈较快增长。在销量前十名的 SUV 生产企业中，自主品牌占据一半席位，长城和吉利成为 2019 年上半年 SUV 生产企业销量的冠亚军。但吉利和长安汽车在 2019 年上半年 SUV 车型的销量同比下滑幅度则偏大，吉利接近 20%，长安则超过 20%，达到 22%。

第三章 SUV 市场格局变化

第一节 从"急速增长"到"理性回落",国内 SUV 消费开始呈现"疲软"态势

一、SUV 市场不再"一路高歌"

综观近 10 年国内 SUV 市场的变化,一个突出特点是:曾经连续超高速增长的 SUV 市场,在 2018 年不再"一路高歌"。

值得注意的是,近 10 年,国内 SUV 市场年销量规模从 2009 年的接近 66 万辆,急速攀升至 2017 年的突破 1000 万辆(见表 3-1)。从 2010 年开始,国内 SUV 市场年销量首次突破 100 万辆,比 2009 年增长 101.27%;到 2012 年,国内 SUV 市场年销量迅速攀升至 200 万辆规模;到 2014 年,突破 400 万辆;2015 年国内 SUV 市场年销量突破 600 万辆,2016 年突破 900 万辆,2017 年首次突破 1000 万辆。国内 SUV 市场年销量从 100 万辆到 1000 万辆,仅用时 8 年。在年销量增长率方面,10 年间,SUV 市场普遍以两位数的幅度高速增长,除 2010 年实现超过 100% 增长外,40%~50% 以上的年销量同比增速并不算新鲜。

不过,达到年销量 900 万辆规模后,国内 SUV 市场的增速明显放缓,2017 年国内 SUV 销量在突破 1000 万辆的同时,增长率大幅回落至 13.32%,2018 年,销量出现 2.52% 的负增长。

表 3-1　2009~2018 年国内 SUV 市场销量及增长率

单位：万辆，%

年份	2009	2010	2011	2012	2013	2014	2015	2016	2017	2018
销量	65.88	132.6	159.37	200.04	298.88	407.79	622.03	904.7	1025.27	999.47
增长率	47.15	101.27	20.19	25.5	49.41	36.44	52.39	44.59	13.32	-2.52

资料来源：中国汽车工业协会。

二、SUV 市场"涨跌并存"

进入整体销量下滑的 SUV 市场，呈现出"涨跌并存"的特征，品牌与品牌之间的分化和差异开始表现得越来越明显。这证明，国内 SUV 市场的结构调整正在进行。

经历了爆发式增长后，哪些产品在 SUV 市场显露出更强的实力，而又有哪些产品已经逐渐不能满足结构调整和竞争升级的需求，濒临被淘汰的边缘呢？

根据中国汽车工业协会的统计数据，按照排量划分，2018 年 1.6 升及以下小排量 SUV 的销量为 566.8 万辆，同比下降 5.07%；1.6 升<排量≤2.0 升的 SUV 销量为 381.19 万辆，同比增长 2.37%；2.0 升<排量≤2.5 升和 2.5 升<排量≤3.0 升销量降幅比较明显，分别销售 28.35 万辆和 1.84 万辆，同比分别下降 33.2% 和 79.58%。作为 SUV 市场基数最大的小排量 SUV，也是自主品牌 SUV 主要聚集的细分市场，5% 的销量同比下滑，使不少自主品牌 SUV 企业压力倍增。

在驱动形式方面，两驱 SUV 在 2018 年销量同比下降 3.14%；四驱 SUV 销量同比增长 1.3%，不过增速比上年减缓了超过 18%。

在系别方面，自主品牌 SUV 的销量及市场份额开始被合资品牌 SUV 吞噬。日系、德系、美系、韩系和法系 SUV 在 2018 年全年销量占比分别为 16.69%、11.34%、6.21%、4.78% 和 1.53%，其中与 2018 年相比，韩系品牌 SUV 销量增速超过 40%，德系品牌 SUV 也实现两位数的销量增长，相比而言，日系 SUV 的增速并不算高，而美系和法系的下降则比较明显。

2018 年的国内 SUV 市场，尽管自主品牌 SUV 的市场占有率仍然保持第一，但销量的下滑使这个第一"如坐针毡"。在这一年，外资品牌的 SUV 产品陆续投放中国市场，并迅速在市场中游刃有余地找到状态。也因此，自主品牌 SUV 产品此前具有的诸如性价比等优势被弱化，在市场转型升级的过程中，这些传统优势的竞争力开始略显不足。

三、市场分化背后看消费需求变化

随着主流合资品牌在 SUV 市场的加紧布局，自主品牌与合资品牌在 SUV 细分市场开始有着各自不同的分工和角色，整个 SUV 市场格局也因此发生着改变。

例如，在小型 SUV 市场，自主品牌仍然占据绝对优势，无论是销量还是市场占比都领先于合资品牌，但小型 SUV 市场也面临连续高速增长后趋于饱和的局面。另外，自主品牌在布局该细分市场时产品有不同程度的同质化现象，导致自主品牌在该细分市场的可持续增长面临挑战。这也是自主品牌在 SUV 市场迎来结构调整和市场分化后所要突破的核心瓶颈。

中型 SUV 市场则呈现出相对较充足的市场后劲和潜力。而在这一细分市场，合资品牌的 SUV 产品则占据主流。据不完全统计，2018 年全年，国内市场中型 SUV 数量超过了 70 款，其中合资品牌以及高档品牌的多款主流中型 SUV 都成为支撑该品牌销量稳定增长的顶梁柱。由于该细分市场的坚挺，2019 年上半年，国内中型 SUV 市场的产品超过了 80 款。可以说，这一细分市场的稳定，很好地诠释了 SUV 市场的消费升级。其中，途观 L、探岳、汉兰达、奥迪 Q5L、奔驰 GLC 等合资品牌 SUV 成为中型 SUV 细分市场在不同档次的标杆。与之相比，自主品牌在中型 SUV 细分市场的话语权和出镜率则明显偏低。

中大型及大型 SUV 细分市场仍然较为小众，合资品牌与自主品牌在这一细分市场都有涉足，但这些车型普遍都不是支撑这些品牌实现销量突破的"关键人物"。自主品牌在中大型及大型 SUV 市场的布局，也是其选择向高端化迈进的实际行动，尽管如此，在市场中，消费者衡量自主品牌的中大型及大型 SUV 的标准仍然没有摆脱性价比优势，自主品牌中大型及大型 SUV 的品牌力有待进一步提升。

第二节　SUV 市场的竞争与角逐：
自主品牌阵营分化明显，合资企业开始全面发力

一、合资品牌加码，自主品牌分化明显

从占有率看，2018 年，自主品牌 SUV 仍然占据近 60% 的市场份额（见表 3-2），

但德系和日系 SUV 的全年销量均超过了 100 万辆，同时两位数的市场占有率也不容小觑。

表 3-2　2018 年 SUV 分国别销售情况

	销量（万辆）	占有率（%）
自主品牌	580.04	58.03
德系品牌	113.36	11.34
日系品牌	166.79	16.69
美系品牌	62.1	6.21
韩系品牌	47.82	4.78
法系品牌	15.3	1.53

资料来源：中国汽车工业协会。

一直以来，自主品牌都占据了国内 SUV 的大部分市场份额，但这一势头在 2018 年迎来了转变。根据乘联会的数据，在 2018 年 SUV 销量前十的排行榜中（见表 3-3），合资品牌占据了 5 席，与自主品牌平分秋色，虽然整体来看排名仍然靠后，但这已经充分彰显出合资品牌正在积极抢占国内 SUV 市场的趋势。

表 3-3　2018 年中国 SUV 销量排行榜

排名	生产企业	车型	销量（万辆）	同比增长（%）
1	长城汽车	哈弗 H6	45.26	-10.6
2	上汽通用五菱	宝骏 510	36.14	-0.7
3	上汽大众	途观	30.34	-8.7
4	吉利汽车	博越	25.57	-10.9
5	广汽传祺	传祺 GS4	23.57	-29.7
6	上汽乘用车	荣威 RX5	22.48	-5.4
7	东风日产	奇骏	20.8	12.6
8	上汽通用	昂科威	20.18	-15.7
9	东风日产	逍客	17.5	14.7
10	东风本田	XR-V	16.83	4.1

资料来源：乘联会。

排名第一的合资 SUV 是来自上汽大众的途观，以全年 30.34 万辆的销售成绩在总榜单上排名第三，这也是唯一一个进入前五的合资品牌产品。上汽通用昂科威在 2018 年共销售 20.18 万辆汽车，同比下滑 15.7%，排名第八位。以东风日产奇骏、东风日产逍客和东风本田 XR-V 为代表，日系品牌成为 2018 年 SUV 市场的"大赢家"，奇骏共销售 20.8 万辆，同比增长 12.6%，排名第七；日产逍客共销售 17.5 万辆，同比增长 14.7%，排名第九；XR-V 销售 16.83 万辆，增长 4.1%，排名第十。值得一提的是，这三款产品相较 2017 年全部实现了正增长。事实上，这也是 2018 年全年 SUV 销量排名前十中实现正增长的仅有三个品牌，自主品牌产品尽管占据了五个席位，但均处于下滑态势，无一幸免。

另外，合资品牌在 SUV 领域的"攻势"更加强劲，且直接朝着自主品牌的优势领域——小型 SUV 进军。2018 年，本田 XR-V、缤智以及日产的逍客已经尝到了市场的"甜头"，同时，丰田 C-HR 和奕泽、一汽—大众探歌、斯柯达柯米克、起亚奕跑、雪铁龙云逸等小型 SUV 在 2018 年均集中入市，2019 年上半年，又有大众 T-CROSS、新一代雪佛兰创酷、别克新一代昂科拉和本田缤智 1.5T 等陆续上市。可以看到，新入市的合资小型 SUV 采取了高低动力、大跨度价格区间的"打法"，试图通过布局低动力和低价格市场抢夺自主品牌 SUV 的市场份额，而高动力则主攻目前逍客、探歌和奕泽所在的细分市场，来达到上下兼顾、高低"通吃"的目的。

在国内 SUV 市场增速大幅放缓的当下，合资品牌参与国内全系 SUV 市场竞争的直接结果就是自主品牌 SUV 此前多以价格优势占领入门级 SUV 市场的战术受到了干扰，部分竞争力不足的自主品牌 SUV 开始难以为继，自主品牌在 SUV 市场两极分化的趋势越来越明显。

位于头部队伍的哈弗依旧表现抢眼，2018 年销量虽然同比下滑了 11.71%，但依然以 44.19 万辆的成绩稳坐第一，且超出了第二名 11 万辆之多，毫无疑问，长城汽车通过对产品研发的坚持投入和对产品品质的高度追求，已经成为国内 SUV 市场当之无愧的"带头大哥"。另一个中国品牌 SUV "优等生"代表则是吉利汽车，2018 年吉利博越共卖出 24.21 万辆，虽然同比下滑了 12.89%，但年度排名上升一位，到了第四。此外，除了博越，吉利旗下的帝豪 GS、远景 SUV 和远景 X3 等 SUV 产品均表现不俗，这也帮助吉利在 2018 年销量突破了 150 万辆。

另一部分则是越来越趋于市场边缘化的自主品牌，由于产品力和品牌力不足，销量几乎腰斩。根据 2018 年的销量统计数据，海马汽车共销售 6.76 万辆，下滑幅度最大，达到 51.88%。此外，众泰汽车和江铃汽车等销量也出现了较大幅度的下滑，在行业处于洗牌期的当下，还有部分品牌依靠自身难以为继，选择投靠新的"金主"，如观致被宝能收购、宝沃被神州优车接管等。

二、自主品牌 SUV 开启向上走之路

就在合资品牌纷纷下探的同时，不少自主品牌也选择了主动"出击"，推出了新的品牌或产品，开启了 SUV 产品的向上走之路。如长城、吉利、奇瑞、长安和比亚迪等，都相继推出了旗下的高端车型，部分已经取得了不错的市场反响。

作为 2018 年 SUV 市场的"黑马"，吉利推出的领克以其时尚个性的产品，多元化和国际范的营销策略，造就了品牌的"潮流"形象，牢牢抓住了年轻消费者的心，2018 年销量逆势超过了 12 万辆。未来，领克将从渠道、产品和服务方面发力：在渠道方面，领克已批准加盟的经销商为 311 家，正式运营 199 家，覆盖城市超过 230 个，2018 年底运营数量达到 248 家；在产品方面，领克品牌计划到 2020 年在中国市场陆续投放 10 款新车型；在服务方面，领克创建了 6S 服务模式，旨在增加品牌与消费者的黏合度，为用户带来更多维立体的服务体验，此外，领克还建立了官方俱乐部 Co：Club，粉丝数达 40 万，各地"Co 客领地"数量已达 70 个。

2018 年，长城旗下的高端品牌——WEY 也以 13.95 万辆拔得了中国豪华 SUV 领域的头筹。事实上，WEY 品牌自 2017 年上市以来，第一年销量就接近 9 万辆，第二年销量近 14 万辆，同比增长 61.39%。WEY 销量在长城整体销量中的占比也逐年提升，用实打实的数据证明了自主品牌向上冲击的巨大潜力，以及长城在品牌向上方面的成果。

吉利领克和长城 WEY 在冲击高端化道路上取得的阶段性成功，有力地证明了迅速成长中的中国汽车自主品牌升级的道路能"走通"。但值得指出的是，两大品牌还存在改进的空间。例如，领克的目标客户范围较窄，一些年龄偏大或对外观、智能需求不高的消费者认为领克外观浮夸、华而不实，另外，领克对燃油和保养的要求都比较高，有信息显示，领克每 1 万公里的保养费用高于 1000 元，与汽车售价"不匹配"的售后价格导致一部分消费者对其"望而却步"。对于 WEY 来说，目前在售的三款燃油车从定位到尺寸、价格等方面都比较接近，未能将潜在用户有效区分开，造成了一定程度上的内部竞争。

需要注意的是，自主品牌 SUV 在抢占高端市场的过程中，要做好打"持久战"的心理准备，接下来的市场竞争可能更加严峻，只有坚持品牌初心，强化自身特点及产品实力，努力拉开与其他品牌的调性，才能在未来的中国 SUV 市场中占据一席之地。

三、SUV 不再是边缘车企的"救星"

有观点认为，到 2020 年，国内自主品牌车企将只剩下 3~5 家，淘汰赛已经全面开启。近两年来，众泰、力帆和幻速等品牌已经深陷困境，即便推出 SUV 产品，也已经难以挽救越来越边缘的颓势。

以力帆为例，自 A0 级车型销量开始缩水后，力帆曾推出两款 SUV 车型，试图通过搭上 SUV 市场这趟"快车"来提振市场，但由于产品在设计、装配工艺、消费体验等方面都存在一定问题，X60 月销量一度过万后迅速下跌，目前力帆旗下燃油类 SUV 几乎全部停产。市场表现的不足导致了企业的营收状况不佳，力帆公布的 2019 年上半年财报显示，公司实现营收 51.78 亿元，同比下降 13.39%；净利润亏损 9.47 亿元，上年同期盈利 1.25 亿元。

更令人惋惜的是华泰汽车，2010 年创立的华泰汽车是中国最早生产 SUV 的传统车企，旗下的圣达菲一度占据市场份额的 10%，位列国内 SUV 车型前三，特拉卡更是成为市场上销量增速最快的国产 SUV 车型，还被选为中国维和部队指挥专用车。但这些都是在与韩国现代合作过程中取得的市场成绩，双方"分手"后华泰汽车开启了艰难的自主发展之路，虽然在 2017 年实现了销量 13.26 万辆的好成绩，但仅为"昙花一现"，2018 年华泰汽车累计销售量为 12.07 万辆，同比下滑 9%，市场行情一路下跌，逐渐落后，如今也处于被市场淘汰的边缘。

当然，边缘车企目前岌岌可危一部分原因是当前经济下行和市场不振，但更多的是因为企业自身的市场竞争力不足，即便是在 SUV 需求旺盛的前两年，其推出的产品也很难保证长期稳定的高销量，更何况是在 SUV 市场也逐渐趋于"饱和"的当下，尾部产品自然就将面临先"出局"的命运。

第三节　SUV 市场消费升级提速
高端化需求趋势显现

一、当 SUV 遇上消费升级

当 SUV 遇上消费升级，会产生怎样的"化学反应"？不可否认的是，种种事实和迹象都表明，2018 年的国内 SUV 市场，其结构调整和升级已初露端倪。

销量的下滑和份额的下降并不只是某一家企业、某一个车型的原因，而是整个汽车行业在转型中、消费在升级过程中的必经阶段。

合资品牌在 SUV 市场的加速布局，在一定程度上促进了国内 SUV 市场更加成熟地面对竞争和淘汰，与此同时，在这个过程中，自主品牌 SUV 也能更清醒地看到自身存在的问题，并及时调整战略。

事实上，当 SUV 遇上消费升级，消费者对智能化、电动化、舒适性的需求越来越高，对产品力和品牌力的认知度也越来越高。另外，随着用车需求的多元化，消费者对专业 SUV 的需求更加旺盛。

二、摆脱产品同质化成为 SUV 产品升级核心趋势

国内 SUV 市场消费呈现高端化升级趋势。即便是入门级产品，消费者也更青睐性价比较高、品牌口碑较好的产品。那些同质化比较严重的 SUV 产品逐渐被市场冷落，同时也是 SUV 细分市场下滑最明显的"重灾区"，而这部分产品恰恰是前两年自主品牌扎堆布局的领域。相反，合资品牌在 SUV 市场的加速布局，则呈现多点开花、重点占领中高端细分市场的特征。

这也就意味着，对于 SUV 市场尤其是自主品牌 SUV 细分市场而言，摆脱现在的销量和市场份额下滑的关键在于抵制和拒绝产品低档次的同质化。此前，自主品牌 SUV 阵营因产品雷同而扎堆销售最终导致该品牌逐渐边缘的"悲剧"并不少见。

有人说，产品的同质化是压垮自主品牌 SUV 市场的"最后一根稻草"。的确，在前几年 SUV 市场快速发展之时，大部分自主品牌车企在快速布局 SUV 产品的固化思维下，"简单粗暴"地推出各自的 SUV 产品，于是陷入了这样一个"怪圈"：拥有抢眼、夸张而又雷同的外观设计和低廉的价格，对核心技术、品牌理念、产品定位并没有过多关注。未来，随着消费升级和结构调整，这样的产品显然已经没有"用武之地"。

三、消费升级正在加速 SUV 市场淘汰

对已经处于销量和份额连续下滑的 SUV 市场，伴随消费升级，加速的优胜劣汰已经到来。事实上，市场已经做出了客观的选择。

2018 年，不少已经被市场边缘化的 SUV 车型，其处境相当尴尬，未来的路，前途未卜。

如东风神龙旗下的 SUV 产品阵容，虽然车型种类不少，涵盖 7 种 SUV 车型，但其在 2018 年全年的销量仅为 1 万余辆，7 款 SUV 车型全年的累计销量总和还远不及一款热销 SUV 的单月销量，而同比超过 33% 的销量下滑幅度，使东风神龙徘徊在"生死线"。相反，奇瑞凭借自身管理对"技术、品质、国际化"三大关键点进行提升，实现了车市寒冬中的逆袭。2018 年全年，奇瑞旗下的 SUV 车型共销售超过 32 万辆，实现了超过 17% 的增长。这得益于奇瑞在战略布局、体系能力建设、核心竞争力三方面的努力。吉利旗下的 SUV 产品阵容在 2018 年全年销量超过 85 万辆并创造了同比增长 35.53% 的出色业绩。

事实上，伴随消费升级而来的 SUV 市场的加速优胜劣汰，是对产品实力、品牌竞争力的一次真实检验，在这个过程中，自主品牌与合资品牌之间互相找到差距和优势，入门级品牌与中高档品牌之间应"各司其职"，为不同需求的用户提供更贴心的服务。耐住寂寞、潜心努力，度过转型升级这道关，国内 SUV 细分市场将迎来真正的高质量、可持续增长。

第四节　电动 SUV 受到厂商更多青睐

一、电动 SUV 逐渐流行

尽管业内曾一度认为，纯电动汽车的最佳载体是小微型汽车，但随着电池能量密度的提高和消费者的偏好增加，近年来纯电动 SUV 的数量明显增多，市场表现也越来越好。

在 2018 年上市的新能源汽车产品中，有超过半数是 SUV，无论是合资品牌还是自主品牌，都越来越喜欢"押宝"电动 SUV 这一市场"新宠儿"。从市场销量来看，自主品牌仍然是国内电动 SUV 市场的主要力量，2018 年纯电动 SUV 销量排名前十的均为自主品牌产品。

排名第一的是比亚迪元 EV，共销售 35699 辆，全系拥有 4 款车型，采用前置单电机驱动，电机总功率可达 160kW，工信部公布的纯电续航里程达到 305km，同级别优势明显；北汽新能源 EX 系列以 31274 辆的成绩排名第二，EX 系列车型同样采用前置单电机驱动，电机总功率 80kW，工信部公布的续航里程达到 318km；排名第三的则是荣威 ERX5，2018 年全年销量为 27208 辆，电机总功率 85kW，工信部纯电续航里程 320km；华泰新能源 XEV 排名第四，销量为 16808 辆，全系共两款车型，定位紧凑型 SUV，采用单电机驱动，电机总功率 80kW，工信部给到的纯电续航里程为 266km，全系车型还配有前后倒车雷达、360 度全景影像、电动天窗等丰富配置；排在第五位的是作为造车新势力的蔚来汽车，2018 年全年销量为 11379 辆，这也是电动 SUV "十强" 里唯一售价超过 40 万元的产品，双电机驱动，电机总功率可达 480kW，最大扭矩可达 840N·m，百公里加速仅 4.37S，工信部续航里程为 355km。

在纯电动 SUV 领域，自主品牌之所以 "大放异彩"，原因之一是合资品牌这 两年推出的纯电动 SUV 产品还处于 "试水" 阶段，虽然广汽丰田和广汽本田都 已经率先推出了旗下的纯电 SUV 产品——广汽 ix4 和 VE-1，但前者是基于广汽 自主品牌的新能源技术开发而成，后者则是以缤智为原型，"油改电" 而来，真 正大规模的合资纯电动 SUV 投产恐怕还需要等到 2019 年底和 2020 年。

二、自主电动 SUV 仍集中在中低端

从现有的市场组成来看，自主品牌的电动 SUV 产品仍然集中在中低端，且 大多为小型 SUV 和紧凑型 SUV。2018 年销量排名前十的纯电动 SUV 中，大部分 价格低于 20 万元，排名第一的比亚迪元 EV 新车指导价为 7.99 万~9.99 万元， 紧随其后的北汽新能源 EX 系列几乎处于同样的价格区间，排名第六的奇瑞瑞虎 3Xe 新车指导价为 9.38 万~10.68 万元，排在第 8 位的云度 π1 新车指导价为 13.78 万~17.98 万元，第六名的长安 CS15 EV 和排在第十位的吉利帝豪 GSe 新 车指导价也都低于 15 万元。加上国补和地补，实际的新车售价会更低，这也是 上述产品能拥有如此高销量的重要原因之一。

值得一提的是，在销量排名前十的纯电动 SUV 产品中，也拥有部分高端产 品，且市场表现不俗。排名第三的荣威 ERX5 新车指导价为 27.18 万~29.68 万 元，采用前置单电机驱动，电机总功率 85kW，工信部纯电续航里程为 320km； 排名第七的传祺 GE3 新车指导价为 21.28 万~24.65 万元，全系标配 ESP、后雷 达影像和自动驻车等功能，采用一款前置单电机驱动，电机总功率 132kW。

三、未来电动化或将成为生力军

展望未来，电动 SUV 产品有望成为 SUV 市场中重要的组成部分。
纯电动 SUV 的热销是市场追捧 SUV 的延续，虽然 SUV 销量增速明显放缓，

但并不意味着其失去了竞争力。随着新能源汽车市场逐步发展，小型纯电动 SUV 市场具备较快发展潜力，对 SUV 市场的增长也会带来一定结构性拉动作用。从供给端来看，各大传统汽车企业以及造车新势力纷纷推出 SUV 产品，加大了纯电动 SUV 的产品供给和宣传力度。

此外，纯电动 SUV 市场已经不局限于小型 SUV，紧凑型、中型纯电动 SUV 产品已经出现。售价近 100 万元、定位高端市场的特斯拉 Model X 100D 可谓纯电动 SUV 市场的明星产品，这款纯电动 SUV 在空间、速度和续驶里程以及内外部设计方面均有一定优势。作为自主纯电动高端 SUV 的代表，蔚来 ES8 也正在市场上掀起纯电动 SUV 购买的新风潮。纯电动 SUV 的出现，给潜在的新能源汽车消费者带来了更多选择，激活了新能源汽车市场，刺激了纯电动 SUV 销售，从供给侧有力地推动了纯电动 SUV 的销量走高。

第五节　造车新势力异军突起

一、主打电动智能 SUV

在 SUV 电动化的过程中，造车新势力成为一股新鲜力量，表现相当活跃，当前主要造车新势力推出的首款量产车型，均集中在电动智能 SUV 上。通过梳理 10 多家造车新势力推出的量产车型，厂家标定的最长续驶里程主要集中在 400~500 公里，产品定位主要集中在入门级小型纯电动 SUV 以及中型纯电动 SUV 这一细分市场，当然，这其中也不乏有蔚来 ES8、前途 K50 这类切入高端 SUV 及跑车市场的新秀。

首个实现量产交付的新势力是蔚来汽车，旗下的首款产品 ES8 于 2017 年 12 月 16 日上市并开启预订，由于抢占先机，蔚来汽车也因此成为新势力中累计销量最先过万辆的企业。ES8 是一款高性能智能电动 7 座 SUV，基准版补贴前售价为 44.8 万元。作为一款智能 SUV，ES8 还搭载了车载人工智能系统"NOMI"，集成了语音交互系统和智能情感引擎，开启了全新的人车交互方式。2018 年 12 月 15 日，蔚来汽车的第二款 SUV ES6 上市，虽然这是蔚来汽车的"入门级"车型，但售价依然高于市面上的其他同类产品，基准版补贴前起售价 35.8 万元，性能版补贴前起售价 39.8 万元。

首款新车 G3 从 2019 年 3 月大规模交付的小鹏汽车，坐上了 2019 年上半年交付量的冠军宝座。小鹏汽车 G3 从车身尺寸来看，属于紧凑型 SUV，在智能化方面，产品还能实现识别车外人的手势等功能，2019 款的售价区间为 22.78 万 ~ 25.78 万元。

同样身处造车新势力头部队伍的威马汽车在 2018 年 9 月 28 日实现上市交付，首款产品为威马 EX5，官方售价为 18.655 万 ~24.73 万元（补贴前），配备可旋转 90 度的 12.8 英寸悬浮式智能旋转屏、12.3 寸互动全液晶数字仪表以及中央 i-Control 控制面板，打造全新的智能交互体验。

二、销量偏低，挑战与机遇并存

无论是从 2018 年，还是从 2019 年上半年的销售情况来看，新势力总体销量仍然偏低，整体乘用车市场的比例仍然微乎其微。一方面，这是因为新势力的品牌影响力略显不足；另一方面，这也与当下的市场大环境有重要关系。根据保监会最新发布的机动车交强险数据，造车新势力企业 6 月总交付量达到 9162 辆，2019 年上半年累计交强险上牌量突破 3 万辆，达到 30101 辆。其中，威马 EX5 上半年累计交强险上牌量达 8548 辆，位居第一；亚军则是小鹏 G3，上半年累计交强险上牌量为 8494 辆；蔚来 ES8 排名第三，1~6 月累计交强险上牌量为 7198 辆。

尽管当下市场份额偏小，但新势力的发展势头不容忽视，其拥有传统车企所不具备的优势与特点。在创新方面，造车新势力在智能网联领域的表现更为激进，具有较强的产品综合能力；在市场方面，造车新势力没有庞大的销售链条，更易于打破现有销售方式的束缚，如不照搬现有的 4S 店方式，而是用会员制直接销售并提供服务等。此外，造车新势力更注重客户体验，积极探索"粉丝经济"、社区化成长等模式。

但同时，造车新势力面临的挑战也不小。以特斯拉为代表的合资甚至独资产品已经或即将进入中国，纯电动智能 SUV 也是它们主打的产品类型，这将给当下的新能源汽车市场带来更大的竞争压力。另外，造车新势力长期以来对资本市场依赖程度较高，未能通过自身"造血"从而实现长期发展，在资本逐渐冷却的大环境下，它们开始进入困境，欠薪、资金链断裂的新闻时有曝出。

虽然业内普遍认为，最终能存活下来的新势力不过寥寥几家，但经过近年来的摸索和实践，新势力群体正在逐渐沿着健康发展的轨道前行，还是有希望能够诞生出具有影响力的汽车品牌。

第二部分

企业篇

第一章　合资汽车企业

第一节　概述

根据中国汽车工业协会的统计，2017年全年，各合资汽车企业乘用车总销量为1386.1万辆，占乘用车市场总量的56.1%。其中，合资汽车企业SUV当年总销量为403.97万辆，占当年SUV市场总量的39.4%，较之前一年减少2.4个百分点；占合资汽车企业乘用车总销量的29.14%。

合资汽车企业SUV的市场增长势头在2018年上半年就已初步显现，在下半年则更加明显，2018年合资厂商SUV市场占有率提升至42%，较前一年增加2.6个百分点，2019年上半年，进一步增长至46.6%，实现了4.6个百分点的较大提升。

2018年1~6月，合资汽车企业乘用车总销量为666.47万辆，占乘用车市场总量的56.6%。其中，合资汽车企业SUV当期销量为197.1万辆，市场份额较2017年全年增加0.3个百分点，为39.7%。

2018年全年，合资汽车企业乘用车总销量为1373万辆，占乘用车市场总量的比重增加到57.9%。其中，合资汽车企业SUV当年总销量为419.5万辆，占当年SUV市场总量的比重增加到42%；它对合资汽车企业乘用车总销量的重要性较2017年略有增加，其销量贡献率达到30.55%。

2019年1~6月，合资汽车企业乘用车总销量为612.68万辆，占乘用车市场总量的60.5%。其中，合资汽车企业SUV当期销量为201.3万辆，市场份额急剧增加6.9个百分点，爬升至46.6%。

考虑到中国品牌企业在投放符合国六标准的新产品上的准备明显不如合资汽车厂商等因素，预计合资汽车厂商在SUV市场的份额将进一步提升。

虽然在总量上，合资厂商SUV的销量仍旧不如轿车的销量高，但得益于其持续投放新车型、国内消费者消费升级等因素的共同影响，SUV成为近年来合资厂商销量增长的关键驱动力。

　　本章后续章节将通过梳理各主要合资汽车厂商的产品投放的过程，逐一分析 SUV 车型对厂商的影响。通过本章节的梳理，我们可以很明显地看出，从 2015 年起，越来越多的合资汽车厂商将新车型的导入重心加速转向 SUV 市场，这种转变将给中国品牌企业带来巨大的压力。

第二节　德系厂商的变化

　　德系汽车企业在华合资公司包括一汽—大众汽车有限公司（以下简称一汽—大众）、上汽大众汽车有限公司（以下简称上汽大众）、华晨宝马汽车有限公司（以下简称华晨宝马）、北京奔驰汽车有限公司（以下简称北京奔驰）4 家企业。

　　总体上看，德系企业是过去几年国内乘用车市场竞争的赢家。根据中国汽车工业协会的统计数据，2017 年上半年，上述 4 家德系合资汽车企业在乘用车领域的市场份额为 20.2%；到 2018 年 6 月，其市场份额增加到 21.0%；2019 年上半年，这一数据提高到 23.2%（见图 1-1）。

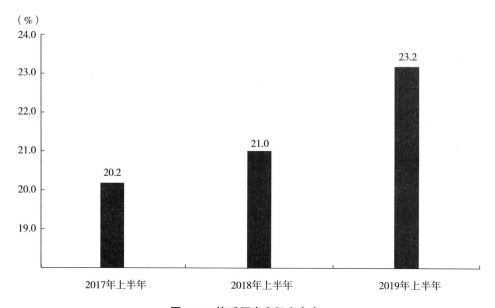

图 1-1　德系厂商市场占有率

通过对这 4 家德系汽车企业旗下产品分类型进行分析可以发现，2018 年 1 月至 2019 年 6 月，这些企业各自的 SUV 车型对其销售增量有着或高或低的贡献。

一、一汽—大众

一汽—大众是国内成立时间最久的合资汽车企业之一。它成立于 1991 年，是由中国第一汽车股份有限公司、德国大众汽车股份公司、奥迪汽车股份公司和大众汽车（中国）投资有限公司合资经营的大型乘用车生产企业，是我国第一家按经济规模起步建设的现代化乘用车生产企业。

从建厂初期的一个品牌 1 款产品，发展到现在的奥迪、大众、捷达三大品牌近 20 款产品——奥迪 A6L、奥迪 A6L PHEV、奥迪 Q5L、奥迪 A4L、奥迪 Q3、奥迪 A3 Limousine、奥迪 A3 Sportback、奥迪 Q2L、迈腾、CC、探岳、探歌、速腾、高尔夫、高尔夫·嘉旅、蔚领、宝来以及捷达品牌产品，一汽—大众已成为国内成熟的覆盖 A、B、C 级全系列乘用车型的生产企业。

1. 市场表现

2005 年 1 月至 2017 年 12 月，一汽—大众共销售轿车 1305.9 万辆，SUV 销量为 112.37 万辆，后者仅为前者的 8.6%。很明显，分产品类别看，该公司在 2018 年之前的车型重心集中在轿车领域。

这种局面在 2018 年 1 月至 2019 年 6 月有较大的转变，在这 18 个月中，一汽—大众共销售轿车 243.44 万辆，SUV 销量达到 47.21 万辆，后者的销量已占到前者的 19.4%（见表 1-1）。

表 1-1　一汽—大众轿车与 SUV 销量变化（2018 年 1 月至 2019 年 6 月）

单位：辆

时间	轿车	SUV
2018 年 1 月	211083	25939
2018 年 2 月	102375	11682
2018 年 3 月	158491	17409
2018 年 4 月	134043	16510
2018 年 5 月	137246	16105
2018 年 6 月	135123	13660

时间	轿车	SUV
2018 年 7 月	131617	17784
2018 年 8 月	157624	29778
2018 年 9 月	159063	30415
2018 年 10 月	143391	30790
2018 年 11 月	144561	31707
2018 年 12 月	145861	34715
2019 年 1 月	128686	32383
2019 年 2 月	88855	20520
2019 年 3 月	123331	39713
2019 年 4 月	121142	28989
2019 年 5 月	104072	30954
2019 年 6 月	107820	43019
合计	2434384	472072

从表 1-1 中可以看出，虽然轿车依然是一汽—大众销量的主要构成部分，但 SUV 与轿车销量之间的差距在这 18 个月中明显变小。发生这种转变的原因在于一汽—大众从 2018 年起陆续导入了多款 SUV 车型。

2. 产品体系与新产品投放计划

从产品结构看，一汽—大众旗下大众品牌在 2018 年之前共有 12 款车型，全部都是轿车。在 2018 年 7 月和 10 月，大众品牌的第一款和第二款 SUV 探歌、探岳先后上市，改变了大众品牌只靠轿车参与竞争的局面。

一汽—大众旗下另一品牌奥迪，曾长期仅依靠奥迪 Q5 一款车型参与国内 SUV 市场竞争，2013 年才导入紧凑型 SUV 奥迪 Q3，2018 年下半年发布了第三款 SUV 车型奥迪 Q2L。

虽然新车型上市时间较短，销量尚未达到预定的高度，但对一汽—大众总销量增量的贡献率已经超过 100%。数据统计显示，2018 年一汽—大众总销量为 203.13 万辆，较 2017 年的 195.72 万辆增加了 7.41 万辆；而奥迪 Q2L、大众探歌和探岳 3 款新车型当年销量为 7.89 万辆。2018 年不同车型的市场表现显示，一汽—大众投放的 SUV 有效地填补了该公司在 SUV 市场上的空白，帮助该公司提升了整体销量与市场占有率。

截至 2019 年 6 月，一汽—大众旗下共有 5 款本土化生产的 SUV 车型在售，分别是中型 SUV 奥迪 Q5L 与大众探岳，紧凑型 SUV 奥迪 Q3、大众探歌，以及小型 SUV 奥迪 Q2L。

2018~2019 年，一汽—大众迎来了公司发展史上最密集的新产品投放期。从产品平台看，协同性更强的横置发动机模块化 MQB 平台将替代原先的 PQ 平台，成为大众未来车型战略核心组成部分。从车型层面看，几乎所有既有车型都实现了换代，同时还有多款全新车型导入。

按计划，该公司于 2018 年投放 11 款新车型，其中，大众品牌 7 款、奥迪品牌 4 款。此后，2019 年计划投放 12 款新车型，分别是大众品牌 6 款、奥迪品牌 3 款、捷达品牌 3 款，其中，每个品牌的新车型中都各自包含两款 SUV（见图 1-2）。

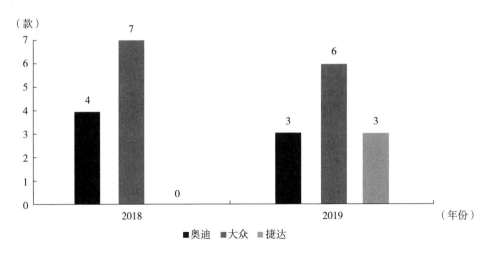

图 1-2　一汽—大众新车型投放规划（分品牌）

根据各方面公开信息推测，2019~2020 年，一汽—大众将会投放以下新产品：

（1）奥迪品牌：奥迪 A6L、奥迪 A3 和奥迪 Q3 三款车型的换代产品。

（2）大众品牌：高尔夫和速腾的换代车型，并投放全新车型探岳 GT。

（3）捷达品牌：投放捷达 VA3、捷达 VS5 和捷达 VS7 三款新车。

如果顺利切换完成新的产品周期和新的产品平台，到 2020 年，一汽—大众的年产销目标将增加至 300 万辆。

3. 产能情况

经过近 30 年的发展，一汽—大众在产能布局方面已形成长春基地、成都西南基地、佛山华南基地、青岛华东基地以及天津华北基地五大生产基地，遍布全国各主要区域的生产格局。

从 2014 年起，一汽—大众开始新一轮产能建设，新建产能于 2017~2019 年陆续建成投产：

2014 年 5 月初，一汽—大众华南基地二期项目在佛山举行了奠基仪式，佛山工厂二期项目于 2017 年 10 月完工，为该公司贡献了 30 万辆的产能。

2015 年 7 月，一汽—大众华东生产基地（青岛工厂）正式开工建设，于 2017 年底进行整车试生产，2018 年全面投产，为该公司贡献了 30 万辆的产能。

2016 年 5 月，一汽—大众华北基地（天津工厂）破土动工，天津工厂位于天津经济技术开发区，占地面积达 108.1 万平方米。该工厂于 2018 年第四季度投产后，为该公司贡献了 30 万辆的产能。拟建中的天津基地二期工厂在完工后，将再增加 30 万辆产能。

此外，产能达到 30 万辆的长春基地奥迪 Q 工厂也于 2018 年第一季度建成投产。

这一系列新工厂的加入，使一汽—大众的产能稳步提升，拥有轿车一厂、轿车二厂、轿车三厂、轿车四厂、轿车五厂、轿车六厂、动力总成事业部以及冲压中心八大专业生产厂。其产能将从 2017 年之前的 156 万辆逐步增加到 300 万辆，支撑该公司实现 2020 年年产量达到 300 万辆的战略愿景。

根据一汽—大众产品规划，保守估计到 2020 年底，该公司 SUV 车型的年产销量将超过 100 万辆。

二、上汽大众

上汽大众是由上海汽车集团股份有限公司和大众汽车集团合资经营的合资汽车企业。该公司于 1984 年 10 月签约奠基，是国内历史最悠久的汽车合资企业之一。

上汽大众分别于 1984 年和 2005 年引入大众品牌和斯柯达品牌，目前共有 16 款不同车型，覆盖 A0 级、A 级、B 级、C 级、SUV 和 MPV 等不同市场。其中，大众品牌车型有 Polo、桑塔纳家族、Lavida 家族、凌渡、帕萨特、辉昂、途观、途昂、途岳、T-Cross、途安；斯柯达品牌车型有 RAPID 家族、明锐家族、速派、柯迪亚克家族、柯珞克、柯米克家族。

2018 年 6 月，奥迪公司入股上汽大众，使其具备生产和销售奥迪车型的资质，但截至 2019 年 6 月底，上汽大众还没有量产奥迪品牌车型。

1. 市场表现

2005 年 1 月至 2017 年 12 月，上汽大众共销售轿车 1471.25 万辆，SUV 销量为 266.24 万辆，后者销量仅为前者的 18.1%。分产品类别看，该公司在 2018 年之前的车型重心集中在轿车领域。

上汽大众是国内最早推出 SUV 车型的合资汽车企业之一，早在 2010 年，该公司就向市场投放了途观，该车型上市后持续热销（见图 1-3），曾长时间供不应求，在将近 7 年时间里独立参与国内 SUV 市场的竞争。

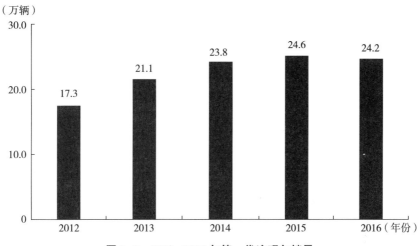

图 1-3　2012~2016 年第一代途观年销量

在连续导入多款全新 SUV 车型后，上汽大众此前轿车占比超过九成的局面在 2018 年 1 月至 2019 年 6 月有了较大的转变，在这 18 个月中，上汽大众共销售轿车 211.06 万辆，SUV 销量达到 81.83 万辆，后者的销量已占到前者的 38.8%（见表 1-2）。

表 1-2　上汽大众轿车与 SUV 销量变化（2018 年 1 月至 2019 年 6 月）

时间	轿车（辆）	SUV（辆）
2018 年 1 月	161806	25939
2018 年 2 月	88087	11682
2018 年 3 月	129989	17409

续表

时间	轿车（辆）	SUV（辆）
2018 年 4 月	114115	16510
2018 年 5 月	125210	16105
2018 年 6 月	138814	13660
2018 年 7 月	107068	17784
2018 年 8 月	110210	29778
2018 年 9 月	135959	30415
2018 年 10 月	127359	30790
2018 年 11 月	140267	31707
2018 年 12 月	104487	34715
2019 年 1 月	145256	32383
2019 年 2 月	82080	20520
2019 年 3 月	118888	39713
2019 年 4 月	95164	28989
2019 年 5 月	93113	30954
2019 年 6 月	92772	43019
合计	2110644	818258

从表 1-2 中可以看出，2018 年至 2019 年 6 月，虽然轿车依然是上汽大众销量的主要构成部分，但随着越来越多的 SUV 车型进入市场，该公司 SUV 与轿车销量之间的差距在明显变小，截至 2019 年 6 月，SUV 的销量已接近同期轿车销量的一半。

2. 产品体系与新产品投放计划

靠一款途观在 SUV 市场打拼的局面一直延续到 2017 年，此后，该公司陆续导入多款 SUV 新车型。

2017 年 1 月，途观换代，新一代车型被命名为途观 L；同年 3 月，上汽大众发布了全尺寸大型 SUV 途昂，这也是现阶段大众品牌体型最大的 SUV。

此后，该公司于 2017 年 4 月推出斯柯达品牌高端 SUV 柯迪亚克，于 2018 年 3 月推出斯柯达品牌多功能 SUV 柯珞克；于 2018 年 6 月推出斯柯达柯米克。2018 年 10 月，上汽大众旗下大众品牌第三款 SUV 途岳上市销售。

截至 2018 年底，上汽大众在两年时间里快速构建起两个不同品牌 6 款车型的 SUV 产品阵营。2017 年和 2018 年，上汽大众总销量分别为 189.01 万辆和 206.51 万辆，2018 年比 2017 年净增加 17.5 万辆。其中，该公司旗下 6 款 SUV 对上汽大众总销量增量的贡献率接近 50%（见表 1-3）。

表 1-3　上汽大众 SUV 车型销量变化　　　　单位：万辆

	2017 年	2018 年
途昂	7.61	8.62
途观 L	33.24	30.34
途岳	0	2.49
柯珞克	0	3.11
柯米克	0	3.71
柯迪亚克	4.4	5.12
合计	45.25	53.39

2018 年不同车型的市场表现显示，上汽大众投放的 SUV 有效地填补了该公司在 SUV 市场上的竞争力空白，帮助该公司提升了整体销量与市场占有率，有效地改善了该公司的产品和销售结构，增强了该公司抵御市场大环境变化的能力。

根据各种公开信息推断，2019~2020 年，上汽大众将要投放的新车型中会有两款 SUV，一款是大众品牌小型 SUV 途铠（T-CROSS），另一款是斯柯达品牌柯米克 GT，为紧凑型 SUV。这将是该公司导入的第 7 款和第 8 款 SUV 产品。

3. 产能情况

经过 30 多年的发展，上汽大众目前拥有约 220 万辆的产能，生产基地分布在上海、南京、仪征、乌鲁木齐、宁波、长沙等地。

其中，公司所在地上海安亭的年产能为 82 万辆，主要生产大众新 Polo、途观 L、辉昂、斯柯达晶锐等车型。江苏南京工厂于 2008 年 4 月落成，年产能达 36 万辆，主要生产大众帕萨特、斯柯达速派；江苏征仪工厂于 2012 年 7 月建成，年产能约 30 万辆，主要生产大众新桑塔纳、斯柯达昕锐、昕动；新疆乌鲁木齐工厂于 2013 年 8 月建成，目前年产能约 5 万辆，后期可拓展至 30 万辆/年，主要生产新桑塔纳；浙江宁波工厂于 2013 年 10 月落成，年产能为 30 万辆，主要生产大众凌渡、途昂、斯柯达新明锐、明锐旅行车；湖南长沙工厂于 2015 年 5 月建成，年产能为 30 万辆，主要生产大众新朗逸、途安 L。

由于在之前进行了多轮产能扩张，2017 年以来，上汽大众几乎没有新增产能，但为保证大众品牌新能源战略的顺利实施，该公司于 2018 年 10 月启动了首个新能源汽车工厂建设项目，预计投产时间为 2020 年。新工厂建成后，将引入大众集团最新开发的 MEB 纯电动车平台，还将承担更多新能源车型的生产任务。

根据上汽大众产品规划，保守估计，到 2020 年底，该公司 SUV 车型的年产销量将超过 100 万辆。

三、华晨宝马

华晨宝马成立于 2003 年 5 月，是宝马集团和华晨汽车集团控股有限公司共同设立的合资企业。该公司业务涵盖 BMW 品牌汽车在中国的生产、研发、销售、售后服务以及采购。2018 年 10 月，在华晨宝马成立 15 周年之际，中德股东双方将合资协议延长至 2040 年。

华晨宝马沈阳生产基地是宝马全球规模最大的生产基地。目前，生产 BMW 5 系 Li、BMW 3 系（含长轴距和标准轴距）、BMW X3、BMW X1（长轴距）、BMW 2 系旅行车、BMW 1 系运动轿车六个系列。

1. 市场表现

成立 16 年以来，华晨宝马曾长期依靠轿车参与竞争，先后推出了 BMW 5 系、3 系等车型。2012 年，该公司第一款 SUV 车型 BMW X1 上市，正式进军国内豪华 SUV 市场。

2012 年 1 月至 2017 年 12 月，华晨宝马共销售各类车辆 161.44 万辆，除 27.72 万辆 BMW X1 外，其余均为轿车。SUV 销量约为轿车销量的 17.2%。

2018 年 1 月至 2019 年 6 月，华晨宝马共销售轿车 48.96 万辆，同期 SUV 的销量为 23.66 万辆，后者的销量已占到前者的 48.9%（见表 1-4）。

表 1-4　华晨宝马轿车与 SUV 销量变化（2018 年 1 月至 2019 年 6 月）

时间	轿车（辆）	SUV（辆）
2018 年 1 月	33404	9984
2018 年 2 月	18331	6640
2018 年 3 月	27170	6963
2018 年 4 月	27648	8415
2018 年 5 月	27797	8389

续表

时间	轿车（辆）	SUV（辆）
2018 年 6 月	25276	7882
2018 年 7 月	26774	10768
2018 年 8 月	28516	12168
2018 年 9 月	28764	14417
2018 年 10 月	29792	14913
2018 年 11 月	31014	17505
2018 年 12 月	25336	16038
2019 年 1 月	33694	19228
2019 年 2 月	19782	12548
2019 年 3 月	29240	15949
2019 年 4 月	30022	17317
2019 年 5 月	16074	17656
2019 年 6 月	30920	19847
合计	489554	236627

　　从表 1-4 中可以看出，虽然轿车依然是华晨宝马销量的主要构成部分，但得益于 BMW X3 的加入，该公司 SUV 与轿车销量之间的差距在明显变小，甚至在 2019 年 5 月出现了当月 SUV 销量超过轿车的局面，导致这一现象出现的主要原因，是该公司当时正在进行新一代宝马 3 系轿车的生产准备，因此不具备代表性。

　　2. 产品体系与新产品投放计划

　　进入 2018 年后，得益于宝马集团进入车型集中换代周期，华晨宝马也随之进入新一轮产品周期。

　　2018 年，BMW X3 在华晨宝马投产。数据统计显示，BMW X3 上市的 12 个月内共售出 8.1 万辆，有力地助推了华晨宝马在车市总体下行的局面下依然逆势增长。

　　截至 2019 年上半年，国产 BMW X3 的月销量稳定在 9000~10000 辆。该公司已初步扳回了之前由于进口 X3 价格偏高而导致的与已国产的奥迪 Q5L 和奔驰 GLC 在竞争中处于劣势的局面。

除 BMW X3 外，华晨宝马还在 2018 年推出了国产插电式混合动力版本宝马 X1，但该车型尚未给华晨宝马的销量增长做出太大贡献。

截至 2019 年 6 月，华晨宝马旗下共有 3 款 SUV 车型在售，分别是中型 SUV BMW X3、搭载汽车发动机的紧凑型 SUV BMW X1 和插电式混合动力版本的 BMW X1。

根据该公司的产品规划，华晨宝马将在 2019 年实现 BMW X2 的国产。这是一款小型 SUV，基于 UKL 前驱平台打造，外观设计代表了 X 家族设计语言的新方向。预计这款 SUV 会给该公司带来一定的销售增量。

到了 2020 年，BMW 品牌核心产品系列的首款纯电动汽车 BMW iX3 将在沈阳投产。从目前公开的数据看，它基于汽油版 X3 打造，配备第五代 BMW eDrive 技术，最大输出功率约为 221kW，搭载的 75kWh 电池组可提供 400km 的续航里程。它不仅会在中国销售，还将出口到全球市场。

3. 产能情况

华晨宝马现在沈阳市有两家整车工厂，分别位于沈阳大东区和铁西区。

大东工厂是中国第一家 BMW 工厂，见证了华晨宝马在中国成功发展的完整历程。宝马进入中国以来最成功、销量最大的单一车型——BMW 5 系 Li 即产自这里。大东工厂一直伴随市场发展而不断扩建，2014 年开始在东北部扩建出一座具备完整四大工艺的新工厂，并于 2017 年 5 月 19 日正式开业，生产全新一代 BMW 5 系 Li。该工厂总产能为 36 万辆。

铁西工厂是一家具有可持续性的汽车工厂。工厂建设始于 2010 年 6 月，仅用时 18 个月，工厂首期工程即告完工，首辆宝马汽车成功下线。这座占地面积超过 2 平方公里的汽车工厂拥有现代化汽车制造的完整四大工艺，该工厂总产能为 16 万辆。目前，铁西工厂产品线包括 BMW 3 系（含长轴距和标准轴距）、BMW X1（长轴距）、BMW 2 系旅行车、BMW 1 系运动轿车以及之诺 60H。

在铁西工厂附近，华晨宝马还设有研发中心和动力总成工厂。动力总成工厂生产最新一代 BMW 3 缸和 4 缸涡轮增压发动机，以及高压动力电池。该厂位于辽宁省沈阳市经济技术开发区，占地面积 0.9 平方公里，于 2013 年 8 月开工建设，2016 年 1 月正式开业。

未来几年，华晨宝马将通过对现有及新增生产设施建设项目进行重大投资，进一步扩大其在沈阳的生产基地。

根据规划，华晨宝马将投资约 93 亿元，在大东新工厂附近新增 91.28 万平方米土地，用于扩充产能；预计建成投产后将增加产能 24 万辆。新增产能主要用于供给新 BMW 5 系长轴距车型和一款中高档 SUV 新车型；后者预计会是 BMW X5。

同时，为了满足华晨宝马公司整车产品的发动机需求，其动力总成工厂将实施扩建项目（三期）。建成后，发动机产能将达到双班 56 万台/年（最大产能 94.5 万台/年），相比于现在一期和二期的总产能，提高了 57%。

根据该公司产品规划，保守估计，到 2025 年底，该公司 SUV 车型的年产销量将超过 40 万辆，占其总销量的 45% 左右。如果华晨宝马成为 BMW iX3 全球主要产地的话，预计该公司 SUV 的产销量将会达到 50 万辆的级别。

四、北京奔驰

北京奔驰成立于 2005 年 8 月，是由北京汽车股份有限公司与戴姆勒股份公司、戴姆勒大中华区投资有限公司共同投资，集研发、发动机与整车生产、销售和售后服务为一体的中德合资企业。

经过 14 年的发展，至 2019 年，北京奔驰业已建立起全球产量最高、面积最大、综合性最强的梅赛德斯—奔驰乘用车生产制造基地，拥有戴姆勒公司首个海外梅赛德斯—奔驰汽车发动机制造工厂与原型车工厂、戴姆勒合资公司里最大的研发中心，并成为戴姆勒全球唯一一家同时拥有前驱车、后驱车、电动车三大车型平台，以及发动机与动力电池工厂的合资企业。

14 年来，北京奔驰先后引入了梅赛德斯—奔驰畅销全球的五大主力车型：长轴距 A 级轿车、长轴距与标准轴距 C 级车、长轴距 E 级车、长轴距 GLC SUV 以及 GLA SUV，且整车与发动机累计产量均已突破 200 万辆（台）。

1. 市场表现

2005 年，北京奔驰工厂建成投产，到 2017 年底，该公司共销售各类车型 150.41 万辆，其中奔驰 E 级和 C 级轿车合计销售 94.07 万辆，占总量的 62.54%；GLK 及其换代车型 GLC、GLA 等 SUV 车型 56.34 万辆，占总量的 37.45%，约为同期轿车销量的 59.9%。

从车型对公司总体销量的贡献率看，目前几款主销车型——E 级、C 级、GLA 和 GLC 的销量相对稳定。只是随着 A 级轿车的投产，SUV 对总销量的贡献率较 2018 年前有所下降。2018 年 1 月至 2019 年 6 月，北京奔驰共销售轿车 49.69 万辆，同期 SUV 累计销量为 27.02 万辆，后者约为前者的 54.38%（见表 1-5）。

表 1-5 北京奔驰轿车与 SUV 销量变化 （2018 年 1 月至 2019 年 6 月）

时间	轿车 （辆）	SUV （辆）
2018 年 1 月	33449	19999
2018 年 2 月	20734	12082
2018 年 3 月	24849	15892
2018 年 4 月	23893	17765
2018 年 5 月	26755	15355
2018 年 6 月	26095	15182
2018 年 7 月	24894	14506
2018 年 8 月	23605	14400
2018 年 9 月	25807	15238
2018 年 10 月	20186	9156
2018 年 11 月	26927	11673
2018 年 12 月	28459	18105
2019 年 1 月	36460	17796
2019 年 2 月	25777	12639
2019 年 3 月	34615	17820
2019 年 4 月	29354	14805
2019 年 5 月	33795	13834
2019 年 6 月	31200	13951
合计	496854	270198

2. 产品体系与新产品投放计划

截至 2019 年 6 月，北京奔驰旗下共有两款 SUV 车型在售，分别是中型 SUV 奔驰 GLC、紧凑型 SUV 奔驰 GLA；预计将在 2019 年下半年推出国产 GLB。

SUV 对公司销售增量的贡献率下降的情况预计在 2020 年会得到改善，因为按计划北京奔驰会在 2018~2019 年导入奔驰 A 级轿车、奔驰 B 级轿车，以及紧凑型 SUV 奔驰 GLB 等全新产品。

与此同时，该公司还将引进奔驰 EQE、奔驰 EQA、奔驰 EQB、奔驰 EQC 四款不同级别的纯电动车型，产品矩阵将覆盖紧凑型、中型、中大型 SUV 市场。

随着这批新车"入列"，SUV 必然会重新成为推动北京奔驰销量增加的主力。

3. 产能情况

北京奔驰的生产基地目前全部集中在北京地区。经过 14 年的发展，其最初建设的亦庄工厂的规划年总产能已达到 52 万辆。2019 年 6 月，伴随着发动机第二工厂和动力电池工厂的双双落成，北京奔驰在动力总成系统平台建设方面取得突破性成果。

特别值得注意的是，北京奔驰新建成的动力电池工厂在梅赛德斯—奔驰全球生产体系中处于领先地位。为确保动力电池具备绝佳的安全性能与品质，该工厂严格遵循梅赛德斯—奔驰全球统一的质量管理体系，并且采用诸多尖端制造工艺。此外，围绕"数字化、柔性化、绿色"的制造理念，该工厂还基于大数据分析、物联网等技术，引入智能生产、智能物流、数字化运营、智能能源管理等系统，以及光伏发电、太阳能等清洁能源，保证生产全过程的高效、准确、灵活与环保。目前，作为德国以外第一家投产梅赛德斯—奔驰动力电池的工厂，该工厂生产的动力电池已成功完成内部交付。

除亦庄工厂外，戴姆勒和北汽集团于 2018 年 2 月宣布共同投资 119 亿元建设北京奔驰的第二家生产厂，将用于国产包括新能源车型在内的多款奔驰产品。计划于 2019 年投产的北京奔驰顺义工厂规划年产能为 15 万辆。

该工厂原为北汽绅宝生产基地，通过改造升级后将投产奔驰 B 级车（规划年产能为 8 万辆）和纯电动汽车 EQE（规划年产能为 7 万辆）。预计 2020 年，在 4 款纯电动 SUV 陆续量产后，北京奔驰的 SUV 车型年产量将突破 40 万辆。

第三节　日系厂商的变化

日系汽车企业在华合资公司包括一汽丰田汽车销售有限公司（以下简称一汽丰田）、广汽丰田汽车有限公司（以下简称广汽丰田）、广汽本田汽车有限公司（以下简称广汽本田）、东风本田汽车有限公司（以下简称东风本田）、东风日产乘用车公司（以下简称东风日产）和广汽三菱汽车有限公司（以下简称广汽三菱）6 家。

2012 年之前，日系厂商是国内合资汽车厂商中的领跑者。在 SUV 领域，得益于东风本田 CR-V 与一汽丰田 RAV4 早于大部分竞争对手进入市场，日系曾一度在国内 SUV 市场上占据约 40% 的市场份额。2010 年后，随着越来越多的竞品

加入市场，以及受 2012 年发生的"钓鱼岛事件"的影响，日系厂商 SUV 的市场
占有率曾大幅度下降，此后几年开始陆续回升。

根据中国汽车工业协会的统计数据，2017 年上半年，上述 6 家日系合资汽车
企业在乘用车领域的市场份额为 17.7%；到 2018 年 6 月，其市场份额略有增加，
提升到 17.8%；2019 年上半年，这一数据激增到 21.5%（见图 1-4）。

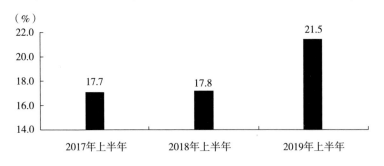

图 1-4 日系厂商市场占有率

通过对这 6 家日系汽车企业旗下产品分类型进行分析可以发现，2018 年 1 月
至 2019 年 6 月，这些企业各自的 SUV 车型对其销售增量有着或高或低的贡献。

一、一汽丰田

业界通常所说的"一汽丰田"的全称是一汽丰田汽车销售有限公司，与绝
大多数汽车厂商不同，一汽丰田是一家汽车销售企业而非生产企业。该公司成立
于 2003 年 9 月，主要业务是经营天津一汽丰田汽车有限公司（以下简称天津一
汽丰田）和四川一汽丰田汽车有限公司（以下简称四川一汽丰田）两家公司国
产丰田品牌汽车的销售、售后服务和市场管理。

其中，天津一汽丰田的前身是成立于 2000 年 6 月的天津丰田汽车有限公司；
2002 年 8 月，一汽集团与丰田汽车公司在北京人民大会堂签署了战略合作协议，
对该公司进行了重组，股东方变更为中国第一汽车集团公司、天津一汽夏利汽车
股份有限公司、丰田汽车公司和丰田汽车（中国）投资有限公司。

四川一汽丰田则是由中国第一汽车集团有限公司、日本丰田汽车公司、丰田
通商株式会社共同出资创办的中外合资经营企业。四川一汽丰田是丰田汽车公司
在中国的第一个汽车整车项目。

经过 10 余年的发展，一汽丰田公司销售的乘用车产品有威驰、威驰 FS、卡
罗拉双擎 E+、全新卡罗拉 & 双擎、皇冠、亚洲龙等轿车车型和奕泽、荣放

（RAV4）、普拉多（PRADO）等 SUV 车型。

截至 2019 年 6 月，一汽丰田累计产销突破 700 万辆。

1. 市场表现

2005 年 1 月至 2017 年 12 月，一汽丰田旗下轿车累计销量为 475.91 万辆，SUV 累计销量为 126.61 万辆，后者销量约为前者的 26.6%，这一比例大大高于德系汽车厂商。虽然从总体上看，一汽丰田在 2018 年前销售车型的重心是在轿车领域，但 SUV 已经是其重要销量来源之一。

2018 年 1 月至 2019 年 6 月，一汽丰田共销售轿车 76.87 万辆，SUV 累计销量达到 32.86 万辆（见表 1-6），后者已占到前者的 42.75%，占总销量的比重接近 30%。

表 1-6 一汽丰田轿车与 SUV 销量变化（2018 年 1 月至 2019 年 6 月）

时间	轿车（辆）	SUV（辆）
2018 年 1 月	64107	19668
2018 年 2 月	30643	9325
2018 年 3 月	46768	16092
2018 年 4 月	33893	14778
2018 年 5 月	48474	15731
2018 年 6 月	44839	14337
2018 年 7 月	48356	18831
2018 年 8 月	39084	17656
2018 年 9 月	36427	20275
2018 年 10 月	36560	16288
2018 年 11 月	45873	26728
2018 年 12 月	35326	18524
2019 年 1 月	50567	27802
2019 年 2 月	24821	14993
2019 年 3 月	41534	19222
2019 年 4 月	46857	18900
2019 年 5 月	50543	20401
2019 年 6 月	43978	19041
合计	768650	328592

从表 1-6 中可以看出，虽然轿车依然是一汽丰田销量的主要构成部分，但 SUV 的销量及其占总销量的比重在这 18 个月中均有明显增加。

2. 产品体系与新产品投放计划

2018~2019 年，一汽丰田进入产品换代周期，轿车和 SUV 主力车型卡罗拉和 RAV4 先后换代，同时导入全新产品 SUV 新车型"奕泽"（IZOA）和轿车"亚洲龙"（AVALON）。

虽然 2018 年仅新增加一款全新车型奕泽，且只销售了 6 个月，但对一汽丰田总销量增量的贡献率已接近 100%。数据统计显示，一汽丰田 2017 年总销量为 68.91 万辆，2018 年总销量为 71.86 万辆，总销量增量为 2.95 万辆，奕泽贡献了 98.3% 的销售增量。

2018 年不同车型的市场表现显示，一汽丰田投放的 SUV 奕泽成功地填补了该公司在紧凑型 SUV 市场上的产品空白，帮助该公司提升了整体销量与市场占有率。

截至 2019 年 6 月，一汽丰田旗下共有 3 款 SUV 车型在售，分别是大型 SUV 普拉多、紧凑型 SUV RAV4 和小型 SUV 奕泽。

根据各方面公开信息推测，2019 年 7 月至 2020 年底，一汽丰田将会投放全新一代的 RAV4 荣放等 SUV，以及卡罗拉和皇冠等轿车，但不会导入新的 SUV 车型，覆盖更多的细分市场。

3. 产能情况

一汽丰田目前在国内有三个整车生产基地、两个发动机生产基地、一个研发中心。其中，整车生产基地分别位于天津、长春和成都。2018 年前，该公司具备年产 65.2 万辆各类车型的产能。

2018~2020 年，一汽丰田将进行一次大规模的扩产，新建和改造多个工厂，产能增加约 30 万辆。

天津一汽丰田最早的工厂位于天津西青区杨柳青镇，通称天津一工厂。该公司已按照丰田最新的标准重建了天津一工厂，使之成为丰田汽车在海外首家 TNGA 工厂，初期产能为 10 万辆，于 2019 年 3 月投产；该公司在新工厂落成的同时启动了改造扩产工厂，预计二期工程完工后，其产能可增加至 22 万辆。

坐落于天津经济技术开发区的第二工厂于 2005 年 3 月正式投产，主要生产皇冠、锐志和卡罗拉等轿车，产能为 15 万辆。其第三工厂毗邻第二工厂，于 2007 年 5 月投入使用，主要生产威驰、卡罗拉和卡罗拉双擎等车型，产能为 24.2 万辆。

此外，四川一汽丰田成都工厂之前主要生产普拉多，年产能为 4.5 万辆；四川一汽丰田长春丰越工厂的产能为 10 万辆，主要生产 RAV4 和奕泽两款 SUV。

2019 年初，一汽丰田宣布投资对四川一汽丰田成都工厂进行改造，从之前主要生产普拉多改为生产亚洲龙，在之前的基础上新增 5.5 万辆产能，使成都工厂年产能达到 10 万辆。

与此同时，该公司还启动了对四川一汽丰田长春丰越工厂的产能改造工作，计划增加 12 万辆 RAV4 的产能。

根据一汽丰田产品规划，保守估计，到 2020 年底，该公司 SUV 车型的年产销量将超过 30 万辆。

二、广汽丰田

广汽丰田成立于 2004 年 9 月，由广汽集团股份有限公司与日本丰田汽车公司各出资 50%组建，合作期限 30 年，注册资本 16.92 亿元。该公司总部位于广州南沙区，占地面积 282 万平方米，建筑面积 74 万平方米。

经过 10 多年的发展，广汽丰田从凯美瑞单一车型起步，发展到包括凯美瑞（含凯美瑞双擎）、汉兰达、C-HR、雷凌（含雷凌双擎），以及致炫、致享系列车型。该公司已经发展成为产品线涵盖轿车、SUV 等细分市场的生产企业。

1. 市场表现

2005 年 1 月至 2017 年 12 月，广汽丰田共销售轿车 213.44 万辆，SUV 销量为 73.26 万辆，后者销量为前者的 34.32%。值得注意的是，如此高的销量和销售占比，完全是靠汉兰达一款 SUV 车型支撑获得的。2005 年公司成立之后，广汽丰田先后量产了凯美瑞和雅力士两款轿车；2009 年 5 月，该公司首款 SUV 汉兰达量产上市。在此后 9 年多时间内，广汽丰田未导入新的 SUV 车型，这种局面一直维持到 2018 年 7 月。

2018 年 1 月至 2019 年 6 月，广汽丰田共销售轿车 68.68 万辆，SUV 累计销量达到 20.44 万辆（见表 1-7），后者占到前者的 29.76%。

表 1-7　广汽丰田轿车与 SUV 销量变化（2018 年 1 月至 2019 年 6 月）

时间	轿车（辆）	SUV（辆）
2018 年 1 月	35135	10456
2018 年 2 月	20003	2599
2018 年 3 月	36532	6433
2018 年 4 月	34018	9122

时间	轿车（辆）	SUV（辆）
2018 年 5 月	40861	9227
2018 年 6 月	41752	9250
2018 年 7 月	41480	9638
2018 年 8 月	40905	13635
2018 年 9 月	44427	16381
2018 年 10 月	40728	14780
2018 年 11 月	45504	15105
2018 年 12 月	30088	11949
2019 年 1 月	61433	18267
2019 年 2 月	21055	6151
2019 年 3 月	44237	10681
2019 年 4 月	31760	11540
2019 年 5 月	35874	14726
2019 年 6 月	41026	14474
合计	686818	204414

从表 1-7 中可以看出，虽然 SUV 的销量及其占总销量的比重在这 18 个月中较之前略有下降，但其销量的绝对值，随着新车型的加入而有明显增加。数据统计显示，广汽丰田 2017 年总销量为 44.09 万辆，2018 年总销量为 58 万辆，总销量增量为 13.91 万辆，C-HR 贡献了 19.55% 的销售增量。2018 年不同车型的市场表现显示，广汽丰田投放的 C-HR 帮助该公司在大型 SUV 之外的市场实现了突破，也帮助该公司提升了整体销量与市场占有率。

2. 产品体系与新产品投放计划

在 2018 年 7 月之前，广汽丰田长期只有 1 款 SUV 车型汉兰达参与市场竞争，虽然汉兰达产品竞争力极强，但孤军作战之势使该公司无法享受国内 SUV 市场高速增长的红利。

2018 年 6 月下旬，广汽丰田推出了该公司第 2 款 SUV 车型 C-HR。该车源自于丰田丰巢 WAY 概念车，是继第八代凯美瑞之后的第二款基于丰田 TNGA 平台构架生产的量产车，与一汽丰田推出的丰田奕泽属于姊妹车型。二者市场销量也相差不远，在前 12 个月的销售中，C-HR 为广汽丰田贡献了 5.08 万辆的销售增量。

截至 2019 年 6 月，广汽丰田旗下共有两款 SUV 车型在售，分别是中型 SUV 丰田汉兰达和小型 SUV 丰田 C-HR。

根据各方面公开信息推测，2019 年 7 月至 2020 年底，广汽丰田将会投放全新雷凌以及雷凌双擎 E+ 等轿车，有可能会导入新一代汉兰达和基于 RAV4 开发的同级别 SUV 车型威兰达。

3. 产能情况

广汽丰田目前共有 3 条生产线，具备年产近 50 万辆各类车型的能力，并且正在建设第 4 条生产线。

该公司工厂均位于广州南沙，其中，其第一、第二生产线产能达到每年 38 万辆，主要生产凯美瑞、汉兰达等车型。第三生产线初期产能达到每年 10 万辆，主要用于生产 C-HR 等中小型车；未来可根据市场需求快速扩充至每年 20 万辆，届时广汽丰田总产能可突破每年 60 万辆。

2018 年 7 月，该公司决定投资兴建第四工厂，一期工程预计在 2022 年建成，届时将为该公司带来 20 万辆/年的新能源车型产能，预计将投产 MPV 车型塞纳等新车。二期工程竣工后，将使第四工厂的年产能增加到 40 万辆。

根据广汽丰田产品规划，保守估计，到 2020 年底，该公司 SUV 车型的年产销量将超过 30 万辆。

三、广汽本田

广汽本田汽车有限公司成立于 1998 年 7 月，是由广州汽车集团股份有限公司、本田技研工业株式会社和本田技研工业（中国）投资有限公司按 50：40：10 的股比共同投资建设和经营的企业，合资年限为 30 年。

2007 年 7 月，广汽本田提出中国品牌战略，发布"理念"品牌，并宣布成立广汽本田汽车研究开发有限公司。该公司拥有包括概念设计、造型设计、整车试作、实车测试、零部件开发等在内的整车独立开发能力。2016 年，广汽本田引入 Honda 高端品牌 Acura（讴歌），由此步入 Honda、理念和 Acura（讴歌）三品牌运营的新阶段。

经过 20 年发展，广汽本田从成立之初单一生产雅阁轿车，发展到目前的 10 余款车型——本田皓影、冠道、雅阁（含雅阁锐·混动）、缤智、奥德赛（含奥德赛锐·混动）、飞度、锋范以及理念 VE-1 等车型。

成立 20 年后，该公司汽车累计产销突破 700 万辆，其中雅阁、飞度与锋范 3 款轿车累计销量均突破 100 万辆。

1. 市场表现

2005 年 1 月至 2017 年 12 月，广汽本田旗下轿车累计销量为 434.13 万辆，SUV 累计销量为 57.53 万辆，后者销量约为前者的 13.2%，这一比例大大低于丰田系两家合资汽车企业。究其原因，在于该公司在其成立后的十几年时间里一直专注于轿车市场，未能参与 SUV 市场的竞争。而更深层次的原因在于，日本本田的 SUV 产品线，除 CR-V 外并没有其他适合的车型。广汽本田的"武器库"中缺少 SUV 的局面一直持续到 2014 年 10 月，随着小型 SUV 缤智的上市才得以缓解。

2018 年 1 月至 2019 年 6 月，广汽本田共销售轿车 74.72 万辆，SUV 累计销量达到 32.26 万辆（见表 1-8），后者已占到前者的 43.17%，占总销量的比重接近 30%。

表 1-8 广汽本田轿车与 SUV 销量变化 （2018 年 1 月至 2019 年 6 月）

时间	轿车（辆）	SUV（辆）
2018 年 1 月	42685	25459
2018 年 2 月	25296	12339
2018 年 3 月	35187	16898
2018 年 4 月	28412	20094
2018 年 5 月	27041	21459
2018 年 6 月	44193	19461
2018 年 7 月	38929	13904
2018 年 8 月	32806	18114
2018 年 9 月	40123	23908
2018 年 10 月	47948	22848
2018 年 11 月	52699	19847
2018 年 12 月	50696	15533
2019 年 1 月	52186	18471
2019 年 2 月	30809	9825
2019 年 3 月	51108	17637

续表

时间	轿车（辆）	SUV（辆）
2019 年 4 月	50732	15296
2019 年 5 月	45077	15586
2019 年 6 月	51296	15901
合计	747223	322580

2. 产品体系与新产品投放计划

2014 年 10 月，广汽本田正式发布了旗下第一款 SUV 车型缤智，这是一款小型 SUV；两年后，中大型冠道上市销售。这两款车型支撑起了广汽本田在 SUV 市场的参与感。自上市销售以来，缤智累计销售 65.02 万辆，冠道累计销售 21.22 万辆（截至 2019 年 6 月）。

此外，该公司在 2016 年后还同时销售讴歌品牌 RDX、CDX、世锐，以及理念品牌 VE-1 等 SUV 车型，虽然这 4 款车型的销量偏低，对广汽本田总销量的贡献率较低，但累计销量也超过了 2 万辆。

不过，由于未能连续投入新车型，广汽本田 SUV 车型并未对公司总体销量的增加做出贡献。数据统计显示，广汽本田缤智与冠道两款车型 2017 年销量为 23.14 万辆，2018 年销量为 22.24 万辆，较前一年减少约 9000 辆。

对比一汽丰田和广汽丰田 2018 年不同车型的市场表现，可以比较明显地看出，是否连续投放新车型以期覆盖更多的细分市场，对汽车厂商提升整体销量与市场占有率起着非常重要的作用。

截至 2019 年 6 月，广汽本田旗下共有两款 SUV 车型在售，分别是本田品牌的大型 SUV 冠道和小型 SUV 缤智。

根据各方面公开信息推测，2019 年底，广汽本田将会投放全新车型紧凑型 SUV 皓影，预计它是东风本田中级 SUV 车型 CR-V 的姊妹车型。

3. 产能情况

广汽本田总部位于广州，在黄埔和增城各设有 1 个厂区，包括 3 个整车工厂及 1 个发动机工厂，总占地面积为 193 万平方米，总产能为 72 万辆。

其中，黄埔第一工厂的年产能为 24 万辆，主要生产缤智、锋范等车型；增城第二工厂的年产能为 24 万辆，主要生产雅阁、奥德赛等车型。

同样位于增城的第三工厂初期的年产能为 12 万辆，主要生产飞度等车型。2017 年，广汽本田启动对该公司的技改项目，建成后将新增 12 万辆的产能。

2018 年 10 月底，广汽本田宣布投资 32.66 亿元，新建 17 万辆新能源汽车生产能力。

根据广汽本田产品规划，保守估计，到 2020 年底，该公司 SUV 车型的年产销量将超过 35 万辆。

四、东风本田

东风本田是一家由东风汽车集团股份有限公司与日本本田技研工业株式会社各出资 50% 共同组建的整车生产经营企业。公司成立于 2003 年 7 月，注册资本 5.6 亿美元。

东风本田成立之初即推出 SUV 车型 CR-V（思威），作为国内最早上市的合资企业 SUV，CR-V 曾在数年时间里独领风骚，创下 2 代车型全生命周期内未降价促销的市场神话。

此后该公司陆续导入中级轿车思域（CIVIC）、高端运动型轿车思铂睿（SPIRIOR）、中国品牌车型 CIIMO（思铭）、高端 MPV 艾力绅（ELYSION）、新概念轿车杰德（JADE）、紧凑型 SUV XR-V（炫威）、紧凑型中级车哥瑞（GREIZ）、超级掀背车竞瑞（GIENIA）、中型 SUV UR-V（优威）、新精英旗舰座驾 INSPIRE、新风尚乐享座驾享域（ENVIX）等车型。

1. 市场表现

东风本田的销量构成与其他绝大多数合资汽车厂商不同，SUV 是其销量主要贡献者。2015 年 1 月至 2017 年 12 月，东风本田旗下轿车累计销量为 106.65 万辆，而 SUV 的累计销量为 211.5 万辆。这种局面的出现与该公司第一款车型 CR-V 是 SUV，而且其第二款车型中级轿车思域销量相对偏低有关。

2018 年 1 月至 2019 年 6 月，东风本田延续了 SUV 销售强于轿车的传统，SUV 累计销量约 53.27 万辆，同期的轿车销量约 43.63 万辆（见表 1-9）。

表 1-9 东风本田轿车与 SUV 销量变化（2018 年 1 月至 2019 年 6 月）

时间	轿车（辆）	SUV（辆）
2018 年 1 月	22213	37390
2018 年 2 月	13649	20682
2018 年 3 月	22566	16578
2018 年 4 月	21746	24732

续表

时间	轿车（辆）	SUV（辆）
2018 年 5 月	18678	28504
2018 年 6 月	20607	27826
2018 年 7 月	23362	19074
2018 年 8 月	22295	25208
2018 年 9 月	23943	38234
2018 年 10 月	23034	39341
2018 年 11 月	27721	38784
2018 年 12 月	31262	41451
2019 年 1 月	29758	32016
2019 年 2 月	16253	16078
2019 年 3 月	28421	38370
2019 年 4 月	26912	29482
2019 年 5 月	28257	30334
2019 年 6 月	35646	28627
合计	436323	532711

从表 1-9 中可以看出，SUV 依然是东风本田销量的主要构成部分，但由于未能持续投放新车型，在 SUV 总体市场走弱的大背景下，东风本田的销量增长也受到挑战。

数据统计显示，东风本田 2017 年总销量为 63.15 万辆，2018 年总销量为 62.89 万辆，较前一年减少约 0.26 万辆。导致该公司总销量减少的主要原因是 SUV 销量下降，增量为-3.02 万辆。依靠轿车车型销量的增加，东风本田 2018 年的销量才没有大幅度下滑。

2. 产品体系与新产品投放计划

东风本田的产品体系与新产品投放计划在 2013～2014 年大致形成，虽然从车型数量上看，该公司导入的轿车车型数量多于 SUV 的数量，但销量并不比 SUV 的多。2014 年 12 月，东风本田发布小型 SUV 车型 XR-V，半年后其月销量攀升至 10000 辆；2017 年 2 月，该公司投放中型 SUV 车型 UR-V，半年后其月销量攀升至 5000 辆。

截至 2019 年 6 月，东风本田旗下共有 3 款 SUV 车型在售，分别是本田品牌的中型 SUV UR-V、紧凑型 SUV CR-V 和小型 SUV XR-V。

根据各方面公开信息推测，2019 年 7 月至 2020 年底，东风本田将会投放基于 XR-V 开发的纯电动小型 SUV 车型思铭 X-NV。

该车将搭载一台永磁同步驱动电机，最大功率 120kW，最大扭矩为 280N·m；采用容量为 53.6kWh 的三元锂离子电池，其 NEDC 续航里程为 401km，30%~80% 最短充电时间为 30 分钟。

3. 产能情况

东风本田目前共有 3 个生产工厂，均位于武汉市，合计具备 63.2 万辆的年产能。该公司计划在 2023 年实现年产销量 100 万辆的目标。

该公司一工厂占地面积为 76 万平方米，建筑面积达 31 万平方米，于 2004 年 4 月建成投产。该厂拥有研究开发中心及包括冲压、焊装、合成树脂、涂装、发动机铸造、机械加工、发动机装配、整车检测及汽车总装在内的九大工艺生产线。目前年产 24 万辆，主要生产车型包括 CR-V、思铂睿、艾力绅。

该公司二工厂占地面积为 105 万平方米，建筑面积达 35 万平方米，于 2012 年 7 月建成投产。该厂拥有包括冲压、焊装、涂装、合成树脂、发动机装配、总装、整车检测在内的七大工艺生产线。目前年产 27.2 万辆，主要生产车型有 XR-V、思域、杰德、哥瑞、竞瑞。

该公司于 2016 年启动三工厂建设，该厂位于武汉经济技术开发区珠山湖畔，占地面积约 120 万平方米。项目一次整体规划，分两期实施：一期项目于 2019 年 4 月建成投产，新增产能 12 万辆，并将具备新能源汽车生产能力；二期项目建成后可再增加 12 万辆的产能。

根据东风本田产品规划，保守估计，到 2020 年底，该公司 SUV 车型的年产销量将达到 55 万辆。

五、东风日产

东风日产乘用车公司成立于 2003 年 6 月，是中日合资汽车企业——东风汽车有限公司的全资子公司，也是它旗下重要的乘用车板块。东风日产总部位于广州花都，该公司从事 NISSAN 品牌乘用车的研发、采购、制造、销售、服务业务，是国内为数不多的具备全价值链的汽车企业。2010 年 9 月，东风日产发布"启辰"品牌，标志着该公司进入"双品牌"并驾齐驱的全新时代。

东风日产投产的第一款车型为"阳光"轿车，经过 16 年的发展，该公司已拥有丰富的产品矩阵，形成"动感、SUV、舒适"三大车系阵营，运营日产和启辰双品牌。其中，该公司日产品牌旗下拥有西玛、天籁、蓝鸟、轩逸、骐达等轿车，以及楼兰、奇骏、逍客、劲客、途达等多款 SUV，还有途乐等进口车型；该公司启辰旗下有 T90、T70、T60 等多款 SUV，以及 D60、M50V 等车型。

1. 市场表现

2005 年 1 月至 2017 年 12 月，东风日产旗下轿车累计销量为 697.89 万辆，SUV 累计销量为 202 万辆，后者约为前者的 29.84%，这一比例大大高于德系汽车厂商。虽然从总体上看，东风日产在 2018 年前销售车型的重心是在轿车领域，但 SUV 已经是其重要销量来源之一。

在新车型的带动下，2018 年 1 月至 2019 年 6 月，东风日产共销售 74.74 万辆各型 SUV，同期销售轿车 111.89 万辆（见表 1-10），SUV 销量已占到轿车的66.8%，占总销量的比重超过 40%，市场表现要好于绝大多数合资汽车厂商。

表 1-10　东风日产轿车与 SUV 销量变化（2018 年 1 月至 2019 年 6 月）

时间	轿车（辆）	SUV（辆）
2018 年 1 月	64273	48968
2018 年 2 月	32426	32640
2018 年 3 月	64921	48691
2018 年 4 月	60470	41658
2018 年 5 月	65775	38852
2018 年 6 月	70925	38452
2018 年 7 月	52573	23673
2018 年 8 月	61014	40814
2018 年 9 月	68313	50511
2018 年 10 月	69330	47303
2018 年 11 月	80194	41830
2018 年 12 月	83940	55760
2019 年 1 月	68323	42166
2019 年 2 月	36541	22408
2019 年 3 月	74570	46112
2019 年 4 月	51770	37402

续表

时间	轿车（辆）	SUV（辆）
2019 年 5 月	56829	40527
2019 年 6 月	56699	49684
合计	1118886	747451

数据统计显示，东风日产 2017 年总销量为 123.99 万辆，2018 年总销量为 128.43 万辆，总销量增量为 4.44 万辆，但基本都由轿车车型贡献，SUV 车型仅贡献 0.25 万辆。从表 1-10 中可以看出，进入 2019 年以来，东风日产旗下 SUV 与轿车的月销量差距显著缩小，SUV 的销量及其占总销量的比重在上半年 6 个月中均有明显增加。

2. 产品体系与新产品投放计划

从 2016 年起，东风日产在 SUV 市场上发力很明显，日产与启辰品牌先后投放了多款全新车型。

就产品线而言，截至 2019 年 6 月，东风日产旗下日产和启辰两个品牌共有 8 款 SUV 在售，分别为小型 SUV 日产劲客和启辰 T60，紧凑型 SUV 日产逍客、奇骏和启辰 T70，中型 SUV 日产楼兰、途达和启辰 T90，这些车型构成了非常完备的产品矩阵。

根据各方面公开信息推测，到 2022 年，启辰、日产和英菲尼迪等品牌将推出 10 余款电动车，推进电气化车型销售占比 30%，但目前尚不确定其中有几款 SUV 车型。

3. 产能情况

东风日产目前已形成广州、襄阳、郑州和大连 4 大生产基地，以及发动机分公司和技术中心的生产布局。

总部花都工厂作为母工厂，花都第一工厂于 2004 年 5 月建成投产，第二工厂于 2011 年 12 月竣工使用，两个工厂合计产能达到 55 万辆。花都工厂负责日产品牌入门级、中级轿车，如轩逸、骐达、新阳光、骊威、玛驰等车型，以及电动车的生产。

襄阳工厂是该公司第二个投入使用的工厂，产能为 18 万辆。作为其品质标杆工厂，襄阳工厂负责生产楼兰、天籁等日产品牌高端车型，并于 2014 年 11 月投入生产东风英菲尼迪品牌车型。

郑州工厂于 2010 年竣工投产，产能为 26 万辆，主导日产品牌 SUV 车型新奇骏，以及东风启辰品牌车型 D50、R50 的生产。

大连工厂设计产能为 11 万辆，于 2014 年 10 月投产，集中生产日产品牌 SUV 车型和东风英菲尼迪品牌车型。

2018 年，东风日产决定启动武汉乘用车扩建项目，新工厂由东风汽车集团股份有限公司控股，分两期建设，年产能可达 30 万辆。

根据东风日产产品规划，保守估计，到 2020 年底，该公司 SUV 车型的年产销量将超过 65 万辆。

六、广汽三菱

广汽三菱是由广州汽车集团股份有限公司、三菱自动车工业株式会社、三菱商事株式会社三方，按照 50：30：20 持股比例合资经营的中外合资企业。公司成立于 2012 年 10 月，总部位于湖南长沙，合作年限为 30 年，注册资本 19.47 亿元。

广汽三菱主要从事汽车及汽车零件的研究开发、生产、销售并提供相应的售后、咨询和技术服务等业务。创立以来，广汽三菱陆续投产多款三菱汽车全球战略车型及广汽集团中国品牌车型，打造品质优良和性能卓越的产品，满足市场及顾客的需求。

1. 市场表现

2012 年成立后，广汽三菱推出首款车型帕杰罗·劲炫，此后又陆续推出多款 SUV 车型。2016 年，该公司向市场投放紧凑型 SUV 欧蓝德，该车成为广汽三菱目前销售主力车型。截至 2017 年底，该公司累计销售各类车型 33.75 万辆，均为 SUV。

2018 年，广汽三菱先后推出了广汽 GAC 品牌的纯电动紧凑型 SUV 祺智及其插电式混合动力版本车型，以及三菱品牌全球战略车型奕歌，但这 3 款新车的销量表现一般，未能有效提升公司总体销量。进入 2019 年以来，广汽三菱月销量在 1 万辆上下浮动（见表 1-11）。

表 1-11 广汽三菱 SUV 销量（2018 年 1 月至 2019 年 6 月）

时间	SUV（辆）
2018 年 1 月	15682
2018 年 2 月	10006

续表

时间	SUV（辆）
2018 年 3 月	12700
2018 年 4 月	11967
2018 年 5 月	12706
2018 年 6 月	12106
2018 年 7 月	10016
2018 年 8 月	11400
2018 年 9 月	11036
2018 年 10 月	10506
2018 年 11 月	12520
2018 年 12 月	13373
2019 年 1 月	12101
2019 年 2 月	7005
2019 年 3 月	12905
2019 年 4 月	10006
2019 年 5 月	10012
2019 年 6 月	11066
合计	207113

从表 1-11 中可以看出，新车型奕歌的加入并没有显著推高广汽三菱的销量增长，该公司在 2019 年的市场竞争中处于不温不火的状态。可对于一个品牌溢价并不高的企业而言，该公司目前最需要的是一款"爆款"车型，以再次树立"三菱"品牌 SUV 产品专家的形象。

2. 产品体系与新产品投放计划

截至 2019 年 6 月，旗下共有 4 款 SUV 车型在售，分别是大型 SUV、紧凑型 SUV 三菱劲炫、欧蓝德、奕歌，以及广汽 GAC 品牌的纯电动紧凑型 SUV 祺智的燃油车版本和插电式混合动力版本。

根据广汽三菱此前发布的规划，2020 年，该公司将至少导入三款全新车型，完善产品布局，做强做大 SUV、做精做优新能源车。其中，第一款产品三菱奕歌已于 2018 年底上市，目前尚无其他车型的信息。

3. 产能情况

广汽三菱位于中国湖南长沙经济技术开发区，占地面积约 59.72 万平方米，拥有冲压、焊装、涂装、总装、研究开发中心及整车检测中心等具有先进工艺的生产车间和技术、品质保障体系。长沙星沙工厂目前生产能力为年产 13 万辆，总装车间能够同时满足承载式和非承载式多平台开发车型的共线生产，也具备未来生产全新车型的能力。

2017 年 12 月，广汽三菱启动星沙工厂待改扩建二期项目，投资 5 亿元增加 10 万辆整车产能。而根据广汽三菱在 2018 年北京车展期间发布的经营发展计划，到 2020 年，该公司将冲击 30 万辆的年销量。虽然该公司旗下有进口车业务，但考虑到其销量较低，因此可以推测，为实现 30 万辆年销量的目标，广汽三菱会通过扩产或技术改造的方式将现有产能提升到 30 万辆。

由于广汽三菱的主力车型均为 SUV，因此预计到 2020 年底，该公司计划的 SUV 的产能将达到 30 万辆。

第四节　美系厂商的变化

美系汽车企业在华合资公司包括上汽通用汽车有限公司（以下简称上汽通用）和长安福特汽车有限公司（以下简称长安福特）两家，两家公司分别成立于 1998 年和 2001 年，属于最早进入国内市场的合资汽车企业。

美系厂商最初投放的车型均为轿车，在多款新车型的推动下，2005～2016 年，美系厂商在轿车领域的份额一直处于稳步上升趋势。它们在 SUV 市场上的布局相对较晚，在 2012～2014 年导入了多款 SUV 车型，也由此迎来份额扩张期。

总体上，美系企业在过去几年的国内乘用车市场竞争中处于劣势地位，其份额大约每年减少 1 个百分点。根据中国汽车工业协会的统计数据，截至 2017 年 6 月，这两家美系合资汽车企业在乘用车领域的市场份额为 12.0%；到 2018 年 6 月，其市场份额下跌到 10.7%；2019 年上半年，这一数据进一步下降到 9.6%（见图 1-5）。导致出现这种局面的主要原因在于长安福特的销量出现了较为明显的下降。

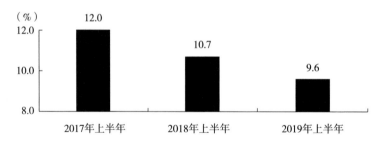

图 1-5　美系厂商市场占有率

一、上汽通用

上汽通用成立于 1997 年 6 月，由上海汽车集团股份有限公司、通用汽车公司共同出资组建而成。目前拥有浦东金桥、烟台东岳、沈阳北盛和武汉分公司四大生产基地，共 9 个整车生产厂、4 个动力总成厂。该公司坚持"以客户为中心、以市场为导向"的经营理念，不断打造优质的产品和服务，目前已拥有别克、雪佛兰、凯迪拉克三大品牌，覆盖了从高端豪华车到经济型轿车各梯度市场，以及高性能豪华轿跑、MPV、SUV、混合动力和电动车等细分市场。

别克品牌 1998 年进入中国，目前拥有"别克蓝"新能源车型、高档轿车、MPV 和 SUV 四大产品线 16 款车型，构建了丰富的产品矩阵以应对消费者的多元化需求。其中，在 SUV 领域，别克品牌拥有昂科雷、昂科威和昂科拉 3 款车型。截至 2018 年 9 月，上汽通用别克品牌累计销售突破 1000 万辆。

凯迪拉克品牌于 2004 年进入中国，目前该品牌产品矩阵由轿车、SUV、新能源汽车等 7 款车型组成。其中，在 SUV 领域，凯迪拉克品牌拥有 XT4、XT5 和凯雷德 EACALADE 3 款车型。

雪佛兰品牌于 2005 年进入中国，目前产品矩阵覆盖中高级车、中级车、紧凑型车、小型车等多个不同市场，有 14 款不同车型。其中，在 SUV 领域，雪佛兰品牌拥有沃兰多、探界者、创界、创酷等车型。至 2018 年 9 月，上汽通用雪佛兰品牌累计销售接近 600 万辆。

1. 市场表现

2005 年 1 月至 2017 年 12 月，上汽通用旗下轿车累计销量为 1242.49 万辆，SUV 累计销量为 149.9 万辆，后者约为前者的 12.1%。总体上，上汽通用在 2018 年前销售车型的重心是在轿车领域，SUV 是其销量来源之一。

2018 年 1 月至 2019 年 6 月，上汽通用共销售轿车 337.81 万辆，SUV 累计销量达到 53.28 万辆（见表 1-12），后者已占到前者的 15.77%。

表 1-12　上汽通用轿车与 SUV 销量变化（2018 年 1 月至 2019 年 6 月）

时间	轿车（辆）	SUV（辆）
2018 年 1 月	143052	41606
2018 年 2 月	88604	24185
2018 年 3 月	116578	35545
2018 年 4 月	115699	38198
2018 年 5 月	103442	34587
2018 年 6 月	95572	30253
2018 年 7 月	91071	29683
2018 年 8 月	114590	29499
2018 年 9 月	132632	31849
2018 年 10 月	130843	32325
2018 年 11 月	136987	27224
2018 年 12 月	124411	28419
2019 年 1 月	133017	33285
2019 年 2 月	70566	16819
2019 年 3 月	101510	26836
2019 年 4 月	90531	24031
2019 年 5 月	99135	23214
2019 年 6 月	96421	25279
合计	3378142	532837

从表 1-12 中可以看出，在汽车市场和 SUV 消费走低的大背景下，上汽通用未能实现逆势走强，其 SUV 车型月度销量在进入 2019 年后出现了较大幅度的下降。

数据统计显示，上汽通用 2017 年总销量为 199.86 万辆，轿车、SUV 和 MPV 的销量分别为 141.36 万辆、42.24 万辆和 16.36 万辆。2018 年，该公司总销量为 196.96 万辆，轿车、SUV 的销量均出现下降，分别为 139.35 万辆和 38.34 万

辆；而得益于新款 MPV 别克 GL6 的上市销售，该公司 MPV 销量逆势增长到
19.27 万辆。

2. 产品体系与新产品投放计划

从上汽通用内部产销结构看，SUV 的占比曾长期处于较低水平，这种局面在
2018 年后有了有一定的改观，随着凯迪拉克 XT4、雪佛兰沃兰多等 SUV 新车型
"入列"，该公司 SUV 销量及其对总销量的贡献度出现提升。

2018 年不同车型的市场表现显示，上汽通用当年推出的凯迪拉克 XT4 和雪
佛兰沃兰多这 2 款 SUV，为该公司在第四季度带来了 2 万余辆的销售增量，在一
定程度上抵消了其他 SUV 车型销售疲软带来的压力。

截至 2019 年 6 月，旗下共有 7 款 SUV 车型在售，分别是大型 SUV 凯迪拉克
XT5、中型 SUV 雪佛兰探界者和别克昂科拉，紧凑型 SUV 凯迪拉克 XT4、别克昂
科威和雪佛兰沃兰多，以及小型 SUV 雪佛兰创酷。

从历史上看，上汽通用新车型的推出节奏较为均匀，未出现全年没有投放新
产品（新增车型或换代车型）的情况。2005~2013 年上汽通用旗下别克、雪佛兰
和凯迪拉克 3 个品牌平均每年推出 2 款全新或换代车型。从 2014 年开始，该公
司较为明显地加快了新车投放步伐，每年达到 4 款。

预计 2019~2020 年，上汽通用会累计推出全新或换代车型 10 款。其中，别
克品牌将投放 3 款全新 SUV，雪佛兰品牌中会新增 1 款全新 SUV，并对 2 款进行
换代，凯迪拉克品牌会推出 3 款全新车型。

3. 产能情况

经过 20 余年的发展，上汽通用在全国形成了上海、烟台、沈阳和武汉 4 个
整车生产基地的布局，年产能达到 210 万辆。

其中，上海浦东金桥基地产能是 48 万辆，拥有三个整车厂和一个动力总成
厂，占地面积共 79.6 万平方米，建筑面积超过 41 万平方米。金桥基地拥有世界
先进水平的自动化生产线和制造工艺，目前主要生产新一代别克 GL8，以及凯迪
拉克品牌各类车型。

位于辽宁沈阳的上汽通用北盛汽车有限公司，产能是 50 万辆。该基地分 3
期建设，北盛一期和二期工厂负责生产雪佛兰经典科鲁兹、科帕奇、别克 GL8 等
车型；北盛三期工厂负责生产雪佛兰新科鲁兹和别克威朗。此外，该基地还具备
年产发动机 45 万台的产能。

位于山东烟台的上汽通用东岳汽车有限公司，产能是 60 万辆，主要生产别
克昂科威、昂科拉和雪佛兰创酷、新爱唯欧、赛欧 3、乐风 RV 六款车型。同时，
该基地还具备年产发动机 117 万台、变速箱 72 万台的产能。

位于湖北武汉的上汽通用汽车武汉分公司，总年产能 48 万辆。其中，项目一期总投资 70 亿元，目前生产别克新英朗等车型，年产能 24 万辆；二期项目投资总额 75 亿元，主要生产雪佛兰探界者和科沃兹，建设内容涵盖冲压、车身、油漆、总装四大工艺车间，项目年产能 24 万辆。

根据上汽通用产品规划，保守估计，到 2020 年底，该公司规划的 SUV 车型的年产量将超过 50 万辆。是否能够顺利达产，取决于后续新导入车型的市场竞争力，预计 2020 年该公司的 SUV 销量将在 40 万辆左右。

二、长安福特

长安福特汽车成立于 2001 年 4 月，由长安汽车股份有限公司和福特汽车公司共同出资成立，总部位于重庆市北部新区。长安福特现有重庆、杭州、哈尔滨 3 个生产基地，共有 7 家工厂，分别为 5 家整车工厂、1 家发动机工厂和 1 家变速箱工厂，其中重庆已成为福特汽车继美国底特律之外全球最大的生产基地。

经过 10 余年的发展，长安福特建立了较为全面的产品线，在售车型包括福睿斯、福克斯、蒙迪欧、金牛座等轿车，以及翼搏、翼虎、锐界等 SUV 车型。自成立以来，长安福特累计销量已突破 600 万辆。

2019 年 4 月，福特汽车发布"福特中国 2.0"战略，宣布全新的业务提升计划，加速公司业务转型，聚焦中国市场。此次发布内容主要集中在加快产品研发和投放速度、研发智能科技、深化战略伙伴合作关系、坚持创新和本土人才培养五大计划，并通过建设中国创新中心、中国设计中心、中国产品中心和中国新能源车中心这四大中心来加速这一计划的实施。

作为"福特中国 2.0"战略的核心之一，福特推出"福特中国产品 330 计划"，计划在未来三年内在华推出超 30 款新车型，产品涵盖福特和林肯两大品牌。其中，超过 10 款为新能源车型，并将加大在自动驾驶方面的研发力度。长安福特作为福特汽车在华重要的生产基地，将陆续投产多款车型。

1. 市场表现

2005 年 1 月至 2017 年 12 月，长安福特旗下轿车累计销量为 521.95 万辆，SUV 累计销量为 114.52 万辆，后者约为前者的 21.94%。2012~2014 年，得益于导入多款全新车型，扩张后的公司产品线使其销量增速显著超出行业平均水平。但进入 2016 年后，长安福特连续两年未推出新车型，也未对公司既有产品进行升级换代，导致产品竞争力大幅度下降。

就销量而言，2018 年 1 月至 2019 年 6 月，长安福特共销售轿车约 32.53 万辆，SUV 累计销量约 12.74 万辆（见表 1-13），后者已占到前者的 39.16%，占总销量的比重接近 30%。

表 1-13　长安福特轿车与 SUV 销量变化（2018 年 1 月至 2019 年 6 月）

时间	轿车（辆）	SUV（辆）
2018 年 1 月	40615	8020
2018 年 2 月	27300	9327
2018 年 3 月	24476	20713
2018 年 4 月	25964	11712
2018 年 5 月	21270	9016
2018 年 6 月	20412	8673
2018 年 7 月	15175	8759
2018 年 8 月	16462	7474
2018 年 9 月	23941	9061
2018 年 10 月	22781	4147
2018 年 11 月	19440	4997
2018 年 12 月	12796	4995
2019 年 1 月	10400	4336
2019 年 2 月	4795	2004
2019 年 3 月	10988	4277
2019 年 4 月	10152	4645
2019 年 5 月	5329	2089
2019 年 6 月	12959	3186
合计	325255	127431

　　总体上，长安福特在 2018 年以前销售车型的重心在轿车领域，但 SUV 已经成为其重要销量来源之一。

　　从表 1-13 中可以看出，受产品老化等因素影响，自 2018 年以来，长安福特车型销量全线下滑，轿车销量从之前的月销最高 4 万辆，跌至不足 5000 辆；SUV 销量从之前最高月销 2 万余辆跌至最低的 2000 余辆。

长安福特2018年不同车型的市场表现显示，虽然市场大环境对厂商并不友好，但产品力仍可以决定一款车型的市场表现。对于进入生命周期末期的车型来说，大环境恶化后会进一步凸显其产品力的短板。

2. 产品体系与新产品投放计划

长安福特是较早布局SUV市场的合资汽车厂商之一，从2013年起，长安福特陆续导入了翼虎、翼搏和锐界3款SUV车型，覆盖了国内A0级、A级和B级细分市场，赶上了国内SUV需求大爆发的红利。2014年翼搏月均销量7000辆，2013~2016年翼虎月均销量1万辆，2016~2017年锐界月均销量近万辆。

2016年和2017年，长安福特产品换代出现空档，2018年后开始逐渐进入新一轮的产品换代周期，但2018年导入的新车型均为轿车。该公司SUV车型的换代与导入新车型，预计从2019年下半年开始。

截至2019年6月，长安福特旗下共有3款SUV车型在售，分别是中型SUV福特锐界、紧凑型SUV福特翼虎和小型SUV福特翼搏。

从福特汽车的产品开发周期看，长安福特在2018~2020年将进入新车密集换代期，预计2019~2020年累计导入全新或换代SUV车型有望达6款。其中，林肯品牌已确定首批国产化车型均为SUV。

据各方面公开信息推测，2019年7月至2020年底，长安福特将会投放多款SUV车型。其中，福特品牌旗下将导入全新的紧凑型SUV福特Escape，预计定位于翼虎和锐界之间。此外，林肯品牌将在2020年正式国产化，第一款量产车型预计是紧凑型SUV林肯MKC，随后林肯航海家和飞行家两款SUV也将陆续国产，参与中型豪华SUV和大型豪华SUV市场的竞争。

3. 产能情况

长安福特目前在重庆、杭州和哈尔滨有5家整车生产工厂，总产能约为160万辆。其中，位于重庆的一、二、三工厂，相继于2004年、2012年和2014年建成投产，负责生产的车型为福特致胜、麦柯斯、经典福克斯、新福克斯、福睿斯等轿车，以及SUV车型翼虎。这3家工厂年产能共计115万辆，占长安福特总产能的70%以上。

2015年3月长安福特杭州工厂建成投产，这是该公司国内第4家工厂，设计年产能为25万辆，主要生产SUV车型锐界和中级轿车金牛座。此外，根据浙江省发改委2018年发布的《长安福特林肯U611乘用车生产线项目核准通知》，预计林肯品牌将在长安福特的杭州工厂实现国产，该项目生产规模为3万辆，预计该生产线将于2019年下半年建成投入使用。

此外，长安福特在哈尔滨设有第五工厂，该厂投产于2017年2月，年产能

20 万辆，生产车型为全新一代的福克斯。

根据长安福特的产品规划，预计在林肯国产，以及福特品牌进入新的产品周期等因素的共同作用下，长安福特 2020 年的 SUV 销量能达到 15 万辆的规模。

第五节　韩系厂商的变化

韩系汽车企业在华合资公司包括北京现代汽车有限公司（以下简称北京现代）、东风悦达起亚汽车有限公司（以下简称东风悦达起亚）两家企业。

韩系厂商在国内的发展曾经非常顺利，北京现代是最早的几家年产销突破 100 万辆的合资厂商之一。但此后，受"萨德"事件的影响，以及在品牌溢价减小等因素的作用下，韩系厂商在国内乘用车市场竞争中有掉队的趋势。

但随着中韩关系的改善，韩系厂商在国内市场的表现开始回暖。虽然东风悦达起亚的市场销量一再下滑，但北京现代的表现推动着韩系市场份额的回升。在市场自 2018 年下半年转冷后，作为一个整体，韩系厂商守住了市场份额，避免了提前出局的窘境。

根据中国汽车工业协会的统计数据，2017 年上半年，上述两家韩系合资汽车企业在乘用车领域的市场份额为 3.8%；到 2018 年 6 月，其市场份额增加到 4.7%；2019 年上半年，在市场大环境变得更差后，韩系厂商的市场占有率稳定在 4.7%（见图 1-6）。

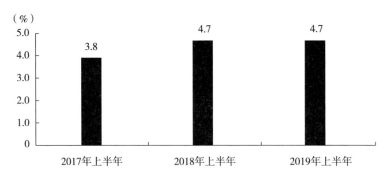

图 1-6　韩系厂商市场占有率

一、北京现代

北京现代成立于 2002 年 10 月 18 日，由北京汽车投资有限公司和韩国现代自动车株式会社共同出资设立，注册资本 20.36 亿美元，中韩双方各占 50%，合资期限为 30 年。该公司是我国加入 WTO 后被批准的第一个汽车生产领域的中外合资项目。

经过 17 年的发展，北京现代已拥有全新胜达、全新途胜、第九代索纳塔、第九代索纳塔混合动力版、新名图、领动、全新悦动、新朗动、悦纳等 17 款车型，涵盖了 A0 级、A 级、B 级、SUV 等主流细分市场。

截至 2018 年，北京现代累计产销汽车超 1000 万辆。

1. 市场表现

总体上看，在 2018 年前，销售车型的重心在轿车领域，但 SUV 已经是其重要销量来源之一。2005 年 1 月至 2017 年 12 月，旗下轿车累计销量为 695.61 万辆，SUV 累计销量为 207.97 万辆，后者销量约为前者的 29.9%，这一比例比大多数合资汽车厂商都要高。这得益于北京现代较早进入国内 SUV 市场，该公司第一款城市 SUV 途胜于 2005 年正式上市，成为北京现代在国内 SUV 领域的开山之作。

2018 年 1 月至 2019 年 6 月，北京现代共销售轿车 72.04 万辆，SUV 累计销量达到 40.92 万辆（见表 1-14），后者销量已占到前者的 56.79%。

表 1-14　北京现代轿车与 SUV 销量变化（2018 年 1 月至 2019 年 6 月）

时间	轿车（辆）	SUV（辆）
2018 年 1 月	35126	24884
2018 年 2 月	20917	14678
2018 年 3 月	39402	27605
2018 年 4 月	42646	27361
2018 年 5 月	43191	17236
2018 年 6 月	62112	24940
2018 年 7 月	22954	7064
2018 年 8 月	46239	24767

时间	轿车（辆）	SUV（辆）
2018 年 9 月	44577	35453
2018 年 10 月	43750	26269
2018 年 11 月	46978	24207
2018 年 12 月	68064	39757
2019 年 1 月	17153	14881
2019 年 2 月	22702	16015
2019 年 3 月	61444	35883
2019 年 4 月	32141	18882
2019 年 5 月	27264	9971
2019 年 6 月	43753	19323
合计	720413	409176

从表 1-14 中可以看出，虽然轿车依然是北京现代总销量的主要构成部分，但 SUV 的销量及其占总销量的比重在这 18 个月中均有明显增加。数据统计显示，2017 年北京现代总销量为 78.49 万辆，2018 年总销量为 81.09 万辆，在市场大势不佳的情况下实现了逆势增长。但分车型看，北京现代轿车总销量减少了 3.53 万辆，完全是依靠 SUV 车型 6.23 万辆的销量增量，才使得该公司实现总销量增长。

2. 产品体系与新产品投放计划

途胜上市后，赶上国内 SUV 热销，获得了较好的市场反馈。此后，北京现代在 2010 年启动 "D+S"（中高级轿车+SUV 车型）战略，意在重点提升中高级车型和 SUV 产品在公司总销量中的比重。在这一战略的指导下，该公司陆续在 2010 年、2012 年和 2014 年向市场投放了紧凑型 SUV 车型 ix35、中型 SUV 胜达和小型 SUV 车型 ix25。

截至 2019 年 6 月，北京现代旗下共有 5 款 SUV 车型在售，分别是现代品牌的中型 SUV 胜达，紧凑型 SUV 途胜、昂希诺和 ix35 以及小型 SUV ix25。这 5 款 SUV 的组合让北京现代实现了对 SUV 市场高、中、低档车型的全面覆盖。

但该公司于 2018 年导入的昂希诺销量非常惨淡，只是得益于另外 4 款产品具备较强的产品力，该公司在 SUV 市场的表现又开始向上走。

根据各方面公开信息推测，2019 年 7 月至 2020 年底，北京现代将会投放全新一代的现代 ix25 和纯电驱动版本的昂希诺等 SUV 车型，以及第 10 代索纳塔、全新名图等轿车。

3. 产能情况

经过 17 年的发展，北京现代构建了三地五厂的全国产能布局，总产能达到 165 万辆。

其中，坐落于北京市顺义区北京汽车生产基地的三座整车生产工厂、三座发动机生产工厂和一座技术中心，整车年生产能力达到 105 万辆。

此外，在"京津冀协同发展""长江经济带发展"的国家战略指引下，2015 年，北京现代先后启动建设河北沧州工厂和重庆工厂项目，两座新工厂全部投产后，将为该公司带来 60 万辆的年产能。

根据北京现代产品规划，保守估计，到 2020 年底，该公司 SUV 车型的年产销量将超过 35 万辆。

二、东风悦达起亚

东风悦达起亚成立于 2002 年，是由东风集团、江苏悦达投资股份有限公司、韩国起亚自动车株式会社按 25%：25%：50% 的股权结构共同投资成立的中外合资汽车企业，注册资本 7000 万美元。公司总部位于江苏盐城。

在成立之初，东风悦达起亚曾有过多年高光表现。2010 年 6 月，在成立不到 8 年时间里，该公司即实现累计产销 100 万辆的成绩。不到两年半的时间，东风悦达起亚在 2012 年 10 月迎来第 200 万辆汽车下线。

截至 2019 年，东风悦达起亚累计产销近 500 万辆。

1. 市场表现

2005 年 1 月至 2017 年 12 月，东风悦达起亚旗下轿车累计销量为 321.3 万辆，SUV 累计销量为 112.85 万辆，后者销量约为前者的 35%。这得益于东风悦达起亚较早进入国内 SUV 市场，该公司第一款紧凑型 SUV 狮跑于 2007 年 10 月正式上市，吹响了该公司进军国内 SUV 市场的号角。

数据统计显示，东风悦达起亚 2017 年总销量为 35.95 万辆，2018 年总销量为 37.12 万辆，总销量增量为 1.17 万辆。但该公司轿车总销量从 26.72 万辆急剧减少到 18.73 万辆，减少近 1/3；而其 SUV 总销量从 9.27 万辆增加到 18.39 万辆。在该公司轿车车型销量大幅度下滑的情况下，SUV 独立支撑起东风悦达起亚的销量增长。

2018 年 1 月至 2019 年 6 月，东风悦达起亚共销售轿车 25.07 万辆，SUV 累计销量达到 27.24 万辆，后者已占到前者的 109.1%（见表 1-15）。SUV 销量好于轿车的局面在 2019 年上半年尤为明显，1~6 月，该公司 SUV 销量达到 8.84 万辆，而同期其轿车销量仅为 6.34 万辆。

表 1-15　东风悦达起亚轿车与 SUV 销量变化（2018 年 1 月至 2019 年 6 月）

时间	轿车（辆）	SUV（辆）
2018 年 1 月	19680	10472
2018 年 2 月	14334	7172
2018 年 3 月	19641	10907
2018 年 4 月	19130	13972
2018 年 5 月	15260	14750
2018 年 6 月	11694	15311
2018 年 7 月	6662	12343
2018 年 8 月	6465	13537
2018 年 9 月	12724	18326
2018 年 10 月	17128	18874
2018 年 11 月	18603	21812
2018 年 12 月	26000	26465
2019 年 1 月	10297	19875
2019 年 2 月	7000	15032
2019 年 3 月	8883	22416
2019 年 4 月	10137	13399
2019 年 5 月	13620	9075
2019 年 6 月	13493	8617
合计	250751	272355

从表 1-15 中可以看出，2018 年 1 月以来，SUV 的销量开始逐渐超过轿车，占东风悦达起亚总销量中的比例超过一半。

2. 产品体系与新产品投放计划

自 2007 年狮跑上市，东风悦达起亚在 3 年后向市场投放了另一款紧凑型 SUV 智跑。接下来陆续导入了 KX3、KX5、KX7、KX CROSS，以及奕跑等 SUV 车型，车型覆盖紧凑型、小型、中型 SUV 市场。

根据东风悦达起亚在 2017 年发布的"DYK2020 战略"新车规划，2018～2020 年，该公司将推出 6 款 SUV 车型，但均为既有车型的换代产品，无全新车型导入。

截至 2019 年 6 月，旗下共有 4 款 SUV 车型在售，分别是紧凑型 SUV 起亚 KX5 与智跑，以及小型 SUV 起亚 KX2 和奕跑。

预计 2019 年底或 2020 年初，该公司将引入一款内部代号为 SP2c 的紧凑型 SUV，其车身尺寸为长/宽/高 4345mm/1800mm/1645mm，轴距为 2630mm。预计这款车将是新一代 KX3。

3. 产能情况

东风悦达起亚现有 3 家工厂，全部位于盐城，具备年产 90 万辆乘用车的能力。

东风悦达起亚成立之初的产能为 5 万辆，2003 年 6 月启动第一工厂的 10 万辆扩能技术改造项目，后进一步扩产至 15 万辆，主要生产两款 SUV 车型——智跑与 KX7。

2005 年 10 月，东风悦达起亚第二工厂开始建设，2007 年 12 月投产，设计总产能 30 万辆，占地面积 147 万平方米，整个工厂配备了冲压、焊装、涂装、总装和发动机车间等完整的整车生产配套设施。

得益于产销量的不断增长，东风悦达起亚于 2012 年 6 月开始建设第三工厂，并于 2014 年初建成投产，其设计产能为 45 万辆，占地面积 193.7 万平方米。该工厂采用国际先进的汽车制造设备和技术，以冲压、焊装、涂装、总装及发动机车间组成全自动生产线，是集高效、环保、节能于一身的现代化汽车制造工厂。

但由于该公司自 2017 年以来销量急剧下滑，目前东风悦达起亚开工率约为 40%，严重低于行业平均水平。为提高固定资产使用效率，东风悦达起亚在 2019 年 6 月联合江苏悦达集团和华人运通公司共同宣布，将第一工厂租赁给华人运通，用于生产其首款车型，预计 2021 年正式量产销售。

根据产品规划，保守估计，到 2020 年底，该公司 SUV 车型的年产销量将超过 20 万辆。

第六节　其他合资厂商的变化

除了前文提到的德系、日系、美系和韩系合资汽车厂商外，国内主要的合资乘用车厂商还包括广汽菲亚特克莱斯勒汽车有限公司（以下简称广汽菲克）、神龙汽车有限公司（以下简称神龙公司）、长安标致雪铁龙汽车有限公司（以下简称长安 PSA）和东风雷诺汽车有限公司（以下简称东风雷诺）。这 4 家公司的外资股东方均为欧洲公司，后 3 家公司的外资股东都是法国汽车厂商。

虽然成立时间长短不一，产品线也大不相同，但这 4 家公司的一个共同点是，在 2018 年国内汽车市场大环境开始变差后，它们的销量下滑得尤为明显，有的甚至已经到了"山穷水尽"的地步。

一、广汽菲克

广汽菲克成立于 2010 年 3 月，是由广州汽车集团股份有限公司与菲亚特克莱斯勒汽车集团以 50∶50 的股比共同投资建设的合资汽车企业，总投资约 170 亿元。公司总部位于湖南长沙国家级经济技术开发区。

广汽菲克曾产销菲亚特和吉普 2 个品牌的车型，目前该公司旗下菲亚特品牌车型已全部停产，该公司生产的全部车型均为 Jeep 品牌的 SUV 车型。

成立 9 年以来，该公司累计产销各类车型近 70 万辆。

1. 市场表现

广汽菲克成立之初，曾经产销过菲亚特品牌的两款轿车菲翔和致悦，但随着这两款轿车的市场竞争力快速弱化，从 2016 年开始，菲翔和致悦逐渐滞销，其月销量从千余辆下滑到百余辆，接近停产。

到 2018 年 3 月，广汽菲克旗下紧凑型轿车菲亚特菲翔停产。上述两款车型在全生命周期内共产销 10.29 万辆，而该公司旗下 SUV 车型的累计销量已达到50 万辆。

2017 年 3~5 月是该公司市场表现最好的时候，广汽菲克在这 3 个月中销量连续突破 2 万辆，但此后，其销量逐渐下滑。

表1-16 广汽菲克SUV销量变化（2018年1月至2019年6月）

时间	SUV（辆）
2018年1月	13537
2018年2月	7915
2018年3月	15540
2018年4月	11530
2018年5月	10385
2018年6月	11371
2018年7月	8598
2018年8月	8515
2018年9月	9796
2018年10月	9362
2018年11月	8452
2018年12月	10180
2019年1月	9217
2019年2月	4826
2019年3月	7663
2019年4月	4917
2019年5月	4049
2019年6月	5177
合计	161030

从表1-16中可以看出，进入2018年下半年以后，受国内汽车市场大环境的影响，广汽菲克的月销量先后跌破1.5万辆、1万辆整数关卡。到2019年第二季度，该公司月销量在5000辆上下浮动。

2. 产品体系与新产品投放计划

2015~2016年，广汽菲克在一年时间内连续推出全新Jeep自由光、全新Jeep自由侠、全新Jeep指南者3款SUV车型，实现了对13万~30万元SUV细分市场的覆盖。从2018年4月起，该公司转变成为一家仅生产SUV车型的厂商。

截至2019年6月，该公司旗下共有4款车型在销售，分别是小型SUV自由侠，紧凑型SUV自由光、指南者，以及中型SUV大指挥官。

根据各方面公开信息推测，2019 年 7 月至 2020 年底，广汽菲克除了会导入一款代号为 K8 PHEV 的新车型外，没有其他更多的新车型投放计划。

据了解，这款车是 PHEV 版本 Jeep 大指挥官的内部代号。其原型车最初亮相于 2018 年的北京车展，该车采用宁德时代提供的三元锂电池，容量为 12.9kWh，预计纯电续航里程在 50km 以上。

3. 产能情况

广汽菲克在湖南长沙和广州番禺各建有 1 座整车工厂，在长沙还另建有 1 座发动机工厂。整车总体设计产能达到 32.8 万辆，发动机产能达到 48.8 万台。

其中，长沙生产基地位于长沙国家经济技术开发区，占地面积超过 70 万平方米。该工厂融合了先进的规划布局、工艺装备和管理模式，拥有冲压、焊装、涂装和总装四大工艺车间。一期产能规划 21 万辆，2012 年时扩产至 21 万辆。目前主要生产车型包括全新 Jeep 自由光、大指挥官。

广州工厂位于广州市番禺区，占地面积 28 万平方米，一期产能规划 16.4 万辆，目前已生产全新 Jeep 自由侠、全新 Jeep 指南者。广州工厂遵循"世界级制造"理念，引入全球先进的生产设备、制造工艺和质量管理体系，着力打造广汽菲克在华南地区又一安全、高效、具备世界级制造品质的整车生产基地。

为了投产 K8 PHEV，广汽菲克计划对现有生产线进行调整，减少已经停产的轿车产量 1.2 万辆/年，将这部分产能转产 K8 PHEV，整车产能维持为 21 万辆。

考虑到广汽菲克没有导入全新车型的规划，按照现有车型的竞争力，保守估计，到 2020 年底，该公司 SUV 车型的年产销量将维持在 6 万~8 万辆的水平。

二、神龙公司

神龙公司成立于 1992 年 5 月，是东风汽车集团有限公司与法国 PSA 集团合资兴建的乘用车生产经营企业，注册资本金为 70 亿元，双方各占 50% 的股比。公司总部位于武汉经济技术开发区。神龙公司最初只生产雪铁龙品牌轿车，2003 年 10 月，股东双方宣布扩大合作，为合资公司增资 10 亿元，并将标致品牌引入中国。

经过近 30 年的发展，神龙公司目前拥有东风标致、东风雪铁龙两大合资品牌近 20 款不同车型，产品覆盖了 SUV 和多个轿车细分市场。其中，东风雪铁龙品牌目前主要车型有天逸 C5 AirCross、云逸 C4 AirCross、新 C3-XR、C6、C5、新 C4L、C4 世嘉、全新爱丽舍；东风标致品牌目前主要车型有 5008、4008、

3008、2008 及新一代 508L、408、308。

同时，神龙公司在"大东风、大自主、大协同"战略指导下，积极开展合资中国品牌建设，已投放东风富康 ES500、东风 A9 和东风风神 L60 三款车型。

截至 2018 年底，神龙公司汽车的累计销量已达 600 万辆。

1. 市场表现

2005 年 1 月至 2017 年 12 月，神龙公司旗下雪铁龙和标致两个品牌的轿车累计销量为 448.85 万辆，SUV 累计销量为 65.28 万辆，后者销量约为前者的 14.54%。虽然从总体上看，在 2018 年前销售车型的重心在轿车领域，但 SUV 已经是其重要销量来源之一。

进入 2018 年以来，神龙公司的轿车和 SUV 产销均出现了较大幅度的滑坡，市场表现堪忧（见表 1-17）。

表 1-17　神龙公司轿车与 SUV 销量变化（2018 年 1 月至 2019 年 6 月）

时间	轿车（辆）	SUV（辆）
2018 年 1 月	33216	11298
2018 年 2 月	13398	6020
2018 年 3 月	35326	12113
2018 年 4 月	27482	11367
2018 年 5 月	26167	10955
2018 年 6 月	22160	9239
2018 年 7 月	13189	6135
2018 年 8 月	16163	5251
2018 年 9 月	17528	7302
2018 年 10 月	18503	7174
2018 年 11 月	15716	6177
2018 年 12 月	14511	5559
2019 年 1 月	12254	4748
2019 年 2 月	6573	3746
2019 年 3 月	15831	5538
2019 年 4 月	9544	4639

时间	轿车（辆）	SUV（辆）
2019 年 5 月	8698	3989
2019 年 6 月	10128	4308
合计	316387	125558

从表 1-17 中可以看出，神龙公司 SUV 占总销量的比重在这 18 个月中有明显增加，从 2017 年及以前的不足 15%增加到近 40%。

2. 产品体系与新产品投放计划

神龙公司旗下第一款 SUV 车型发布于 2013 年，为紧凑型 SUV 标致 3008。此后，该公司一度在 2014 年导入两款全新 SUV 车型：2014 年 4 月导入小型 SUV 标致 2008，2014 年 12 月导入雪铁龙品牌第一款 SUV 车型 C3-XR。由于进入市场相对较早，在其他合资汽车厂商尚未投放同级别产品之前，该公司 3 款车型构成的产品矩阵一度在 2015 年实现了月销量 2 万辆的成绩。

不过在进入 2016 年后，由于竞争对手增多，以及自身产品定位与定价等因素的影响，神龙公司的 SUV 销量开始走下坡路，即便是该公司陆续于 2016 ~ 2017 年再次导入 4 款全新车型——标致 4008、标致 5008，雪铁龙天逸 C5 AIRCROSS、雪铁龙天逸 C4 AIRCROSS，也难改此颓势。

截至 2019 年 6 月，神龙公司旗下共有 7 款 SUV 车型在售。

公开信息显示，在产品领域，神龙公司未来将聚焦在 EMP2 平台以及由 PSA 集团、东风公司与神龙公司共同开发的 CMP 平台上。同时，为了满足排放油耗法规和双积分政策，未来将有多款 PHEV 平台和 EV 平台从这两个平台衍生出来。

2019~2021 年，神龙公司旗下东风标致和东风雪铁龙将保持每年至少有一款新品的投放力度，在售车型也将达到至少 5~6 款。但该公司并未透露具体的车型信息。

3. 产能情况

现阶段，神龙公司已具备近 100 万辆的生产能力，相对近几年销量而言，产能过剩现象较为明显。

该公司在武汉建有 3 座工厂，一工厂产能为 30 万辆，二工厂产能为 15 万辆，三工厂两期总产能为 30 万辆。武汉基地主要生产标致 308、标致 408 和标致 3008 等车型。

同时，公司还建有成都工厂，一期产能 24 万辆，主要生产东风标致 5008 和东风雪铁龙 C84 以及神龙的其他高端 SUV、MPV 等车型。

由于该公司未明确导入 SUV 新车型的计划，按照该公司既有产品矩阵的产品力分析，保守估计，到 2020 年底，该公司 SUV 车型的年产销量将在 7 万~9 万辆的水平。

三、长安 PSA

长安 PSA 成立于 2011 年 11 月，由中国长安汽车集团股份有限公司和法国 PSA 集团合资成立，双方各占 50% 股份。公司注册资金为 40 亿元，总部位于广东深圳市龙华区，是目前国内投资最大的合资汽车企业之一。

长安 PSA 作为开启后合资时代的汽车企业，于 2013 年 9 月实现量产。该公司目前主要生产法式豪华汽车品牌 DS 系列车型，陆续向市场投放了 DS 5、DS 5LS、DS 4S 等轿车，以及 DS6 和 DS7 两款 SUV。

1. 市场表现

自成立以来，长安 PSA 一直无法上量。虽然该公司在 2014 年推出的 DS6 在上市第二年还一度月销超过 2000 辆，但在进入 2016 年后的月销量只徘徊在 1000 辆上下。成立 6 年来，公司总销量为 7.78 万辆，SUV 累计销量为 3.91 万辆，贡献率超过 50%。

究其原因，很重要的一点是公司的品牌对车型定位不清，以及经销商网络发展不给力。在进入中国市场之初，长安 PSA 介绍称 DS 品牌定位于豪华车市场，是法国总统的座驾。但从市场反馈看，国内消费者显然没有接受它的这个品牌定位。而销量的持续低迷，导致经销商退网频繁，没有与之共同渡过难关的意愿。

表 1-18 长安 PSA 轿车与 SUV 销量变化（2018 年 1 月至 2019 年 6 月）

时间	轿车（辆）		SUV（辆）	
	DS4S	DS5	DS6	DS7
2018 年 1 月	116	62	105	未上市
2018 年 2 月	17	91	89	22
2018 年 3 月	72	39	26	174
2018 年 4 月	29	19	4	316
2018 年 5 月	12	15	4	507

时间	轿车（辆）		SUV（辆）	
	DS4S	DS5	DS6	DS7
2018 年 6 月	9	16	0	301
2018 年 7 月	3	4	0	144
2018 年 8 月	42	134	210	323
2018 年 9 月	68	149	98	189
2018 年 10 月	23	18	30	133
2018 年 11 月	7	2	19	72
2018 年 12 月	4	81	7	63
2019 年 1 月	22	66	97	118
2019 年 2 月	2	2	67	79
2019 年 3 月	4	2	16	131
2019 年 4 月	23	2	36	148
2019 年 5 月	0	1	33	71
2019 年 6 月	0	11	9	783
合计	453	714	850	3574

从表 1-18 中可以看出，进入 2018 年后，在市场变差的大背景下，长安 PSA 的销量更是惨淡不已。

根据 PSA 集团 2018 年财报数据，长安 PSA 2018 年亏损 10.6 亿元，比 2017 年多亏损了近 7 亿元。

2. 产品体系与新产品投放计划

2013 年，长安 PSA 导入了首款紧凑型轿车 DS5，并于 2014 年 10 月导入公司首款 SUV 车型 DS6，但这两款车型的销量一直难有起色。后期虽然追加了新车型 DS4S、DS7 等，但长安 PSA 的销量并没有起色，反倒每况愈下。

2019 年初，面对公司低迷的销量，长安 PSA 宣布每年发布一款新产品，以更好地维持品牌活力。但目前已经确定要导入的全新车型是 DS 品牌全新的豪华旗舰轿车，暂无导入全新 SUV 车型的计划。

3. 产能情况

长安 PSA 深圳基地占地约 130 万平方米，初期投资额为 84.25 亿元，已经建成年产能 20 万辆的整车工厂以及一座发动机工厂。同时，投资 5 亿元、占地 30 万平方米的长安 PSA 研发中心也于 2014 年底正式落成，使该公司成为国内首家在成立之初就建设研发中心的合资汽车企业。

按照规划，该公司深圳基地的二期项目产能为 30 万辆，但由于该公司成立以来销量尚未达标，因此二期项目并没有实施。

从目前长安 PSA 的市场表现看，以最乐观的情形，该公司 2020 年能够年产销 2 万辆 SUV，更可能的情况是，长安 PSA 各车型的全年总销量在 1 万辆上下，SUV 占 60% 左右的份额。

四、东风雷诺

东风雷诺成立于 2013 年 12 月，是由东风汽车集团股份有限公司和法国雷诺在重组三江雷诺汽车有限公司的基础上，按 50∶50 股权比例设立的合资整车生产企业，是"东风—雷诺—日产"的"金三角"战略合作的深入发展。

2016 年 3 月，东风雷诺推出第一款车型雷诺科雷嘉，并于同年 11 月推出第二款车型科雷傲。两款车型均为紧凑型 SUV，定位在不同的价位区间内。

按公司成立时发布的发展规划，该公司的产品线将以 SUV 开场，在各个细分市场中都导入至少一款车型，随后导入轿车和其他车型。同时，东风雷诺在东风品牌下开发导入合资自主车型。借助东风和雷诺在新能源技术上已经形成的优势能力，未来将开发导入新能源汽车产品。

1. 市场表现

自 2016 年开始参与国内市场竞争以来，该公司累计产销 16.12 万辆。从总体上看，2017 年是该公司的高光时刻，在两款新车的驱动下，全年产销量达到 7.2 万辆。考虑到该公司的营销网络数量大大低于其他厂商，这一销量业绩也算是差强人意。

2018 年 7 月至 2019 年 6 月，该公司两款 SUV 的累计销量为 2.2 万辆，而此前的 12 个月中，科雷嘉和科雷傲的累计销量为 7.2 万辆。

表 1-19　东风雷诺 SUV 销量排行（2018 年 1 月至 2019 年 6 月）

时间	SUV（辆）
2018 年 1 月	9000
2018 年 2 月	5800

时间	SUV （辆）
2018 年 3 月	6105
2018 年 4 月	6482
2018 年 5 月	5065
2018 年 6 月	4584
2018 年 7 月	2355
2018 年 8 月	2928
2018 年 9 月	2532
2018 年 10 月	2550
2018 年 11 月	1107
2018 年 12 月	1604
2019 年 1 月	3030
2019 年 2 月	1470
2019 年 3 月	1343
2019 年 4 月	547
2019 年 5 月	1008
2019 年 6 月	1503
合计	59013

从表 1-19 中可以看出，2018 年初，东风雷诺还处于新车红利阶段，月销量一度达到 9000 辆，但此后随着市场大环境开始变差，该公司遭遇非常大的市场压力，销量持续下滑。即便是在 2019 年 3 月，由于我国政府降低了汽车行业的增值税税率（从此前的 16% 下调至 13%），绝大多数企业都在 3 月时创下了 2019 年销售的峰值，但东风雷诺的销量依然较之前是下降的。

2. 产品体系与新产品投放计划

在成立之初快速量产了科雷嘉和科雷傲后，东风雷诺再没有导入新的产品。相对单一的产品线，以及国内小型 SUV 市场总体规模开始减少的大环境，使得自 SUV 市场大环境从 2018 年 7 月起开始恶化后，东风雷诺的销量有了较大幅度的下滑。

根据东风雷诺发布的规划，从 2019 年起的 3 年内，东风雷诺计划 1 年投放 1

款国产车型，1 年导入 1 款进口车型，保证每个重要细分市场都有 1 款车型，预计到 2022 年，东风雷诺将产品线扩充至 11 款，其中有 6 款国产车、3 款进口车和 2 款纯电汽车。

按计划，该公司会在 2019 年下半年上市一款小型 SUV 科雷缤。

3. 产能情况

东风雷诺生产基地位于湖北武汉，在产能建设上，公司按一次规划、分期建设的模式，进行滚动式发展。工厂的整车生产线以及生产和研发基地总占地面积 95 公顷，投资总额约 77.6 亿元，规划年产能 30 万辆，除科雷嘉之外，还将陆续投产全新中型 SUV、纯电动车以及 MPV 车型等。

工厂一期工程于 2106 年 2 月建成，东风雷诺具备了年产 15 万辆整车的生产能力，包括冲压、焊接、涂装、总装、树脂五大车间和相应的辅助设施；发动机工厂将形成年产 15 万台发动机的生产能力，包括缸体和缸盖铸造、机加工、发动机装配、试验和相应的辅助设施。同时建设东风雷诺研发中心，满足同步开发和国产化的需要，研发中心还将承担合资自主产品的研发和新能源汽车产品的导入。

虽然东风雷诺计划在今后 3 年内导入多款车型，但考虑到该公司一期工程产能并没有得到释放，乐观估计到 2020 年，东风雷诺的 SUV 销量能够达到 10 万辆；悲观情况下，预计当年销量为 5 万辆。

第七节　谁是赢家，谁是输家

从总体上看，合资汽车厂商在 2012 年之前并不重视国内 SUV 市场，一方面是因为国内 SUV 市场虽增长迅速，但规模依然偏小；另一方面也与其外资股东方产品序列中缺少 SUV 车型有很大关联。这种产品规划上的失误，使得部分合资厂商事实上错过了 SUV 最初发展的红利期，当它们准备好产品时，不得不面对市场下滑的大环境。

从 2012 年起，各合资厂商开始陆续酝酿发展 SUV 车型。经过 2~3 年的准备，从 2015 年起，合资企业开始陆续投放 SUV 产品，部分厂商形成了较为完备的产品序列，车型覆盖了小型 SUV、紧凑型 SUV 和中型 SUV 市场。虽然各厂商的产品表现差别较大，但基本上都分享到了 2015~2017 年高速扩大的 SUV 市场红利。

进入 2018 年后，随着市场大环境开始变冷，SUV 市场规模不再扩大，各个企业的品牌力、产品力之间的差别开始凸显。一些厂商的 SUV 销量仍处于增长状态，部分厂商则显现出颓势，个别厂商已经被边缘化。

单就 SUV 销量绝对值看，2018 年 1 月至 2019 年 6 月，国内合资汽车厂商最大的赢家是上汽大众，该公司在这 18 个月中共售出 81.83 万辆 SUV（见表 1-20）。

表 1-20　各合资厂商 SUV 销量排行（2018 年 1 月至 2019 年 6 月）

厂商	SUV 销量（万辆）
上汽大众	81.83
东风日产	74.74
上汽通用	53.28
东风本田	53.27
一汽—大众	47.21
北京现代	40.92
一汽丰田	32.86
广汽本田	32.26
东风悦达起亚	27.35
北京奔驰	27.02
华晨宝马	23.66
广汽丰田	20.44
长安福特	12.74
神龙公司	9.86

而在市场竞争中"失血"最多的是长安福特，该公司在 2018 年 1 月至 2019 年 6 月仅售出 12.74 万辆 SUV，虽然不是销量最少的企业，但它却是 SUV 销量下降幅度最大的厂商。在 2017 年，该公司 SUV 的总销量还能达到 23.1 万辆。

展望下一阶段市场竞争前景，我们观察到，在美系、韩系等厂商已经基本导入其外方母公司现有全部 SUV 车型的情况下，德系和日系厂商仍有一些"牌"没有打出来。

德系厂商中，南北大众将会继续扩充其产品线，并导入纯电动和插电式混合动力版本的 SUV 车型，以应对国内越发严苛的油耗和双积分法规要求。日系厂商中，丰田和本田在华合资企业中，仍有 1~2 个细分市场有待新产品的覆盖。

预计在 2020~2021 年，随着各跨国公司向其在华合资公司导入 SUV 新车型的计划基本实施完毕，合资公司之间的竞争将会以日系诸公司与南北大众的竞争为主体展开。

第二章　中国品牌汽车企业

第一节　概述

自2014年以来，本土汽车厂商作为一个整体，得益于国内SUV市场容量的快速扩大，其销量在历年均取得快速提高，进而推动了中国品牌汽车厂商在乘用车整体市场上的占有率，这种局面一直延续到2017年，在2018年时发生了重大转变，可能是不可逆的变化。

根据中国汽车工业协会的统计，2014年全年，中国品牌汽车企业的乘用车总销量为901.96万辆，占乘用车市场总量的38.4%。2017年，中国品牌汽车企业的乘用车全年总销量为1084.7万辆，占乘用车市场的份额增加到43.9%（见图2-1）。

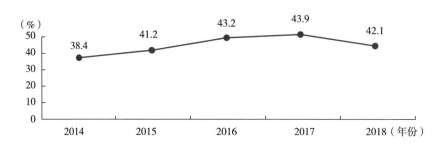

图2-1　中国品牌乘用车市场份额变化

注：本章节涉及的汽车产销量数据，如无特别注明，均来自中国汽车工业协会。

资料来源：中国汽车工业协会。

2017年全年，中国品牌汽车企业SUV当年总销量为621.7万辆，占当年SUV市场总量的60.6%，较之前1年增加2.4个百分点。SUV销量占当年中国品牌汽车企业乘用车总销量的 57.32%，这一数值与合资厂商 SUV 仅占总量 29.14% 的比例形成鲜明反差。

但正如上一章分析的那样，随着合资汽车企业纷纷加大在 SUV 市场的资源投入力度，自主品牌 SUV 在市场竞争中逐渐呈现出一定颓势。这一点在 2018 年上半年就已初步显现，在下半年则更加明显。

2018 年上半年的 SUV 市场，对于中国品牌汽车企业来说，还是非常美好的。2018 年 1~6 月，中国品牌汽车企业乘用车总销量为 510.9 万辆，同比增长 3.4%。其中，SUV 的当期销量为 299.4 万辆，实现同比增长 10.9%；在乘用车市场总体只增长 3.2% 的大背景下，这一数据显得尤为突出。

在一片利好声中，有一个信号被忽略掉了：中国品牌 SUV 的总体市场占有率虽然较 2017 年同期增加了 0.7 个百分点，但较 2017 年全年减少了 0.3 个百分点。

随着市场大环境在 2018 年下半年快速转冷，中国品牌乘用车的销量和市场占有率都出现了快速下降。截至 2018 年底，中国品牌 SUV 全年实现 580 万辆的销量，市场占有率跌至 58%（见图 2-2），相当于 2016 年的水平。

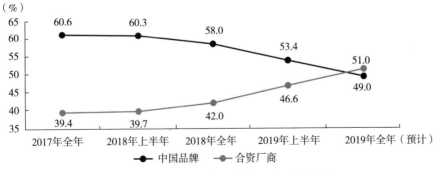

图 2-2　SUV 市场占有率变化（分厂商类别）

这种变化意味着，2016~2018 年 SUV 市场总体销量增量部分（约 103 万辆）基本全部被合资品牌厂商吃掉。

进入 2019 年后，这种增长的势头进一步加强。1~6 月，中国品牌汽车企业乘用车总销量为 399.8 万辆，占乘用车市场总量的 29.5%。其中，中国品牌汽车企业 SUV 当期销量为 229.5 万辆，市场份额较 2018 年同期急剧减少 6.9 个百分点，跌至 53.4%。

按照这个势头发展下去，预计合资厂商 SUV 的销量和市场占有率将在 2019 年下半年实现对中国品牌 SUV 的反超。

本章后续章节将通过梳理各主要中国品牌汽车厂商产品投放的过程，逐一分析 SUV 车型对厂商的影响，剖析中国品牌 SUV 从 2018 年开始市场走弱的原因。

通过本章节的梳理，我们可以明显地看出，虽然得益于合资厂商初期不重视 SUV 的发展而实现了在这一细分市场的快速增长，但也正是这种避实就虚的策略，使得大多数中国品牌汽车企业自身实力并未实现有效的提高。因而，随着越来越多合资汽车厂商将新车型的导入重心加速转向 SUV 市场，开始和本土企业竞争后，许多企业无力抵抗；而受宏观经济大环境影响，国内消费能力有所下降，又导致"价格战"这一武器失去了之前的效果。

第二节　六大企业集团

上海汽车集团股份有限公司（以下简称上汽集团）、东风汽车集团有限公司（以下简称东风汽车）、中国第一汽车集团有限公司（以下简称中国一汽）、北京汽车集团有限公司（以下简称北汽集团）、广州汽车集团股份有限公司（以下简称广汽集团）和中国长安汽车集团股份有限公司（以下简称中国长安）是我国产销量排名前六的大型国有骨干汽车企业。

2018 年，这 6 家公司合计销售整车 2095 万辆，是行业发展的压舱石。6 家公司均有自己的中国品牌乘用车业务，虽然目前都不是各自产业版图中产销规模最大的板块，但考虑到它们的品牌、技术和资金优势，这几家公司的中国品牌乘用车业务的发展将会是中国品牌乘用车企业的重中之重。

本节我们将逐一梳理这 6 家公司现有的中国品牌乘用车业务，了解其产品体系，以及 SUV 车型对每个厂商的影响。

通过本章节的梳理，我们可以很明显地看出，单就产销规模而言，越早将公司资源尽可能多地投入 SUV 市场的企业，其市场表现越好；但进入 2018 年以来，在市场下滑的情况下，企业面临的压力也越大。

此外，与各自所处集团的外资合资汽车企业相比，六大集团的中国汽车品牌业务板块的突出特点是，从 2017 年起，陆续将新能源汽车战略与 SUV 发展战略合并，将下一阶段的车型开发重点放在纯电动或插电混动 SUV 这一类产品上。

一、上汽乘用车

上海汽车集团股份有限公司乘用车分公司（以下简称上汽乘用车）成立于2007年，是上汽集团依法注册并拥有营业执照的分支机构，主要承担上汽集团自主品牌产品的研发、制造和销售业务。该公司目前拥有荣威、MG名爵两大品牌，在我国上海、南京和英国设有3个技术研发中心。

就产销规模而言，上汽乘用车在上汽集团整车业务板块中并不是最大的，但在2018年，该公司却是其中唯一取得大规模增长的。数据显示，上汽乘用车2018年全年销量为70.2万辆，同比增长34.5%。该公司为上汽集团带来了18万辆的销售增量，支撑着后者在2018年逆势实现1.75%的增长。

经过十多年的辛勤耕耘，上汽乘用车从无到有打造了荣威和名爵两个品牌，建立了与国际汽车技术发展趋势相同步的、覆盖主流乘用车领域中级车、中高级车及新能源汽车各个细分市场的宽系列产品线布局。2017~2019年，该公司主销车型为SUV。

1. 市场表现

2005年1月至2017年12月，共销售轿车73.07万辆，SUV销量为55.4万辆，后者销量为前者的75.8%。分产品类别看，在2018年之前该公司的SUV销量虽然不及轿车，但也已经是该公司销量支柱之一。

进入2018年后，上汽乘用车的产品结构发生了根本性变化，在RX5等多款SUV热销的推动下，该公司SUV车型销量实现了对轿车的反超（见表2-1）。

表2-1 上汽乘用车轿车与SUV销量变化（2018年1月至2019年6月）

时间	轿车（辆）	SUV（辆）
2018年1月	23467	49569
2018年2月	17802	29164
2018年3月	23592	38244
2018年4月	24950	38965
2018年5月	25269	33338
2018年6月	26015	30258
2018年7月	21537	26573
2018年8月	21300	24015

时间	轿车（辆）	SUV（辆）
2018 年 9 月	19571	32435
2018 年 10 月	4718	40870
2018 年 11 月	28833	28220
2018 年 12 月	35999	33748
2019 年 1 月	32088	27915
2019 年 2 月	23096	16909
2019 年 3 月	27744	22261
2019 年 4 月	30223	26382
2019 年 5 月	27568	27437
2019 年 6 月	24128	25922
合计	437900	552225

由表 2-1 可知，2018 年 1 月至 2019 年 6 月，上汽乘用车共销售轿车 43.79 万辆，同期 SUV 累计销量为 55.22 万辆，后者销量是前者的 1.26 倍。在本轮车市寒潮中，是 SUV 帮助上汽乘用车提升了整体销量与市场占有率，有效地改善了该公司的产品和销售结构，增强了该公司抵御市场大环境变化的能力。

2. 产品体系与新产品投放计划

上汽乘用车第一款 SUV 车型是源自韩国双龙技术的荣威 W5，于 2011 年上市，但由于竞争力不足，销量一直非常惨淡。该公司第一款真正上量的 SUV 车型是 2015 年推出的名爵 GS 锐腾；2016 年 7 月上市的荣威 RX5 成为爆款，上市第 3 个月销量就突破 1 万辆。

目前，上汽乘用车荣威品牌旗下车型包括轿车、SUV 等燃油车，以及多款新能源乘用车。其 SUV 产品包括荣威 RX8、荣威 RX5 MAX、荣威 RX5、荣威 RX3等，轿车产品则有荣威 i6 Plus、荣威 i5、荣威 i5 GL、荣威 360 Plus 等；在新能源汽车领域，该公司生产有荣威 MARVEL X、荣威 ERX5、荣威 eRX5 等 SUV，以及荣威 Ei5、荣威 ei6 Plus、荣威 e950 等轿车车型。

与荣威相比，MG 名爵旗下车型数量相对较小，有名爵 HS、名爵 GS、名爵 ZS 三款 SUV，以及名爵 6 20T 轿车。

2019 年上半年，上汽乘用车向市场投放了定位在大型 SUV 这一细分市场的荣威 RX8，与之前上市的小型 SUV（荣威 RX3）和紧凑型 SUV（荣威 RX5）一起构建起相对完整的产品系列。根据公开信息推断，上汽乘用车今后两年内将不会在 SUV 领域推出全新车型，而是完善现有产品结构，对已有车型进行换代，增强其竞争力。

3. 产能情况

在生产制造领域，上汽乘用车形成了以平台化为基础的我国上海临港、南京浦口、河南郑州、福建宁德和泰国春武里府五个各具特色的生产基地，现有年生产能力达到 60 万辆。

其中，上海临港制造基地是该公司第一个生产基地，占地面积 121 万平方米，在规划之初就秉承"四化一高"（精益化、敏捷化、柔性化、模块化和高质量）的原则，硬件设施方面达到了合资企业的水平，完整地涵盖了冲压、车身、油漆、总装、发动机车间五大工艺。该基地产能为 20 万辆，主要生产上汽乘用车旗下的 A0、B 级车型，如荣威 E50、荣威 950、MG GT 等，以及荣威 RX 系列 SUV，如 RX5。

南京浦口基地占地面积 82 万平方米，拥有全球最大、产品最为丰富的单体动力总成厂、全国唯一一座无人焊装厂，该基地当前产能为 20 万辆，可扩产至 45 万辆，主要生产荣威品牌的 A 级轿车和 SUV，如荣威 360、荣威 RX5 等。

河南郑州基地占地总面积 1401 亩，目前已建设完成的一期工程，具备 12 万辆产能。基地计划在 2020 年全部建成，届时形成年产 60 万台整车、30 万台发动机的生产能力。该基地计划主要生产荣威 RX 系列 SUV 车型，如 RX3 等。

福建宁德基地规划面积 2200 亩，设计产能是 24 万辆，将主要用于荣威、名爵品牌新能源车型的生产。

泰国春武里府基地占地面积 70 万平方米，将成为上汽立足泰国、辐射东盟、面向全球的右舵车制造基地。

根据上汽乘用车发展规划，该公司将在 2019~2020 年两年冲击年产销 100 万辆的目标。为实现这一目标，估计到 2020 年底，该公司 SUV 车型的年产销量也将超过 50 万辆。

二、东风风神

东风汽车集团股份有限公司乘用车公司（以下简称东风风神）总部位于武汉经济技术开发区，该公司成立于 2009 年 6 月，是东风汽车全资组建的集制造、销售东风中国品牌乘用车的事业单元，在东风自主品牌事业中居于核心地位。

成立之初，东风风神采用了与当时国内各主要自主品牌厂商不一样的技术发展路径。它没有采用上汽集团直接购买罗孚品牌技术和一汽共享马自达汽车技术直接引进成熟的技术平台，实现自主项目的快速切入的发展模式；其发展路径与当时奇瑞汽车、比亚迪汽车和吉利汽车采用"消化吸收再创新"模式，即通过逆向工程，从外形到发动机全面模仿成熟的外资品牌车型的方式也不一样。

东风风神吸收东风各合资公司的技术基础，完全按照汽车产业一般的汽车研发路径，严格按照步骤进行产品造型设计、产品工程设计和生产制造，于 2009 年推出第一款车型东风风神 S30，这是一款 A 级轿车。

经过 10 多年的发展，东风风神实现了 SUV、轿车、新能源汽车三线并进的产品布局。2018~2019 年，该公司主销车型为 SUV。

1. 市场表现

2009 年 7 月至 2017 年 12 月，东风风神共销售轿车 40.29 万辆、SUV 24.64 万辆，后者销量为前者的 61.16%。分产品类别看，虽然该公司在 2018 年之前的车型重心集中在轿车领域，但 SUV 销量占到总销量的 1/3，是该公司重要的销量来源之一。

自 2018 年开始的汽车市场消费下滑，给许多汽车厂商造成了巨大的冲击，东风风神也深受其害。

统计数据表明，进入 2018 年后，该公司的产品结构有了较大变化，SUV 取代轿车成为该公司的支柱。2018 年 1 月至 2019 年 6 月，共销售轿车 2.77 万辆，同期 SUV 累计销量为 8.13 万辆（见表 2-2），后者销量是前者的 2.93 倍。

表 2-2　东风风神轿车与 SUV 销量变化（2018 年 1 月至 2019 年 6 月）

时间	轿车（辆）	SUV（辆）
2018 年 1 月	4694	11894
2018 年 2 月	2611	4715
2018 年 3 月	4354	6116
2018 年 4 月	1541	3847
2018 年 5 月	1408	2715
2018 年 6 月	2087	2630
2018 年 7 月	2103	3039
2018 年 8 月	2496	2353

时间	轿车（辆）	SUV（辆）
2018 年 9 月	3991	4052
2018 年 10 月	121	4542
2018 年 11 月	396	6314
2018 年 12 月	525	6924
2019 年 1 月	337	6874
2019 年 2 月	120	3265
2019 年 3 月	187	4245
2019 年 4 月	294	2466
2019 年 5 月	253	1894
2019 年 6 月	206	3422
合计	27724	81307

对细分车型的数据统计显示，2018 年以来，东风风神主要依靠最早上市的 AX7 及其衍生车型支撑起 SUV 的销量。

2. 产品体系与新产品投放计划

东风风神最初推出的 3 款新车均为轿车，其第一款 SUV 是在 2014 年 10 月发布的风神 AX7，这是一款紧凑型 SUV，上市之后的表现尚可，截至 2019 年 6 月，累计销量已突破 20 万辆。

此后，东风风神又于 2015 年底投放了小型 SUV 风神 AX3，这款车的销量并未达到预期，月销量长期不足 1000 辆。此后，该公司于 2017 年 2 月和 8 月先后上市了两款紧凑型 SUV 风神 AX5、AX4，但市场反响也都是平平。

截至 2019 年 6 月，东风风神旗下共有东风风神 2020 款 AX7、经典 AX7、AX3、AX5、AX4 等 SUV 车型，以及风神 L60、A60 和东风 A9 等轿车车型，并投产了新能源车型东风风神 E70 等。

为改变不利的竞争局面，东风风神陆续推出 7 款全新车，其中 5 款为 SUV 产品。其中，该公司计划在 2019 年投放 4 款新车型，包括 2 款紧凑型轿车、2 款紧凑型 SUV；2020 年将投放 1 款跨界 SUV、1 款 C 级（紧凑型）SUV 以及 1 款 B 级 SUV。

3. 产能情况

东风自主品牌乘用车的生产基地位于武汉，占地 1200 亩，一次性规划，分两期实施。投资 18.3 亿元的一期工程一阶段建设于 2009 年上半年完成，建有冲压、焊装、涂装、总装四大车间，具备年 8 万辆生产能力；二期工程目标产能 24 万辆，含四大工艺和发动机工厂，于 2011 年建成投产。

此后，东风乘用车两度扩产。一次是在 2013 年底投资兴建新能源汽车工厂，工厂规划占地 400 余亩，主要用于东风风神旗下的新能源汽车及传统汽车的混合生产，该工厂的规划产能为 8 万辆。

2018 年 12 月，东风乘用车投资约 98.5 亿元在武汉扩建 30 万辆整车产能，将可用于轿车、SUV、新能源产品生产；通过东风风神的产品规划推测，新工厂将以生产紧凑型 SUV 为主。

根据东风风神的产品规划，到 2020 年底，该公司 SUV 车型的年产销量预计将达到 8 万辆。

三、一汽轿车

一汽轿车股份有限公司（以下简称一汽轿车），是一汽集团发展中国品牌乘用车业务的基础平台。一汽轿车成立于 1997 年 6 月，是中国轿车制造业第一家股份制上市公司。

经过 20 多年的发展，一汽轿车从最初产销红旗系列轿车，发展到研发销售"奔腾"系列产品，国产化马自达系列产品，并具备研产供销全价值链管理能力。

2018 年 10 月，一汽轿车在腾冲发布了全新品牌战略，计划利用 3~5 年时间，年产销达到百万辆，进入自主品牌第一阵营；并将奔腾品牌的定位，从之前的"大众、主流、乘用车品牌"，调整为"物联网汽车的创新者"。2018~2019 年，该公司主销车型为 SUV。

1. 市场表现

2005 年 1 月至 2017 年 12 月，一汽轿车共产销轿车 198.91 万辆，SUV 累计销量为 57.9 万辆，后者销量约为前者的 29.11%。总体上，一汽轿车在 2018 年销售车辆的重心在轿车领域，但 SUV 已经是该公司重要的销量来源之一。

在汽车消费从 2018 年开始转冷后，一汽轿车的产品结构有了较大变化。2018 年 1 月至 2019 年 6 月，一汽轿车共销售轿车 8.8 万辆、SUV20.5 万辆（见表 2-3），后者销量是前者的 2.33 倍。

表 2-3 一汽轿车公司轿车与 SUV 销量变化（2018 年 1 月至 2019 年 6 月）

时间	轿车（辆）	SUV（辆）
2018 年 1 月	8900	15109
2018 年 2 月	5207	8474
2018 年 3 月	6054	15153
2018 年 4 月	6185	13352
2018 年 5 月	6677	9187
2018 年 6 月	6235	10097
2018 年 7 月	3795	5751
2018 年 8 月	4841	9426
2018 年 9 月	4686	10754
2018 年 10 月	4219	9088
2018 年 11 月	3421	12194
2018 年 12 月	6551	17228
2019 年 1 月	1059	14045
2019 年 2 月	1501	6229
2019 年 3 月	3164	12973
2019 年 4 月	3448	10383
2019 年 5 月	3939	12584
2019 年 6 月	8100	13078
合计	87982	205105

从表 2-3 中可以看出，在该公司轿车销量持续低迷的情况下，是 SUV 的销量支撑了整个公司的终端表现。细分车型的数据显示，该公司几乎全部 SUV 销量均来自奔腾 T77、奔腾 X40 和马自达 CX-4 这三款 SUV。

2. 产品体系与新产品投放计划

截至 2019 年 6 月底，一汽轿车现有一汽奔腾、一汽马自达两个品牌的乘用车产品系列。前者是该公司自主研发的产物，后者为日本马自达公司授权许可生产。

按照一汽轿车 2018 年发布的新战略，奔腾品牌后续车型将以 SUV 为主，目前该公司在售有奔腾 X80 和奔腾 X40、奔腾 T77 三款 SUV 产品。一汽马自达目前在售马自达 6 阿特兹、CX-4 两款产品，其中马自达 6 阿特兹的月销量寥寥无几。

公开信息显示，一汽轿车在 2019 年将投放两款全新车型，先上市的是小型 SUV 奔腾 T33，是新奔腾品牌 T 系列的第二款车型，传承了新奔腾"光影折学"的设计理念，定位为"全系高配物联 SUV"。后续该公司将推出大型 SUV 车型 T99，定位为"大五座智慧旗舰 SUV"。

据称，一汽轿车还将在 2020 年推出三款新品，内部代号分别为 C105、D357、D365，目前尚不确定它们的产品类型。

3. 产能情况

一汽轿车拥有 7 个整车生产车间，2 个发动机生产车间，1 个变速箱生产车间，具备整车冲压、焊装、涂装、总装四大工艺制造能力，以及动力总成相关机加、装配试验等制造能力。该公司目前具有年产 40 万辆整车的生产能力，年产 54.5 万台发动机产能及年产 15.5 万台变速箱的产能。

根据一汽轿车的产品规划，保守估计，到 2020 年底，该公司 SUV 车型的年产销量将超过 20 万辆。

四、北京汽车

北京汽车股份有限公司（以下简称北京汽车）是北汽集团负责发展中国品牌乘用车业务的子公司，其前身可追溯至成立于 1958 年的北京汽车制造厂。经过 50 多年的发展，北京汽车的主要业务涵盖乘用车研发、制造、销售与售后服务等。2009 年以来，北京汽车通过收购吸收萨博技术，发展自主乘用车业务，积累了完善的车辆制造技术、品质工艺和运营体系；目前产品覆盖轿车、SUV 和新能源汽车各大品类，拥有"绅宝""北京"两个品牌。

1. 市场表现

2012 年，北京汽车推出了首款中国品牌轿车，开始了参与国内乘用车市场竞争的征程。2012 年 1 月至 2017 年 12 月，共销售轿车 44.12 万辆，SUV 销量为 40.13 万辆，后者销量为前者的 90.96%。分产品类别看，虽然该公司 SUV 车型在 2018 年之前的销量还不如轿车的多，但相差不大，SUV 当时已经是该公司主要的销量来源之一。

和上文提及的东风风神、一汽轿车相仿，进入 2018 年后，北京汽车的产品结构有了较大变化，SUV 取代轿车成为其核心产品。数据统计显示，2018 年 1 月至 2019 年 6 月，北京汽车公司共销售轿车 5.32 万辆，SUV 同期累计销量为

9.85 万辆（见表2-4），后者销量为前者的1.85倍。

表 2-4 北京汽车公司轿车与 SUV 销量变化（2018 年 1 月至 2019 年 6 月）

时间	轿车（辆）	SUV（辆）
2018 年 1 月	2416	11926
2018 年 2 月	3000	8011
2018 年 3 月	3116	10522
2018 年 4 月	3419	5228
2018 年 5 月	4511	7107
2018 年 6 月	2119	7685
2018 年 7 月	2426	6511
2018 年 8 月	4131	7359
2018 年 9 月	4021	7370
2018 年 10 月	4138	6039
2018 年 11 月	11757	5135
2018 年 12 月	1727	3174
2019 年 1 月	1799	1036
2019 年 2 月	12051	474
2019 年 3 月	505	4789
2019 年 4 月	377	1275
2019 年 5 月	618	2623
2019 年 6 月	1022	2206
合计	53153	98470

虽然 SUV 成为北京汽车销量的主要驱动力量，但对该公司而言，2018 年以来的市场表现并不理想，销量出现了明显下滑。

2. 产品体系与新产品投放计划

目前，北京汽车旗下中国品牌乘用车产品有绅宝、威旺、北汽新能源、北京越野车、北汽昌河等品牌，不同品牌之间的差异并不明显，在市场竞争中并未形成合力。北汽集团从 2018 年开始整合集团旗下各品牌，预计将全部并入北京汽车企业，进行统一管理。

按 2019 年初发布的消息，北京汽车 2019 年会推出小型 SUV 绅宝 X35 和 X55，以及紧凑型 SUV 绅宝 X65 等新车。

3. 产能情况

北京汽车拥有湖南株洲、江西九江、江苏镇江等多个生产基地，总产能超过 100 万辆。

其中，湖南株洲基地始建于 2009 年，具备年产 50 万辆整车和 50 万台发动机的生产能力，是北京汽车自主品牌乘用车的首个战略基地和核心业务单元。

江西九江基地定位为北京汽车第二自主品牌、南方基地、节能环保车型战略基地和新能源汽车发展基地。该基地又可细分为景德镇和九江两处，前者具备 45 万辆整车的生产能力，后者具备 25 万辆整车产能，其中含 5 万辆新能源汽车产能。

江苏镇江基地年产能 15 万辆，于 2015 年底建成投产，主要生产 A0 级、A+ 级和 B 级的自主品牌 SUV、MPV 和轻客车型。

按照北京汽车的产品规划，如果北汽集团将北汽新能源也并入该公司，预计到 2020 年，该公司将实现年产销 12 万~15 万辆 SUV 的目标。

五、广汽传祺

广州汽车集团乘用车有限公司（以下简称广汽传祺）是广州汽车集团股份有限公司设立的全资子公司，成立于 2008 年 7 月，主要致力于生产销售具有国际先进水平的"传祺"品牌整车。

广汽传祺构建了以广汽集团全球研发网为依托，面向市场，安全、品质、成本先导，创新驱动的研发生产体系。通过吸取合作伙伴日本丰田、本田等公司的造车与管理经验，并融合岭南文化精髓广汽传祺逐渐打造了一套工艺更先进、操作更轻松，能够实现低成本、高品质和高效率的生产方式。

围绕品牌高质量发展理念，广汽传祺主动适应国家经济发展新常态，抢抓行业发展新机遇，打造高品质产品，走出了一条"品牌引领、品质驱动，持续高质量发展"的道路。

经过 10 余年的发展，广汽传祺旗下车型已覆盖轿车（GA 系列车型）、SUV（GS 系列车型）和 MPV（GM 系列车型）等。2017 年与 2018 年连续两年年销量突破 50 万辆。

1. 市场表现

广汽传祺以轿车 GA5 开局，但其产销重点迅速从轿车转向 SUV 领域，并借助国内 SUV 市场快速扩大的潮流实现了产销量的迅速提升。2011 年 1 月至 2017 年 12 月，广汽传祺共销售轿车 19.4 万辆，SUV 销量为 119.11 万辆，后者销量为前者的 6 倍。分产品类别看，和绝大多数中国品牌企业不同，广汽传祺在 2018 年之前的车型重心集中在 SUV 领域，轿车只是其产品布局的一个有益补充。

　　进入 2018 年后，广汽传祺越发倚重 SUV，其轿车产销量进一步下滑，个别月份甚至不足 1000 辆（见表 2-5）。虽然该公司 SUV 销量较上一年有所下降，但总体仍具备一定的规模。

表 2-5　广汽传祺轿车与 SUV 销量变化（2018 年 1 月至 2019 年 6 月）

时间	轿车（辆）	SUV（辆）
2018 年 1 月	4248	54612
2018 年 2 月	2302	30723
2018 年 3 月	8703	43072
2018 年 4 月	9238	32686
2018 年 5 月	8994	30254
2018 年 6 月	5436	29179
2018 年 7 月	2748	33412
2018 年 8 月	2519	36336
2018 年 9 月	4270	36751
2018 年 10 月	4716	39479
2018 年 11 月	3569	37726
2018 年 12 月	2819	42289
2019 年 1 月	1002	26620
2019 年 2 月	1425	15397
2019 年 3 月	2561	26783
2019 年 4 月	1311	20193
2019 年 5 月	781	21635
2019 年 6 月	1202	33203
合计	67844	590350

2. 产品体系与新产品投放计划

截至目前，广汽传祺已推出了覆盖轿车、SUV、MPV 三大领域的传祺 GA4、GA6、GA8 等轿车，GS3、GS4、GS5、GS7、GS8 等 SUV 及 GM6、GM8 等车型。就产品分布而言，其 SUV 车型已经覆盖了从小型 SUV 到大型 SUV 的所有细分市场。

从各种公开信息看，广汽传祺在 2019~2020 年将不会投放全新的车型，而是会陆续对已有 SUV 车型进行中期改款，以增强其竞争力。

3. 产能情况

截至 2019 年 6 月底，广汽传祺分别在广州、杭州、新疆、宜昌等地设立生产基地，形成了覆盖珠三角、长三角、"长江经济带"和"一带一路"经济带的整体发展格局，覆盖全国的广汽大自主生产基地已基本完成布局。

广汽传祺第一个生产基地位于广州番禺，在此建有 4 条生产线，其生产能力从最初的 20 万辆提升至 65 万辆。

2017 年底，广汽传祺杭州生产基地建成投产，这是在原广汽吉奥工厂基础上经过产能升级改造后的生产工厂，一期产能为 20 万辆，经扩建可达 40 万辆。该工厂是该公司践行"工业 4.0"理念，全新打造的高效率、高质量、节能环保型世界级智能制造标杆工厂，具备传统燃油与新能源汽车共线生产能力。

此外，该公司在乌鲁木齐的生产基地也于 2018 年建成，一期产能为 5 万辆。

2019 年 6 月，广汽传祺宜昌工厂竣工，该工厂占地约 1400 亩，投资 35.3 亿元，产能规划为 20 万辆，将主要生产广汽传祺紧凑型车和中型车产品，并导入轿车和 SUV 等其他车型。这是该公司以行业高标准打造的，实现了生产自动化、信息数字化、管理智能化、智造生态化有机融合的一座高效率、高质量、节能环保型的世界级智能制造标杆工厂。

2018 年，广汽传祺管理层曾提出到 2020 年实现产销 100 万辆的目标，但受 2019 年销量下滑的影响，预计该目标达成难度非常大。根据现有产品规划推测，广汽传祺在 2020 年时有可能年产销 50 万辆 SUV。

六、长安汽车

重庆长安汽车股份有限公司（以下简称长安汽车）是隶属于中国长安的大型国有汽车企业。长安汽车前身可追溯至 1862 年成立的上海洋炮局，迄今已有 157 年历史。

该公司在 20 世纪 80 年代开始制造交叉型乘用车，随后逐渐进入轿车领域。到 2019 年，长安汽车已形成微车、轿车、客车、卡车、SUV、MPV 等低中高档、宽系列、多品种的产品谱系，拥有排量从 0.8L 到 2.5L 的发动机平台。截至 2018 年 7 月，长安系中国品牌汽车的累计用户数突破 1700 万。

1. 市场表现

以交叉型乘用车起家的长安汽车，到 2006 年时推出了自己的首款轿车"奔奔"，这是一款 A00 级小车；2012 年，长安汽车量产了自己的首款 SUV 长安 CS35，后续又推出多款 SUV，覆盖从小型 SUV 到中大型 SUV 的多个细分市场。从 2015 年起，长安汽车的产销重心逐渐转向 SUV 领域。

2005 年 1 月至 2017 年 12 月，长安汽车共销售轿车 233.62 万辆，SUV 销量为 177.86 万辆，后者销量为前者的 76.13%。分产品类别看，SUV 和轿车一样，在 2018 年之前就是长安汽车的主要销量来源。

在汽车消费从 2018 年开始转冷后，长安汽车的产品结构有了较大变化。2018 年 1 月至 2019 年 6 月，共销售轿车 27.16 万辆，SUV 累计销量为 82.16 万辆（见表 2-6），后者销量是前者的 3 倍有余。

表 2-6 长安汽车的轿车与 SUV 销量变化（2018 年 1 月至 2019 年 6 月）

时间	轿车（辆）	SUV（辆）
2018 年 1 月	16905	85047
2018 年 2 月	12257	50159
2018 年 3 月	28348	70508
2018 年 4 月	16690	46952
2018 年 5 月	13933	38586
2018 年 6 月	13690	40297
2018 年 7 月	13369	29935
2018 年 8 月	12871	27891
2018 年 9 月	21813	45330
2018 年 10 月	17960	47233
2018 年 11 月	12948	46670
2018 年 12 月	10273	34339
2019 年 1 月	11182	58761
2019 年 2 月	11876	42272
2019 年 3 月	16864	59900

时间	轿车（辆）	SUV（辆）
2019 年 4 月	8189	27521
2019 年 5 月	12622	28317
2019 年 6 月	19846	41876
合计	271636	821594

虽然和轿车相比，SUV 贡献了长安汽车近两年的大部分销量，但值得注意的是，该公司 SUV 的月度销量已经较 2018 年前有了大幅度滑落，反倒是轿车的销量一直保持在万辆规模，相对稳定。

2. 产品体系与新产品投放计划

截至 2019 年，长安汽车旗下共有 9 款 SUV 车型，分别是长安 CS515、长安 CS15EV、长安 CS35、长安 CS35 PLUS、长安 CS55、长安 CS75、长安 CS75 PHEV、长安 CS85 COUPE 和长安 CS95，产品线从小型 SUV、紧凑型 SUV 到中型 SUV 和中大型 SUV。

2017 年 10 月，长安汽车发布了全新新能源汽车战略——"香格里拉计划"，宣布在整个新能源汽车领域投资 1000 亿元，在动力电池方面的投入为 300 亿元，共享、充电设施与服务领域投资 200 亿元，新能源专有平台方面投入 100 亿元，新能源产品研发投入 400 亿元。而在产品方面，长安将推出 21 款全新纯电动汽车和 12 款插电式混合动力车型。为此，该公司决定投资 47.9 亿元在南京兴建新工厂。

3. 产能情况

长安汽车在国内有重庆、北京、合肥、南京等多个生产基地。其中，重庆、北京、合肥三大工厂为乘用车生产基地，目前产能超过 90 万辆，其余基地则负责由 MPV 和微车组成的长安商用车系的生产工作。

其中，重庆最早的渝北工厂产能最大为 28 万辆；2015 年，在两江新区鱼嘴的新工厂，年产能为 24 万辆，最大生产能力可达到 36 万辆。此外，长安汽车北京工厂的产能在 2015 年达到 20 万辆；其合肥工厂设计产能为 15 万辆，可扩展至 25 万辆。

2018 年，长安汽车宣布投资 47.9 亿元在南京建造新能源整车制造基地，该基地总年产能为 24 万辆，其中一期设计产能为 12 万辆/年。根据规划，长安汽车在该基地投产全新纯电动平台，基于该平台将推出轿车、SUV、MPV 等多种类型产品。

根据长安汽车产品规划，预计到 2020 年，该公司 SUV 产销将达到 65 万 ~70 万辆的水平。

第三节　部分主流汽车企业的变化

一、长城汽车

长城汽车股份有限公司（以下简称长城汽车）成立于 1984 年，是目前国内最大的 SUV 生产企业和最大的皮卡生产企业。长城汽车坚持以"专注、专业、专家"的理念和高度的聚焦打造其在所处品类的品牌优势，并以领先的销量和更多的明星车型来成就专家品牌形象，目标是成为所在品类市场的领导者品牌。

经过 35 年的发展，长城汽车现已拥有国际一流的研发设备和体系，具备 SUV、轿车、皮卡三大系列以及动力总成的开发设计能力，并先后在日本、美国、德国、印度、奥地利和韩国设立海外研发中心，同时构建以保定总部为核心，涵盖欧洲、亚洲、北美等地区的全球研发布局。

长城汽车旗下产品拥有自主的核心技术和超高的性价比，并形成了大中小、高中低多规格、多品种的产品体系，拥有"哈弗""WEY""欧拉"3 个乘用车品牌。其中哈弗品牌定位为"中国 SUV 全球领导者"，欧拉品牌定位为"新一代电动小车"，WEY 品牌定位是"中国豪华 SUV 领导者"。此外，长城皮卡品牌定位是"中国皮卡领导者"。

截至 2019 年 6 月，哈弗 SUV 全球累计销量突破 500 万辆，是中国首个进入"500 万辆俱乐部"的专业 SUV 品牌。

1. 市场表现

长城汽车依靠 SUV 业务起家，曾于 2008 年进入轿车市场，后续推出"腾翼"这一轿车专属品牌。2013 年，该公司独立出专注于 SUV 市场的哈弗品牌，并于 2014 年宣布暂停轿车业务而专注于 SUV 领域。有鉴于此，本节不再讨论该公司在轿车领域的市场表现。

在集中全部资源发展 SUV 后，从 2013 年开始，长城汽车 SUV 的销量稳步上升，并于 2016 年达到峰值，此后两年销量均略有下降，但该公司还是成功地在 2016~2018 年连续 3 年产销突破 100 万辆。2018 年，在大环境变差的情况下，长城汽车仍然是国内 SUV 产销量最大的厂家，全年销量约 105.3 万辆（见表 2-7），市场份额达到 9.1%。

表 2-7　2018 年长城汽车各车型销量

品类	车型	销量（辆）
哈弗	哈弗 H1	5938
	哈弗 H2	106120
	哈弗 H4	43017
	哈弗 H5	7705
	哈弗 H6	452552
	哈弗 H7	21391
	哈弗 H9	14635
	哈弗 M6	73018
	哈弗 F5	23463
	哈弗 F7	17107
	小计	766062
WEY	VV5	62968
	VV6	18460
	VV7	54671
	P8	3387
	小计	139486
皮卡	风骏	138000
欧拉	欧拉 iQ	3515
合计		1053039

从表 2-7 中可以看出，长城汽车在哈弗品牌旗下搭建了非常完整的产品线。但是哈弗品牌的销量过于依赖哈弗 H6 系列车型，其他车型中除 H2 外没有一款年销量超过 10 万辆的，这是长城汽车需要特别注意的。

2. 产品体系与新产品投放计划

哈弗品牌于 2013 年从车型名称升级为产品品牌，经过长期的经营，它已拥有较大的品牌影响力和号召力，是该公司最核心的优质资产。2016 年，长城汽车发布了定位于豪华车市场的全新 SUV 品牌 WEY，是希望依靠该公司在 SUV 市场的经验，冲击高端乘用车市场。2018 年，随着国家发展新能源汽车的政策导向越发明确，长城汽车发布了专注于纯电动汽车市场的欧拉，主打纯电动小型车。

回顾 2018 年长城汽车的发展策略，该公司为巩固哈弗品牌在大众型 SUV 市场的领导者地位，先后推出了 F 系列和 M 系列产品。从产品的定位看，目前 H 系列车型强调的是实用、均衡，F 系列主打年轻化和智能化，M 系列则定位于低端市场。

在推动燃油车销量的同时，长城汽车推出了专门的欧拉品牌参与新能源汽车市场的竞争。欧拉品牌定位为"全球精品小车"，是基于全新纯电动专属平台打造的车型。按规划，欧拉品牌分为 R 系列和 iQ 系列两大类。其中，R 系列定位为私人领域单品爆款，目标群体是都市新青年；iQ 系列的定位则是满足市场多元化出行需求。

3. 产能情况

通过整理企业现有产能数据及其公布的扩产计划，可以推测出长城汽车 SUV 可能的产销规模。

长城汽车已建成的生产基地布局在河北徐水、保定、天津和重庆永川，目前正在建设的生产基地还有江苏张家港、山东日照、浙江平湖和江苏泰州 4 处。

其中，保定是长城汽车最早的生产基地，拥有皮卡、SUV、轿车 3 个工厂，产能达到 40 万辆。天津基地建设始于 2009 年，一期、二期总占地面积为 1582.26 亩，总体产能达到 50 万辆。目前生产车型包括哈弗 H6、哈弗 H2 等。

徐水工厂总投资超过 300 亿元，规划年产 100 万辆整车。一期工程定位为长城汽车高端车型的生产基地，主要生产哈弗 H8、H9 等；二期工厂主要生产哈弗 H2、哈弗 H7；三期工厂生产哈弗 H6、WEY VV5 和哈弗 H4 等车型。

重庆永川生产基地当期投资 80 亿元，占地面积 1200 亩，建成后将具有年产 25 万辆整车的生产能力，主要生产长城炮系列皮卡、H9 等非承载式车型。

此外，正在建设中的江苏张家港项目是长城汽车和宝马集团的合资项目光束汽车工厂。公开信息显示，该项目总投资已从最初的 51 亿元增至 202 亿元，生产能力在之前的年产新能源汽车 16 万辆的基础上，新增了年产全出口燃油车 16 万辆的产能。

日照生产基地设计年产能为 30 万辆，预计 2021 年建成，届时将主要负责长城旗下高端品牌 WEY 系列产品的生产任务。平湖基地整车项目总投资约 110 亿元，总占地约 1200 亩，计划 2021 年建成投产，年产能为 10 万辆。泰州基地建设目标尚未明确，但从其 80 亿元的投资额看，预计产能在 25 万辆左右。

在海外，长城汽车还在厄瓜多尔、马来西亚、突尼斯和保加利亚等国建设了 KD 工厂。长城汽车独资兴建的俄罗斯图拉州工厂于 2019 年 6 月 5 日正式竣工投产，这是中国品牌汽车企业在海外首个具备四大工艺的整车工厂。

从长城汽车的战略规划看，预计到 2020 年，该公司 3 大品牌 SUV 车型的年销量在 120 万~135 万辆。

二、吉利汽车

浙江吉利控股集团有限公司（以下简称吉利控股）始建于 1986 年，于 1997 年进入汽车行业。经过 30 多年的发展，吉利已发展成为一家集汽车整车、动力总成、关键零部件设计、研发、生产、销售及服务于一体，并涵盖出行服务、线上科技创新、金融服务、教育、赛车运动等业务的全球性集团。

吉利控股旗下拥有吉利汽车、领克汽车、沃尔沃汽车、Polestar、宝腾汽车、路特斯汽车、伦敦电动汽车、远程新能源商用车等汽车品牌，各品牌均拥有各自的特征与明确的市场定位，相对独立又协同发展。

吉利控股已形成全球化的研发体系，在我国上海、瑞典哥德堡、西班牙巴塞罗那、美国加州、英国考文垂建有五大设计中心，在我国杭州、宁波、上海以及瑞典哥德堡、英国考文垂建有五大工程研发中心。

2018 年，吉利控股旗下各品牌在全球累计销售汽车超 215 万辆，同比增长 18.3%，四年销量翻番，实现了跨越式发展。本书主要讨论吉利控股旗下"吉利汽车"这一业务板块所属各车型的市场表现。

1. 市场表现

2005 年 1 月至 2017 年 12 月，吉利汽车共销售轿车 495.97 万辆，同期 SUV 销量为 108.53 万辆，后者为前者的 21.88%。分产品类别看，该公司在 2018 年以前生产的车型主要集中在轿车领域，但 SUV 已经是该公司重要的销量来源之一。

出现这种局面的主要原因是，该公司将产品开发重点转向 SUV 的时间较晚，该公司在 2014 年前后才将更多的资源转向 SUV。2017 年，吉利汽车的销量构成中，SUV 和轿车的销量比值已经接近 1∶1。当年，该公司轿车销量为 63.79 万辆，SUV 销量为 63.3 万辆。

从表 2-8 中可以看到，在汽车消费从 2018 年开始转冷后，吉利汽车的产品结构有了较大变化，SUV 成为该公司销量的首要贡献者。2018 年 1 月至 2019 年 6 月，共销售轿车 91.43 万辆，SUV 累计销量为 122.33 万辆，后者销量占到前者的 133.8%。

表 2-8　吉利汽车的轿车与 SUV 销量变化（2018 年 1 月至 2019 年 6 月）

时间	轿车（辆）	SUV（辆）
2018 年 1 月	65181	89908
2018 年 2 月	47100	63143
2018 年 3 月	48882	72082
2018 年 4 月	53924	74893
2018 年 5 月	51361	71707
2018 年 6 月	53997	74452
2018 年 7 月	49849	70428
2018 年 8 月	52916	72606
2018 年 9 月	53409	71020
2018 年 10 月	57514	71472
2018 年 11 月	66061	75600
2018 年 12 月	42722	50611
2019 年 1 月	68788	89605
2019 年 2 月	36960	46592
2019 年 3 月	50973	70585
2019 年 4 月	41586	58286
2019 年 5 月	37293	48852
2019 年 6 月	35752	51469
合计	914268	1223311

2. 产品体系与新产品投放计划

经过多年发展后，吉利汽车目前旗下有 11 款 SUV，包括博越、博越 PRO、远景 X1、远景 X3、远景 S1，领克 01、领克 03，以及星越、缤越、帝豪 GS 等车型，全部属于小型 SUV 和紧凑型 SUV 两个细分市场。

按计划，吉利汽车将在 2019 年推出 16 款新车，延续之前重点布局 SUV 的规划，其中的全新车型包括领克 02 PHEV、领克 03 PHEV 等插电式混合动力 SUV 车型，紧凑型 SUV FY11 及其 PHEV 版本，紧凑型纯电动 SUV 帝豪 GSe 等新车型。

3. 产能情况

据不完全统计，吉利汽车的主要产能集中在浙江省内，该公司在台州、临海、宁波北仑、宁波杭州湾、宁波春晓建有 5 个生产基地。

台州路桥基地，吉利的第一辆金刚在此下线，目前该厂生产金刚、远景 X3，产能为 30 万辆。临海基地在 2016 年经过扩建后具备年产 30 万辆整车的产能，主要生产帝豪 GL 等车型。

宁波北仑基地目前主要生产用于出口的帝豪，以及帝豪 EV。宁波春晓基地于 2011 年开始建设，年产 10 万辆，主要生产博瑞和博越。宁波杭州湾工厂 2011 年兴建，主要生产帝豪，初始产能为 22 万辆，2016 年投资 130 亿元扩建后产能规划达到 30 万辆。

此外，吉利汽车还在成都、武汉等地建有工厂。

吉利控股集团曾规划于 2020 年实现汽车年产销超 300 万辆，进入全球汽车企业前十强。作为该集团最重要的业务板块，吉利汽车势必要承担 180 万~200 万辆的销量。根据该公司的产品规划预判，到 2020 年，该公司 SUV 销量规模将达到 90 万辆，有可能突破 100 万辆。

三、奇瑞汽车

奇瑞汽车股份有限公司（以下简称奇瑞汽车）成立于 1997 年 1 月，是一家从事汽车生产的国有控股企业，总部位于安徽芜湖。公司成立 22 年来，始终坚持自主创新，逐步建立起完整的技术和产品研发体系，产品覆盖乘用车、商用车、微型车等领域。

截至 2019 年，奇瑞汽车各类车型累计销量已超过 750 万辆。其中，累计出口超过 150 万辆，产品出口海外 80 余个国家和地区，连续 16 年保持中国乘用车出口第一位。

1. 市场表现

奇瑞汽车是最早进入 SUV 这一细分市场的中国品牌企业，早在 2005 年，该公司就向市场上投放了紧凑型SUV——瑞虎。虽然略晚于长城汽车进入国内都市型SUV市场的时间，但较绝大多数国内汽车厂商都早。但此后数年中，该公司一直致力于发展轿车，而忽视了SUV市场的发展，使其未能如长城汽车一样成为SUV市场的领导企业。

2005年1月至2017年12月，奇瑞汽车共销售轿车417.24万辆，SUV销量为151.58万辆，后者销量为前者的36.33%。分产品类别看，该公司在2018年以前生产的车型重心集中在轿车领域，但SUV已经是该公司重要的销量来源之一。

和前述的多家中国品牌企业的境遇相仿，当国内汽车消费从2018年开始转冷后，奇瑞汽车的销量开始越发依赖SUV。数据显示，2018年1月至2019年6月，共销售轿车29.06万辆，SUV累计销量为48.57万辆（见表2-9），后者销量是前者的1.67倍。

表2-9　奇瑞汽车的轿车与SUV销量变化（2018年1月至2019年6月）

时间	轿车（辆）	SUV（辆）
2018年1月	12516	27452
2018年2月	10849	18083
2018年3月	16846	24941
2018年4月	16633	21607
2018年5月	17699	23812
2018年6月	14877	24090
2018年7月	13656	23685
2018年8月	13812	26243
2018年9月	16244	31125
2018年10月	17249	31840
2018年11月	18929	33159
2018年12月	21385	43123
2019年1月	19012	30361
2019年2月	12104	18841
2019年3月	15834	31645

时间	轿车（辆）	SUV（辆）
2019 年 4 月	20150	24469
2019 年 5 月	14980	24165
2019 年 6 月	17799	27071
合计	290574	485712

2. 产品体系与新产品投放计划

经过数年的发展，奇瑞汽车目前已构建起"瑞虎""星途""捷途"等子品牌 SUV 车型，在售车型包括小型 SUV 瑞虎 3，紧凑型 SUV 瑞虎 5、瑞虎 5X 和瑞虎 7，中型 SUV 瑞虎 8、星途 TXL 和捷途 X90 等。

公开信息显示，奇瑞汽车将在 2020 年推出 1 款全新 SUV 车型，其内部代号为 T1E。此外，该公司还将对目前产品序列中的瑞虎 8 和瑞虎 5X 两款车型进行升级，推出中期改款车型。

3. 产能情况

奇瑞汽车在芜湖、大连等地建有生产基地，且在巴西、伊朗、俄罗斯等国共建有 14 个生产基地，但主要以组装为主。

奇瑞在总部安徽芜湖有三大工厂，生产乘用车，具备年产 80 万辆的生产能力。其大连生产基地最初生产瑞虎 5 及 A1 两款车型，其中 A1 车型以出口为主，该基地规划产能是 20 万辆，目前产能为 10 万辆。

按照奇瑞汽车的产品规划，预计到 2020 年，该公司 SUV 销量约为 35 万辆。

四、江淮汽车

安徽江淮汽车集团股份有限公司（以下简称江淮汽车）是一家集全系列商用车、乘用车及动力总成于一体的综合型汽车企业集团。公司现有主导产品包括重、中、轻、微型卡车，多功能商用车、MPV、SUV、轿车、客车以及专用底盘、变速箱、发动机、车桥等核心零部件。

江淮汽车最初的业务是产销汽车底盘，后来，该公司先后进入 MPV 及商用车领域，并于 2008 年转型进入乘用车行业。该公司是国内最早将乘用车领域发展重点调整到 SUV 这一细分市场的企业之一。

江淮汽车最初发布的乘用车车型为轿车，市场接受程度不高。于是从 2011

年起，该公司调整了产品结构，停产了原先主打的 B 级轿车，快速转向生产 SUV，顺利进入了当时还是蓝海市场的 A0 级 SUV 市场。

此外，江淮汽车从 2002 年便开始着手研制新能源汽车，并于 2016 年开始正式进入新能源汽车领域，目前与德国大众汽车集团建有合资企业。

1. 市场表现

江淮汽车是最早从 SUV 消费热潮中获益的厂商之一。2011 年，该公司就明确提出要将 SUV 作为发展重点进行布局。此后，随着多款"爆款"车型的上市，其 SUV 销量曾快速提高。2014 年，江淮汽车的 SUV 销量达 7.2 万辆，2015 年增加到 25.33 万辆。这种高速增长得益于该公司两款小型 SUV——瑞风 S3 和瑞风 S2 的热销。瑞风 S3 一度成为 2015 年小型 SUV 市场的销售冠军，在 2016 年的单年销量更是达到 19.79 万辆。

2012 年 1 月至 2016 年 12 月，江淮汽车共销售轿车 36.5 万辆，同期 SUV 销量为 62.37 万辆，后者销量为前者的 1.70 倍。分产品类别看，自从该公司于 2011 年做出重点发展 SUV 的战略调整后，SUV 快速取代轿车成为江淮汽车的销量支柱。

2016 年，江淮汽车 SUV 车型销量合计为 24.67 万辆，较前一年略有下降，危机已经隐隐出现。2017 年，江淮汽车在乘用车市场的发展态势掉头向下。受产品老化、行业竞争激烈等因素的影响，江淮汽车当年 SUV 销量"腰斩"。上一年的绝对主力瑞风 S3 销量仅为 5.35 万辆，降幅达到 73%；另一主力车型瑞风 S2 销量也只有 2.46 万辆，同比下降 48.7%。两款车型销售转冷直接导致该公司当年 SUV 总体销量只有 12.13 万辆，较前一年减少 55.96%。

在汽车消费从 2018 年开始转冷后，江淮汽车的燃油车销售越发低迷，和悦系列轿车的月销量长期不足千辆，而纯电动轿车的销量尚可。

2. 产品体系与新产品投放计划

目前，江淮汽车在售的搭载汽油发动机的 SUV 包括 3 款小型 SUV 瑞风 S2、S3、S4，两款紧凑型 SUV 瑞风 S5、S7，以及纯电动版本的瑞风 iEV4、Iev6S 等。

公开信息显示，江淮汽车下一步的发展重点将转向新能源汽车，在电动化平台基础上开发下一代的轿车、SUV 产品。据悉，该公司计划在两年内推出 6 款新产品，囊括小型到中大型 SUV 和轿车产品。为此，该公司自主开发了全新模块化平台 JE-GS，能覆盖从 A0 级到 B 级 SUV、轿车和 MPV 等不同车身形式，同步匹配搭载纯电动、燃油车及混合动力等多种动力。

3. 产能情况

根据江淮汽车在上市公司年报中披露的信息，该公司现有乘用车生产工厂 4 家，产能合计为 45 万辆。其中，乘用车一厂的产能为 6 万辆，二厂产能为 12 万辆，三厂总投资近 30 亿元，主要用于生产江淮汽车全新的第二代乘用车产品，产能为 24 万辆；四厂的设计产能为 10 万辆，目前具备年产 3 万辆 SUV 等车型的能力，是为蔚来汽车代工生产电动汽车的工厂。

从江淮汽车的产品规划来看，如果该公司不能重现像 2015～2016 年瑞风 S3 那样的爆款车型，乐观预计到 2020 年，该公司 SUV 车型销量能达到 6 万～8 万辆。

五、比亚迪汽车

比亚迪股份有限公司（以下简称比亚迪）最初是电池生产企业，于 2003 年 1 月收购秦川汽车，进军汽车行业，确立了燃油汽车、电动汽车和混合动力汽车三个发展业务。经过 10 余年的发展，比亚迪目前旗下有两家拥有汽车生产资质的企业：比亚迪汽车有限公司和比亚迪汽车工业有限公司。

从产品开发思路看，比亚迪以轿车起步，依靠 SUV 上量，随后快速进入新能源汽车市场。从动力类型看，该公司的新能源汽车车型产量已超过燃油车产量，其产品覆盖了价格区间为 6 万～33 万元，A0 级到 B 级轿车、SUV 的细分市场。依靠着新能源汽车销量的快速增加，比亚迪在 2018 年实现销量逆势增长，较前一年增加 22.5%。

1. 市场表现

2005 年 1 月至 2017 年 12 月，比亚迪共销售轿车 352.76 万辆，SUV 销量为 90.86 万辆，后者为前者的 25.76%。分产品类别看，该公司在 2018 年以前生产的车型重心集中在轿车领域，但 SUV 已经是该公司重要的销量来源之一。

随着比亚迪在新能源汽车领域的深入发展，该公司投放了多款纯电驱动或插电混动的 SUV 车型，这些车型带动着比亚迪销量增长的同时，也改变了它的产品结构。2018 年 1 月至 2019 年 6 月，比亚迪共销售轿车 24.54 万辆，SUV 累计销量为 30.1 万辆（见表 2-10），后者是前者的 1.23 倍。

表 2-10　比亚迪的轿车与 SUV 销量变化（2018 年 1 月至 2019 年 6 月）

时间	轿车（辆）	SUV（辆）
2018 年 1 月	15735	11356
2018 年 2 月	5979	9805
2018 年 3 月	15985	11269
2018 年 4 月	14413	8307
2018 年 5 月	14498	8299
2018 年 6 月	14924	9842
2018 年 7 月	11284	15182
2018 年 8 月	12580	17856
2018 年 9 月	13363	21746
2018 年 10 月	13574	23309
2018 年 11 月	15807	23996
2018 年 12 月	23666	28159
2019 年 1 月	12569	25748
2019 年 2 月	7327	14010
2019 年 3 月	15074	23308
2019 年 4 月	11803	16972
2019 年 5 月	12787	14537
2019 年 6 月	14007	17279
合计	245375	300980

2. 产品体系与新产品投放计划

比亚迪的产品体系非常有特点，层次感强烈。

在 A 级以下市场，该公司主打车型为"元"，主要面向非限购城市有代步需求的实用主义者；在 A 级车市场上，该公司主打"秦""宋"等车型，主要面向限购城市有车牌需求的实用主义者；而在 B 级市场上，该公司主打的是"唐"系列 SUV 等车型，未来将上市"汉"系列等，强调产品的动力性能，意在代表中国新能源汽车技术的最高水平，提升品牌形象。

3. 产能情况

比亚迪目前在深圳、西安、长沙 3 地建有生产基地，总产能超过 80 万辆。

深圳坪山基地具有 30 万辆整车生产能力，可共线生产汽油车、插电式混动车型和纯电车型；西安基地具有 20 万辆整车生产能力，比亚迪预计在西安投资 20 亿元将产能增加到 40 万辆；长沙基地具有 10 万辆整车生产能力，比亚迪计划在长沙投资 30 亿元，将电动汽车产能提高到 30 万辆。

2019 年 4 月，比亚迪宣布在江苏常州规划建设年产 40 万辆新能源整车及核心零部件产业园，该产业园主要生产王朝系列、e 平台系列车型。

从比亚迪的产品规划来看，预计到 2020 年，该公司将能够达到年产销 30 万辆 SUV 的规模。

第四节　造车新势力

一、蔚来汽车

NEXTEV 蔚来汽车是一家从事高性能智能电动汽车研发的公司，由易车创始人李斌、汽车之家创始人李想、京东创始人刘强东等互联网企业家和领先的互联网企业腾讯、知名投资机构高瓴共同发起设立。蔚来汽车已经在美国硅谷、德国慕尼黑、中国上海和英国伦敦设立研发和设计中心，拥有顶尖的电动汽车和智能汽车研发设计团队。

蔚来汽车致力于成为世界上第一家"用户企业"，并以创造愉悦的生活方式作为公司使命。基于这一理念，该公司将大量资源投入到研发和销售服务领域，在生产环节，采用与江淮汽车合作的方式，由后者代为生产。

2017 年 12 月，蔚来汽车首款量产车 ES8 在京上市，这是一款 7 座纯电动 SUV，车长超过 5 米。ES8 售价为 54.8 万元，全车车身采用铝合金结构，配备前后双电机，最大输出功率 480kW。ES8 搭载 70 kWh 电池包，NEDC 状态下续航里程为 355km。

2018 年 12 月，蔚来汽车发布第二款量产车 ES6，这是一款 5 座纯电动 SUV，售价为 44.8 万~54.8 万元。ES6 采用高强度铝加碳纤维的复合架构，动力电池容量有 70kWh、96 kWh 两种，NEDC 工况下续航里程最长可达 510km。

2018 年，蔚来汽车共交付 11379 辆 ES8。2019 年上半年，该公司 ES8 和 ES6 的合计交付量为 7542 辆。

二、威马汽车

威马汽车科技集团有限公司（以下简称威马汽车）成立于 2015 年，该公司创始人包括前吉利控股集团副总裁、沃尔沃全球高级副总裁兼沃尔沃中国区董事长沈晖等。"威马"取自德语 Weltmeister，意思是"世界冠军"，威马汽车对自己的定位是国内新兴的新能源汽车产品及出行方案提供商。

自创立之初，威马汽车制定了明确的集团发展"三步走"战略：第一步，做智能电动汽车的普及者；第二步，成为数据驱动的智能硬件公司；第三步，成长为智慧出行新生态的服务商。

和蔚来汽车不同，威马汽车采用的是自建工厂模式来生产车辆。2016 年 7 月，该公司与温州市政府签约，确定将在温州市瓯江口区兴建一个工厂，规划年产能为 20 万辆。

2017 年 12 月，威马汽车在上海国家会展中心举行发布会，亮相了该公司首款量产车——纯电动 SUV 威马 EX5，官方售价为 18.65 万 ~24.73 万元。这是一款紧凑型 SUV，车长为 4585mm，轴距为 2703mm。威马汽车给它的定位是"大众化高效智能电动 SUV"。威马 EX5 提供容量分别为 45.99kWh、52.56kWh、56.94kWh 的三种电池，对应的 NEDC 工况下续航里程分别为 300km、400km 和 460km。

2018 年 9 月，威马 EX5 实现批量交付，截至当年底共销售 3850 辆。2019 年上半年，威马汽车实现销售 8536 辆。

三、小鹏汽车

广州小鹏汽车科技有限公司（以下简称小鹏汽车）成立于 2014 年，总部位于广州，由何小鹏、夏珩、何涛等人发起。该公司致力于通过自主研发、智能制造，为用户创造更美好的出行生活。

小鹏汽车初期的发展思路和蔚来汽车相同，都计划通过和传统汽车厂商合作快速向市场投放产品。2017 年 10 月，通过和海马汽车合作，小鹏汽车首款量产车型正式下线，在互联网造车行业中率先实现量产。

2018 年 1 月，小鹏 G3 在美国 CES 国际电子消费展上全球首发；同年 12 月，

G3 正式上市，该车定位为"具有互联网基因的纯电 SUV"，车长为 4450mm，轴距为 2610mm，是一款紧凑型 SUV，官方售价为 22.78 万~25.78 万元。小鹏 G3 电池容量为 47.1kWh，NEDC 工况下续航里程为 3351km。

由于上市时间临近年底，小鹏 G3 在 2018 年的销量只有 232 辆；但 2019 年上半年，小鹏汽车实现销售 9596 辆，在造车新势力中排名第一。

四、小结

造车新势力之所以出现与崛起，从市场的角度看，最主要的一点是由于我国已经被公认为全球新能源汽车的桥头堡，我国不仅是全球最大的新能源汽车市场，更是智能化程度、网联化程度、共享化程度最高的市场。

造车新势力给汽车行业带来了"鲶鱼效应"，它们利用自身优势，在互联网、智能化等领域，为汽车行业带来更多创新，而且造车新势力还将先进的设计观念、互联网思维、对客户体验的尊重融入汽车行业中。

不仅如此，造车新势力还推动了汽车行业电动化和智能化的进程，新能源汽车上游产业链和汽车电子零部件供应商将从中获益。

此外，造车新势力自带流量，相较于传统汽车厂商，它们从普通消费者处获得了更多的关注，这也持续为新能源汽车市场注入热度，引发全社会对于新能源汽车领域的持续关注。

造车新势力大多在品牌溢价方面做了较多投入，但就历史积累的经验和技术来看，造车新势力与传统整车厂依然存在差距，但是通过品牌的差异化定位，通过网联化、智能化设施加强用户体验，这都可以进行很好的品牌建设。

所有造车新势力的首款车型都是 SUV，这种高度趋同的选择，其背后共同的逻辑是什么？我们认为，可以从以下两方面来分析：

一是从市场层面看，这些公司成立或组建时间基本上都集中在 2014~2015 年，这恰恰是国内 SUV 消费兴起，中国品牌企业在轿车市场大溃败的时间段。在当时进行产品定义时，最优的选择就是进入 SUV 市场。

二是从技术层面看，SUV 的特点之一是离地间隙高，有利于布置纯电动汽车的电池包，而且电池包置于底盘上的设计又反过来降低了车辆的重心，在技术层面是占优选择。

第五节　谁会在下一阶段胜出

如果将中国品牌视为一个整体，那么从 2018 年起的 SUV 市场可以说对它不算友好。所有的企业都面临着或大或小的冲击，只是有些企业通过以价换量的方式，顶住了冲击，有的企业则"压力山大"，在竞争中被边缘化。

可以说，在几个不利因素的叠加作用下，从 2018 年起，中国品牌 SUV 车型和厂商都进入了残酷的淘汰赛。

一、合资厂商大举进入 SUV 市场

关于这一点，我们在上一章中有非常详细的描述。简单地说，合资汽车厂商从 2016~2017 年起加大了对 SUV 市场的资源倾斜力度，几乎每家企业都投放了多款 SUV。其中，南北大众和日系厂商的产品投放力度尤为突出，已经或者计划要对小型 SUV、紧凑型 SUV、中型 SUV 和大型 SUV 市场实现全覆盖。在这种竞争压力下，合资厂商的 SUV 车型价格体系也在不断下降，与中国品牌 SUV 的价格体系有了交叉之处，堵住了后者向上发展之路。

二、市场大环境变化

从 2018 年起，受宏观经济环境的影响，乘用车作为非生活必需品，销量不断走低，市场规模出现萎缩之势。作用到 SUV 市场上，就产销规模而言，市场整体规模在 2017 年突破 1000 万辆级后，2018 年略有下降，在 2019 年前 6 个月出现了两位数的下降。

在这样的大环境下，中国品牌 SUV 的销量和市场占有率也都出现了下滑。

三、技术法规变化

受国务院 2018 年 6 月发布的"打赢蓝天保卫战"通知的影响，原定于 2020 年 7 月实施的国六排放标准，在多个省份被提前 1 年实施。这种变化打乱了许多厂商的产品升级规划，但对于技术途径来自于外方母公司的合资厂商而言，冲击

就小很多。

对生态环境部发布的国六排放轻型车信息统计显示，日系合资厂商从 2018 年第三季度开始陆续发布符合标准的国六乘用车，德系合资厂商国 6 乘用车上量是从 2018 年第四季度开始的，而中国品牌则集中于 2019 年第二季度。

技术实力的这种差距反映在市场表现上，就是合资厂商的国 6 车型一度占据了超过 90% 的市场份额。

在上述因素的共同作用下，如果我们以销量和市场占有率作为衡量标准，就可以很清楚地看到，中国品牌 SUV 呈现"马太效应"，强者越强，弱者越弱。例如，近几年奇瑞、江淮、众泰等企业虽然在不断更新车型，对其销量也有着一定的促进作用，但它们的市场占有率却在持续下滑。

从当前情况看，国内汽车消费的大环境并没有好转的态势，预计 2019 年下半年和 2020 年的市场前景依旧不容乐观。在这种大背景下，中国品牌 SUV 厂商间的淘汰赛难度将进一步加大。

我们预计，到 2020 年，全年销量无法达到 50 万辆，即市场占有率在 5% 以下的厂商，将在竞争中掉队；而全年销量无法达到 20 万辆的厂商，会是第一批被边缘化，甚至被淘汰的企业。

从 2019 年上半年的形势看，长城汽车、吉利汽车、上汽乘用车等企业最有可能成为这一轮淘汰赛的胜利者。

第三部分

产品篇

第一章　小型 SUV 的现状与销量分析[*]

第一节　概述

综合市面现有 SUV 车型，结合目前的分类方式，本章将小型 SUV 定义为车身长度介于 3850~4350mm，轴距小于 2679mm，或至少要符合其中一条的 SUV 车型。小型 SUV 以其较高的性价比，良好的操控性、通过性、舒适性、经济性以及较强的实用性受到不少消费者的喜爱，成为现在 SUV 市场中不可或缺的一部分。

图 1-1 和图 1-2 分别是 2011~2019 年上半年各种类型 SUV 销量占比情况和小型 SUV 销量占比变化情况，从中可以看到，小型 SUV 的市场占有率已经由逐步提升阶段过渡为逐渐稳定的阶段。具体分析如下：2011~2012 年小型 SUV 的销量占比较小且有所下降，然而在接下来的几年中逐步增长，到 2015 年达到了最高值 28.58%，仅次于紧凑型 SUV 的销量占比。2016 年，销量占比下降到 24.24%，2017 年进一步下降到 23.23% 之后，2018 年、2019 年销量占比分别为 24.26% 和 21.98%，销量占比趋于稳定。综合对比图 1-1 中 2017~2019 年上半年各类型 SUV 销量占比变化情况，可以看出，各类型 SUV 的销量占比也已经趋于稳定。

---

* 本篇未标注的数据来源于搜狐汽车。

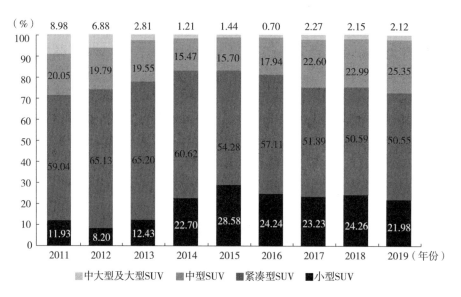

图 1-1　2011～2019 年各类型 SUV 销量占比

注：2019 年全年销量数据按上半年两倍处理。

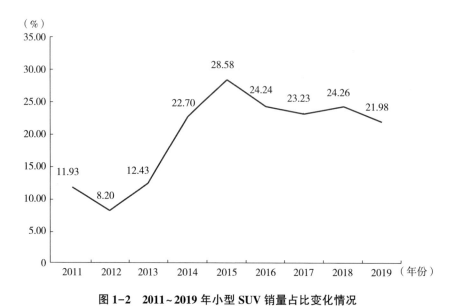

图 1-2　2011～2019 年小型 SUV 销量占比变化情况

第二节 车型市场表现、产品及销量

表 1-1 和图 1-3 统计了 2018 年市场上常见的 62 款小型 SUV 车型的品牌、销量和价格区间。对其品牌进行分类，得到小型 SUV 的自主品牌和合资品牌的占比，如图 1-4 所示。从图 1-3、图 1-4 中可以看出，有大约 69% 的小型 SUV 的最低报价在 10 万元以下，而且这部分车型绝大部分都是自主品牌；而最低报价超过 10 万元的车型大多数是合资品牌。自主品牌在价格上面的优势是非常明显的。另外，在小型 SUV 市场中，自主品牌的车型数量占比达到了 69%，合资品牌的车型只占 31%，纯进口的车型数量占比几乎为零。在销量方面，如图 1-5 所示，2018 年小型 SUV 市场中自主品牌的销量占据小型 SUV 总销量的 55%。

表 1-1 2018 年市场上常见的小型 SUV 品牌、车型、销量及价格区间统计

序号	品牌	车型	销量（辆）	价格区间（万元）
1	上汽通用五菱	宝骏 510	361403	5.58~8.28
2	东风本田	本田 XR-V	168250	12.78~17.59
3	广汽本田	本田缤智	141600	12.78~18.98
4	长安汽车	长安 CS35	131417	6.39~8.79
5	吉利汽车	吉利远景 X3	116944	4.59~6.89
6	长城汽车	哈弗 H2	106120	7.49~9.59
7	上汽名爵	MGZS	94854	7.38~11.58
8	广汽乘用车	广汽传祺 GS3	89310	7.38~11.68
9	奇瑞汽车	奇瑞瑞虎 3	84686	5.99~7.99
10	北京现代	现代 ix25	76195	10.98~15.28
11	东南汽车	东南 DX3	58766	5.99~10.59
12	上汽荣威	荣威 RX3	53938	6.98~13.28
13	一汽奔腾	奔腾 X40	52089	6.68~9.68
14	众泰汽车	众泰 T300	43235	4.59~9.38
15	东风日产	日产劲客	35864	9.98~13.73
16	比亚迪汽车	比亚迪元 EV	35699	8.99~13.99

序号	品牌	车型	销量（辆）	价格区间（万元）
17	一汽丰田	丰田奕泽 IZOA	29080	14.68~17.48
18	北京汽车	北京汽车 X35	26127	6.58~8.88
19	长安汽车	长安 CS15	25736	5.39~8.09
20	长城汽车	哈弗 F5	23463	10.0~13.0
21	吉利汽车	缤越	23361	7.88~12.98
22	东风本田	丰田 C-HR	22720	14.18~17.88
23	一汽吉林	一汽森雅 R7	22718	7.99~10.69
24	北京汽车	北京汽车 X25	18353	5.58~7.58
25	广汽菲克	Jeep 自由侠	17328	12.98~19.08
26	长城汽车	哈弗 F7	17109	10.9~15.37
27	北汽新能源	北汽新能源 EX	16102	8.49~10.39
28	长安福特	福特翼搏	16090	7.98~15.58
29	东风雪铁龙	雪铁龙 C3-XR	15978	9.48~11.79
30	上汽通用	别克昂科拉	15177	12.59~18.99
31	江淮汽车	江淮瑞风 S2	13527	5.78~7.68
32	长安铃木	铃木维特拉	13222	13.48~14.28
33	华晨金杯	中华 V3	12528	5.07~8.77
34	昌河汽车	昌河 Q35	11011	6.59~8.99
35	奇瑞汽车	奇瑞瑞虎 3xe	10329	9.38~10.68
36	一汽奥迪	奥迪 Q2L	9762	21.88~26.85
37	广汽新能源	广汽新能源传祺 GE3	8852	21.28~24.65
38	凯翼汽车	凯翼 X3	8333	5.89~9.69
39	北京现代	现代 ENCINO 昂希诺	6593	12.99~15.59
40	上汽通用雪佛兰	雪佛兰创酷	6340	9.99~14.99
41	长城汽车	哈弗 H1	5900	5.49~7.39
42	天津一汽	一汽骏派 D60	5849	5.69~8.99
43	长安铃木	铃木骁途	5385	9.98~15.98
44	云度汽车	云度 π1	5058	10.68~16.68
45	江淮汽车	江淮 iEV7S	4616	9.35~11.95

序号	品牌	车型	销量（辆）	价格区间（万元）
46	东风标致	标致 2008	3419	8.97~12.87
47	东风启辰	东风启辰 T60	2726	8.58~11.88
48	东南汽车	东南 DX3 EV	2724	17.15~19.29
49	潍柴汽车	英致 G3	2717	5.69~8.08
50	东风裕隆	纳智捷 U5 SUV	2482	7.58~9.98
51	东风风神	东风风神 AX3	2440	6.39~8.19
52	东风悦达起亚	起亚 KX3 傲跑	2162	10.98~17.78
53	江淮汽车	江淮瑞风 S4	1573	6.78~9.88
54	昌河汽车	昌河 Q25	1528	5.59~7.59
55	北京汽车	北京汽车 X55	1459	7.68~11.98
56	东风雪铁龙	雪铁龙云逸 C4 Aircross	1162	10.38~15.38
57	长安汽车	长安新能源 CS15EV	1144	8.98~9.88
58	华晨华瑞	金杯智尚 S30	534	4.98~7.28
59	众泰汽车	众泰 T300 EV	430	17.99~19.99
60	华晨华瑞	金杯智尚 S35	317	5.98~7.88
61	天津一汽	一汽骏派 D80	242	7.99~12.59
62	一汽奔腾	奔腾 X40 EV	57	18.38~18.98

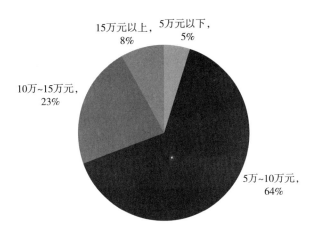

图 1-3　2018 年小型 SUV 价格分布

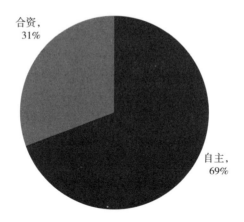

图 1-4   2018 年小型 SUV 自主车型和合资车型数量占比

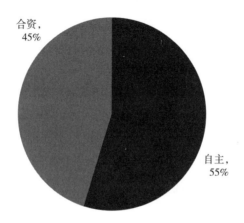

图 1-5   2018 年小型 SUV 自主车型和合资车型销量占比

　　表 1-2 和图 1-6 统计了 2019 年上半年市场上常见的 65 款小型 SUV 车型的品牌、销量和价格区间。对其品牌进行分类得到小型 SUV 的自主品牌和合资品牌数量的占比，如图 1-7 所示。与 2018 年的情况类似，从图 1-6 中可以看出，大约有 66% 的小型 SUV 的最低报价在 10 万元以下，同样，这部分车型绝大部分都是自主品牌；而最低报价超过 10 万元的车型大多数是合资品牌。在小型 SUV 市场中，自主品牌车型数量占比较 2018 年有所上升，达到 71%，合资品牌的车型数量下降到 29%，纯进口的车型数量占比几乎为零（见图 1-7）。在销量方面，2019 年上半年小型 SUV 市场中自主品牌的销量占小型 SUV 总销量的 66%（见图 1-8），比 2018 年增长了 11%，涨幅较大。总体来说，在小型 SUV 市场，不管是车型的数量，还是销量的占比，自主品牌都领先于合资品牌。因此，自主品牌在近几年的小型 SUV 市场中处于优势地位。

表1-2 2019年上半年市场上常见的小型SUV品牌、车型、销量及价格区间统计

序号	品牌	车型	销量（辆）	价格区间（万元）
1	上汽通用五菱	宝骏510	78584	5.58~8.28
2	长城汽车	哈弗F7	71025	10.9~15.37
3	长安汽车	长安CS35	70749	6.39~8.79
4	吉利汽车	缤越	68605	7.88~12.98
5	东风本田	本田XR-V	66722	12.78~17.59
6	广汽本田	本田缤智	50010	12.78~18.98
7	比亚迪汽车	比亚迪元EV	43484	8.99~13.99
8	上汽名爵	MGZS	43285	7.38~11.58
9	吉利汽车	吉利远景X3	40346	4.59~6.89
10	众泰汽车	众泰T300	38471	4.59~9.38
11	广汽乘用车	广汽传祺GS3	35674	7.38~11.68
12	一汽丰田	丰田奕泽IZOA	28764	14.68~17.48
13	东风日产	日产劲客	23724	9.98~13.73
14	长城汽车	哈弗H2	19028	7.49~9.59
15	一汽奔腾	奔腾X40	18297	6.68~9.68
16	奇瑞汽车	奇瑞瑞虎3	17298	5.99~7.99
17	北京现代	现代ix25	17088	10.98~15.28
18	上汽荣威	荣威RX3	15793	6.98~13.28
19	江淮汽车	江淮瑞风S4	15776	6.78~9.88
20	上汽通用	别克昂科拉	15094	12.59~18.99
21	长城汽车	哈弗F5	14902	10.0~13.0
22	一汽奥迪	奥迪Q2L	13919	21.77~26.85
23	长安汽车	长安CS15	10369	5.39~8.09
24	华晨金杯	中华V3	10357	5.07~8.77
25	广汽新能源	广汽新能源传祺GE3	6295	21.28~24.65
26	东南汽车	东南DX3	6009	5.99~10.59
27	东风启辰	东风启辰T60	5858	8.58~11.88

序号	品牌	车型	销量（辆）	价格区间（万元）
28	江淮汽车	江淮瑞风 S2	5820	5.78~7.68
29	北汽新能源	北汽新能源 EX	5083	8.49~10.39
30	江淮汽车	江淮 iEV7S	4940	9.35~11.95
31	吉利汽车	吉利星越	3280	13.58~19.58
32	奇瑞汽车	奇瑞瑞虎 3x	3111	4.99~6.29
33	北京现代	现代 ENCINO 昂希诺	2993	12.99~15.59
34	广汽菲克	Jeep 自由侠	2855	12.98~19.08
35	东风雪铁龙	雪铁龙 C3-XR	2829	9.48~11.79
36	长安铃木	铃木维特拉	2510	13.48~14.28
37	一汽吉林	一汽森雅 R7	2431	7.99~10.69
38	凯翼汽车	凯翼 X3	2206	5.89~9.69
39	昌河汽车	昌河 Q35	2147	6.59~8.99
40	长安福特	福特翼搏	2114	7.98~15.58
41	上汽名爵	MGEZS	2080	11.98~14.98
42	比亚迪汽车	比亚迪 S2	2061	8.98~10.98
43	奇瑞汽车	奇瑞瑞虎 3xe	1966	9.38~10.68
44	长安汽车	长安新能源 CS15EV	1354	8.98~9.88
45	东南汽车	东南 DX3 EV	1275	17.15~19.29
46	东风风神	东风风神 AX3	1275	6.39~8.19
47	天津一汽	一汽骏派 D80	1152	7.99~12.59
48	云度汽车	云度 π1	1080	10.68~16.68
49	长安铃木	铃木骁途	1064	9.98~15.98
50	天津一汽	一汽骏派 D60	1043	5.69~8.99
51	潍柴汽车	英致 G3	1043	5.69~8.08
52	长城汽车	哈弗 H1	900	5.49~7.39
53	东风标致	标致 2008	808	8.97~12.87
54	昌河汽车	昌河 Q25	514	5.59~7.59

序号	品牌	车型	销量（辆）	价格区间（万元）
55	东风雪铁龙	雪铁龙云逸 C4 Aircross	472	10.38~15.38
56	上汽通用雪佛兰	雪佛兰创酷	462	9.99~14.99
57	吉利汽车	吉利缤越 PHEV	446	14.98~16.98
58	北京汽车	北京汽车 X25	374	5.58~7.58
59	东风裕隆	纳智捷 U5 SUV	292	7.58~9.98
60	一汽奔腾	奔腾 X40 EV	202	18.38~18.98
61	东风悦达起亚	起亚 KX3 EV	188	23.98~23.98
62	长安汽车	长安欧尚科赛 5	149	6.99~8.29
63	华晨华瑞	金杯智尚 S35	53	5.98~7.88
64	东风悦达起亚	起亚 KX3 傲跑	39	10.98~17.78
65	众泰汽车	众泰 T300 EV	4	17.99~19.99

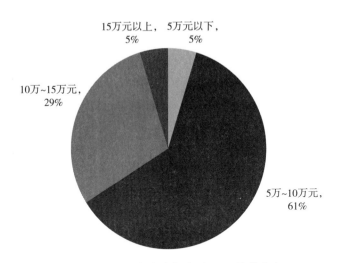

图 1-6 2019 年上半年小型 SUV 价格分布

小型 SUV 相比于同样级别的轿车，乘坐空间更大，离地间隙更高，具有更好的通过性。与此同时，在拥挤的城市中，更小的尺寸也意味着更为便捷，小型 SUV 可以更加方便地行驶和停放，在这一点上相对于中大型 SUV 具有更大优势。

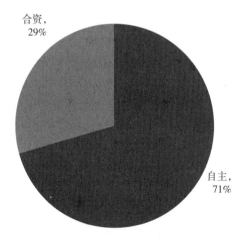

图 1-7　**2019年上半年小型 SUV 自主车型和合资车型数量占比**

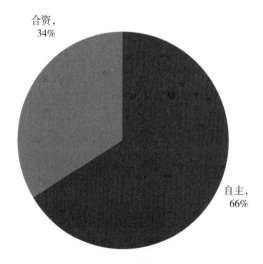

图 1-8　**2019 年上半年小型 SUV 自主车型和合资车型销量占比**

　　此外，车辆的经济性也逐渐成为人们选购汽车时主要考虑的因素。小型 SUV 是小排量车型，在能够满足大多数道路行驶要求的前提下，拥有比中大型 SUV 更好的经济性无疑会更好地吸引消费者。

第三节　性能及技术特点

一、车身结构尺寸

表1-3对小型、紧凑型、中型以及中大型SUV的车身结构尺寸进行了对比。可以发现，小型SUV整车尺寸小，便于在城市中行驶和停放；整备质量轻，提高了汽车的经济性；最小离地间隙与紧凑型SUV非常接近，这使小型SUV的通过性也有一定的保证。因此，小型SUV既能很好地满足城市道路的要求，对于非城市道路也有较好的适应性。

表1-3　不同类型SUV车身结构尺寸对比

	小型	紧凑型	中型	中大型
整备质量（kg）	1100~1480	1330~1780	1650~2220	2060~2800
车身长度（mm）	3850~4350	4300~4750	4400~4850	4750~5150
轴距（mm）	小于2679	2560~2760	2650~2800	2890~3050
行李厢容积（固定值）（L）	300~350	400~500	500~700	600~800
最小离地间隙（mm）	140~190	140~210	170~230	180~240

二、发动机参数

发动机的性能特点与汽车的动力性和经济性尤为相关。小型SUV通常采用1.0~2.0L排量的发动机，其中以1.5L排量为主。自主品牌如哈弗F7配有1.5L和2.0L两款发动机，长安CS35配有1.5L和1.6L两款发动机；而合资品牌如宝骏510的全部车型都采用了1.5L的发动机，本田缤智与号称缤智姊妹版的XR-V均提供了1.5L和1.8L排量的不同车型。

通过比较小型SUV与紧凑型、中型和中大型SUV的排量（见表1-4）可以看出，小型和紧凑型SUV的发动机参数相对接近，排量差别不大，而中型和中大型 SUV 则需要更大排量的发动机。另外，车型越大，发动机的选择范围越广。相对而言，小型车的发动机排量分布相对集中，可选择范围较小。

表 1-4　不同类型 SUV 发动机参数比较

	小型	紧凑型	中型	中大型
排量（L）	1.0~2.0L 以 1.5L 居多	1.5~2.5L 以 1.5L、1.8L 居多	2.0~2.5L 以 2.4L 居多	2.0~5.7L 以 3.0L 居多
最大功率（kW）	70~100	100~150	120~180	120~220
最大扭矩（N·m）	130~285	150~320	190~370	250~400

发动机的进气方式可分为自然吸气、机械增压以及涡轮增压三类。小型 SUV 中采用自然吸气的车型相对更多，一些比较追求动力的车型会采用涡轮增压。为了兼顾部分比较追求汽车动力性的消费者，有些车型以自然吸气为主，同时推出配备涡轮增压的高功率车款。但总体看来，小型 SUV 更倾向于采用自然吸气的进气方式，而中型及中大型 SUV 则更多采用涡轮增压的进气方式。

供油方式也是发动机很重要的一个配置，它能够直接关系到发动机的燃烧效率。在小型 SUV 中，采用多点电喷的车型占据了绝大多数。

不同品牌的发动机也都有自己独特的技术，如本田的 i-VTEC 技术、长安的 DVVT 技术等，这也是各品牌展现自身实力的重要方式。

三、变速器

对于小型 SUV 的变速器，大多数车型都会推出手动版和自动版，分别配备手动变速器和自动变速器。其中，手动变速器以 5 挡、6 挡为主，如长安 CS35 配有 5 挡手动变速器，宝骏 510、本田 XR-V、缤越等均配有 6 挡手动变速器；自动变速器包括 AT、AMT、CVT 以及 DCT，其中，合资品牌更倾向于 AT 与 CVT，少数车型如奥迪 Q2L、现代 ix25 装有 7DCT；而国产车中的自动变速器配置无明显倾向性。表 1-5、表 1-6 分别列出了国产与合资品牌车辆中配备的变速器类型。

表 1-5　国产品牌小型 SUV 变速器类型（按 2019 年上半年销量排序）

序号	车型	品牌	变速器
1	哈弗 F7	长城汽车	7DCT
2	长安 CS35	长安汽车	5MT/4AT
3	缤越	吉利汽车	6MT/7DCT
4	MGZS	上汽名爵	5MT/4AT
5	吉利远景 X3	吉利汽车	5MT/4AT/CVT
6	众泰 T300	众泰汽车	5MT/CVT
7	广汽传祺 GS3	广汽乘用车	5MT/6MT/6AT/7DCT
8	哈弗 H2	长城汽车	6MT/7DCT
9	奔腾 X40	一汽奔腾	5MT/6AT
10	奇瑞瑞虎 3	奇瑞汽车	5MT/7DCT
11	荣威 RX3	上汽荣威	5MT/6AT/CVT
12	江淮瑞风 S4	江淮汽车	6MT/CVT
13	哈弗 F5	长城汽车	7DCT
14	长安 CS15	长安汽车	5MT/5DCT
15	中华 V3	华晨金杯	5MT/5AT
16	东南 DX3	东南汽车	5MT/6MT/CVT
17	东风启辰 T60	东风启辰	5MT/CVT
18	江淮瑞风 S2	江淮汽车	5MT/CVT
19	吉利星越	吉利汽车	7DCT/8AT
20	奇瑞瑞虎 3x	奇瑞汽车	5MT/4AT
21	一汽森雅 R7	一汽吉林	5MT/6AT
22	凯翼 X3	凯翼汽车	5MT/CVT
23	昌河 Q35	昌河汽车	5MT/4AT
24	东风风神 AX3	东风风神	5MT/4AT/6DCT
25	一汽骏派 D80	天津一汽	6MT/7DCT
26	一汽骏派 D60	天津一汽	5MT/6AT
27	英致 G3	潍柴汽车	5MT/CVT
28	哈弗 H1	长城汽车	5MT/6AMT

续表

序号	车型	品牌	变速器
29	昌河 Q25	昌河汽车	5MT/4AT
30	吉利缤越 PHEV	吉利汽车	7DCT
31	北京汽车 X25	北京汽车	5MT/4AT
32	纳智捷 U5 SUV	东风裕隆	5AT/7DCT
33	长安欧尚科赛 5	长安汽车	5MT/4AT
34	金杯智尚 S35	华晨华瑞	5MT

表 1-6　合资品牌小型 SUV 变速器类型（按 2019 年上半年销量排序）

序号	车型	品牌	变速器
1	宝骏 510	上汽通用五菱	6MT/5AMT/CVT
2	本田 XR-V	东风本田	6MT/CVT
3	本田缤智	广汽本田	6MT/CVT
4	丰田奕泽 IZOA	一汽丰田	CVT
5	丰田 C-HR	东风本田	CVT
6	日产劲客	东风日产	5MT/CVT
7	现代 ix25	北京现代	6MT/6AT/7DCT
8	别克昂科拉	上汽通用	6MT/6AT/CVT
9	大众 T-Cross	上汽大众	6AT/7DSG
10	奥迪 Q2L	一汽奥迪	7DCT
11	现代 ENCINO 昂希诺	北京现代	7DCT
12	Jeep 自由侠	广汽菲克	6MT/9AT/7DCT
13	雪铁龙 C3-XR	东风雪铁龙	5MT/6AT/6DCT
14	铃木维特拉	长安铃木	6MT/6AT
15	福特翼搏	长安福特	5MT/6AT
16	铃木骁途	长安铃木	5MT/6MT/6AT/CVT
17	标致 2008	东风标致	5MT/6AT
18	雪铁龙云逸 C4 Aircross	东风雪铁龙	5MT/6AT
19	雪佛兰创酷	上汽通用雪佛兰	6MT/6AT/CVT
20	起亚 KX3 傲跑	东风悦达起亚	6MT/6AT/7DCT

小型电动 SUV 以国产车为主，均采用单挡减速器配置。目前市场上还没有 2 挡变速器的小型电动 SUV（见表 1-7）。

表 1-7 小型电动 SUV 变速器类型（按 2019 年上半年销量排序）

序号	车型	品牌	类型	变速器
1	比亚迪元 EV	比亚迪汽车	国产	单挡减速器
2	广汽新能源传祺 GE3	广汽新能源	国产	单挡减速器
3	北汽新能源 EX	北汽新能源	国产	单挡减速器
4	江淮 iEV7S	江淮汽车	国产	单挡减速器
5	MGEZS	上汽名爵	国产	单挡减速器
6	比亚迪 S2	比亚迪汽车	国产	单挡减速器
7	奇瑞瑞虎 3xe	奇瑞汽车	国产	单挡减速器
8	长安新能源 CS15EV	长安汽车	国产	单挡减速器
9	东南 DX3 EV	东南汽车	国产	单挡减速器
10	云度 π1	云度汽车	国产	单挡减速器
11	奔腾 X40 EV	一汽奔腾	国产	单挡减速器
12	起亚 KX3 EV	东风悦达起亚	合资	单挡减速器
13	众泰 T300 EV	众泰汽车	国产	单挡减速器

四、底盘

小型 SUV 与紧凑型 SUV、大多数中型 SUV 一样都是承载式车身，这与中大型 SUV 的非承载式车身有着本质上的区别。小型 SUV 的前悬架大多采用麦弗逊式独立悬架，后悬架则通常采用低成本的扭力梁式非独立悬架。对于悬架的布置，也有其他的形式，但基本都采用半独立或非独立悬架。

同时小型 SUV 大都采用前置前驱的驱动形式，小部分采用前置四驱，也有采用适时四驱的。相较于紧凑型 SUV 甚至中型、中大型 SUV 广泛采用四驱形式而言，前置前驱还是小型 SUV 的主要驱动形式。

五、制动

不管是自主品牌还是合资品牌，小型 SUV 车轮制动的标配是前制动为通风盘式，后制动为盘式居多，少量采用鼓式。在驻车制动上，几乎所有小型 SUV 都采用传统的手刹，配备电子驻车系统的比较少，但这是一种新的趋势。而紧凑型 SUV 大部分车型会配备电子驻车系统，中型和中大型 SUV 大量配备电子驻车系统。

六、安全及操纵配置

小型 SUV 的安全气囊标配是主、副驾驶座气囊，部分车型可以配备前后排侧气囊。操控配置方面，小型 SUV 基本都配备 ABS 防抱死系统、制动力分配系统（EBD/CBC 等），但是一些合资品牌除此之外还配备有刹车辅助（EBA/BAS/BA 等）、牵引力控制系统（ASR/TCS/TRC 等）和车身稳定控制系统（ESC/ESP/DSC 等）。

如图 1-9 所示，从销量来看，小型 SUV 的前三甲都是合资品牌，分别是宝骏 510、本田 XR-V 和本田缤智，这也充分说明了合资品牌小型 SUV 尽管在总销量上不占优势，但在小型 SUV 市场中具有领导地位。宝骏 510 以近 36 万辆的销量在小型 SUV 市场中独占鳌头，而长安 CS35 则是自主品牌 2018 年度销售量最高者。另外，吉利远景 X3 在 2018 年的销量也非常可观，位居自主品牌销量第二。因此，下文就对宝骏 510 和吉利远景 X3 两个典型车型进行对比阐述（见表 1-8）。

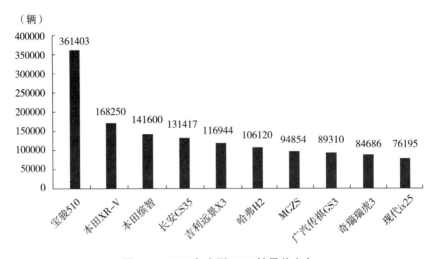

图 1-9　2018 年小型 SUV 销量前十名

表 1-8　吉利远景 X3 与宝骏 510 参数对比

车型信息	吉利远景 X3 2018 款　1.5L　自动周年版	宝骏 510 2018 款　1.5L　自动周年版
厂商报价	6.79 万元	7.68 万元
发动机　基本参数	1.5L 102 马力 L4	1.5L 112 马力 L4
配气机构	DOHC	DOHC
最大马力（Ps）	102	112
最大功率（kW）	75	82
最大扭矩（N·m）	141	146.5
发动机特有技术	DVVT	—
供油方式	多点电喷	多点电喷
油耗	6.5L/100km	6.5L/100km
变速器	4 挡自动	5 挡 AMT
底盘转向　驱动方式	前置前驱	前置前驱
前悬架类型	麦弗逊式独立悬架	麦弗逊式独立悬架
后悬架类型	扭力梁式非独立悬架	扭力梁式非独立悬架
转向助力类型	电动助力	电动助力
车轮制动　前制动器类型	通风盘式	通风盘式
后制动器类型	盘式	盘式
驻车制动类型	手刹	手刹
安全装备　主/副驾驶座安全气囊	主√　副√	主√　副√
前/后排侧气囊	—	前√　后—
胎压监测装置	√	√
无钥匙启动/进入系统	—	√
操纵配置　ABS 防抱死	√	√
制动力分配（EBD/CBC 等）	√	√
刹车辅助（EBA/BAS/BA 等）	√	√
牵引力控制（ASR/TCS/TRC 等）	√	√
上坡辅助	√	√
自动驻车	—	—

吉利远景 X3 作为自主品牌，能够在 2018 年小型 SUV 市场取得很好的成绩，其较低的价格带来的优势功不可没。但是，在这样的价格前提下，吉利远景 X3 并没有放弃在技术细节上的追求。它的底盘采用前麦弗逊式独立悬架、后扭力梁式非独立悬架，使其在日常使用中操纵性和舒适性都有较为稳定的表现。发动机也采用了进排气双连续可变气门正时技术（DVVT），根据发动机的运行情况，可实现对进排气门同时调节，调节进排气量、气门开合时间、角度，使进入与排出的空气量达到最佳，提高燃烧效率，达到省油的目的。同时，具有低转速大扭矩、高转速高功率的优异特性。

另外，虽然在动力性相关技术上不及合资品牌优秀，但是在有限的成本内做出一款符合大众期待的车，在这一点上远景 X3 无疑是成功的。

而宝骏 510 作为 2018 年小型 SUV 市场中的销量冠军，正是凭借其出色的动力、宽裕的空间、时尚的外形在小型 SUV 市场中独占鳌头。宝骏 510 对安全性和实用性予以极大的重视。该车全系标配有 ABS 防抱死系统、制动力分配系统、刹车辅助系统、牵引力控制系统和上坡辅助系统。相比自主品牌，宝骏 510 在安全性和实用性方面具有一定的优势，配备了前排的侧气囊。同时，较大的空间也给驾驶者和乘客提供了更加舒适的乘坐体验，也让出行变得更加方便。

无论是以吉利远景 X3 为代表的自主品牌还是以宝骏 510 为代表的合资品牌，都尽量使发动机和变速器参数匹配，以获得更好的输出扭矩和燃油经济性。在底盘方面，前轮采用麦弗逊式独立悬架几乎已经成为标准配置。小型 SUV 的优势在于其比同级别轿车具有更好的通过性，比中大型 SUV 有更好的操纵性，这两款车也在这些方面做了很多的工作。在追求良好的经济性的同时，生产厂商也在试图增大车内空间，使得小型 SUV 也能让消费者获得更大的空间。在安全配置和操纵性配置方面，各厂商也越来越多地运用主动式电子安全配置，甚至推出自己的专利产品，这也说明安全问题成为消费者在选车时的重要考虑因素。当然，时尚的外观以及精致的内饰都是各大厂商力求突破以吸引消费者的要点。

第四节　发展现状

一、总体发展趋势及展望

1. 近年来小型SUV发展态势及未来预测

如图1-10所示，2011~2017年，SUV的销量整体呈现大幅上升趋势，2012年比2011年销量增长了22.59%，2013年更是同比增长42.03%，2014年29.48%的同比增幅相比前一年的销量增长率有所下滑，但是2015年的同比增幅出现一个较大的飞跃，高达50.83%，2016年保持了40.30%的高增长率，2017年增长率有所下降，仅为13.68%。2018年相比2017年销量同比下降2.57%。从2019年上半年的销量来看，预计2019年的销量将同比下降11.57%左右。

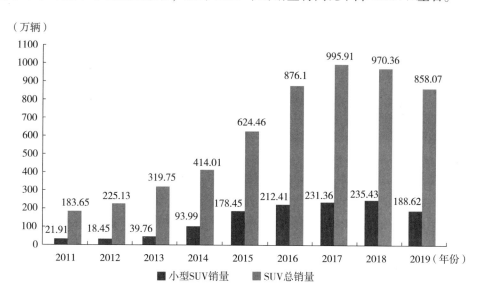

图1-10　2011~2019年小型SUV销量及SUV总销量

注：2019年销量数据为预测值，其数值为上半年销量的两倍。

可以看到，2017年以前，SUV以其较好的路况适应性、宽裕的车内空间、时尚美观的外部造型赢得了很多消费者的青睐。但是2017年以后，伴随着乘用车市场总体销售出现负增长，SUV 的销量也开始逐年下降，尽管下降幅度比乘用车销量下降幅度略低。预计未来 SUV 市场情况仍将会与乘用车市场总体发展情况密切相关。

通过分析近年来小型 SUV 每一年销量的同比增幅（见图 1-11）可以发现，2013~2015 年都实现了较大的同比增幅。但是在接下来的 2016 年和 2017 年同比增幅大大放缓，2018 年的同比增幅仅为 1.76%，销量几乎与 2017 年持平。根据对 2019 年上半年相关数据的统计，预计 2019 年全年小型 SUV 销量将开始负增长。

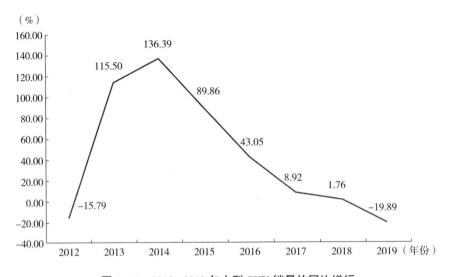

图 1-11 2012~2019 年小型 SUV 销量的同比增幅

注：2019 年销量数据为预测值，其数值为上半年销量的两倍。

从图 1-12 中可以看出，2011~2013 年，小型 SUV 的市场占有率一直徘徊在 10% 左右，但是 2013~2015 年，小型 SUV 开始受到越来越多消费者的青睐，在销量节节攀升的同时，市场占有率也迅速提高。它从以前并不算是主流的 SUV 类型，一跃成为 SUV 市场中除了紧凑型 SUV 以外销量和市场占有率最多的 SUV 类型，并对紧凑型 SUV 和中大型 SUV 的市场份额产生了挤压。2015 年以后，小型 SUV 的市场占有率总体呈现下降趋势，但是占比仍在 20% 以上。

综合以上分析，可以预计，在接下来的两年时间里，小型 SUV 的市场份额会保持相对稳定，继续与紧凑型 SUV 一起成为主流 SUV 车型。

图 1-12　2011~2019 年小型 SUV 市场占有率

2. 2019 年小型 SUV 市场细分及分析

从图 1-13 中可以看出，2018 年小型 SUV 的销量前三个季度呈现下降态势，第四季度较第三季度有较大的增长。由图 1-14 可知，2019 年第一季度、第二季度小型 SUV 销量环比增幅分别为-24.66% 和-12.09%，销量减少。

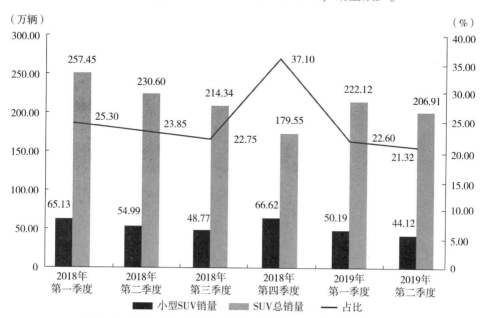

图 1-13　2018 年和 2019 年上半年各季度 SUV 销量分季度统计

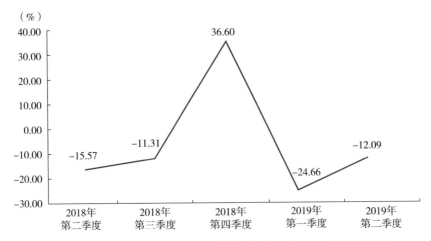

图 1-14　2018 年第二季度至 2019 年第二季度小型 SUV 销量环比增幅

资料来源：太平洋汽车网。

根据 2018 年的 SUV 市场销量走势可以预测，2019 年各季度小型 SUV 市场全年销量走势与 2018 年基本相同，应该会呈现前半年甚至前三个季度都相对平稳，在第四季度会有一个较高走势的现象，但增长幅度相对上一年会有所放缓。

二、代表性车型分析

根据 2017 年、2018 年、2019 年三年的销量变化情况，选取 4 类具有代表性特征的车型（销量激增车型、销量断崖式下降车型、稳定畅销车型、销量稳定低迷车型）进行分析，剖析其激增、下降、畅销、低迷的原因。

1. 销量激增车型

根据 2017 年、2018 年、2019 年三年的销量，考虑新车上市时间因素影响，近三年市场上的小型 SUV 中，销量有明显上升的车型不多，其中的典型代表车型为众泰 T300，上市时间为 2017 年 8 月 22 日，其近三年销量如表 1-9 所示。其中，2019 年销量 76942 辆，同 2018 年相比，销量增长 78%，在行业整体略有下滑的背景下，该数据极为亮眼。一方面，众泰 T300 的价格区间为 4.59 万~9.38 万元，该价位在同类车型中具有较大的竞争优势。另一方面，在设计方面，车型符合时尚潮流，尺寸相对更大（长、宽、高分别是 4405mm、1830mm、1665mm），轴距也较长（2610mm），车内空间更加宽敞。配置方面，众泰 T300 具有刹车辅助、牵引力控制、车身稳定控制、上坡辅助、自动驻车、陡坡缓降、座椅高低调节、转向辅助灯、前雾灯等很多同级别 SUV 没有的功能，更为实用，因此受到了消费者的青睐。

表 1-9　众泰 T300 近三年销量　　　　　　　　　　单位：辆

车型	2017 年	2018 年	2019 年
众泰 T300	22583	43235	76942

注：2019 年销量数据为预测值，其数值为上半年销量的两倍。

2. 销量断崖式下降车型

受汽车行业影响，小型 SUV 中，销量大幅下降的车型数量较多，如东南 DX3、一汽森雅 R7 以及福特翼搏。它们 2019 年的销量均下降高达 70% 以上，即使是近三年销量均高居首位的宝骏 510，其 2019 年销量同往年相比，也下降 56% 以上（见表 1-10）。

表 1-10　断崖式下降车型近三年销量

序号	车型	2017 年销量（辆）	2018 年销量（辆）	2019 年销量（辆）	2019 年增长率（%）
1	宝骏 510	363949	361403	157168	-56.51
2	哈弗 H2	215100	106120	38056	-64.14
3	奔腾 X40	71499	52089	36594	-29.75
4	现代 ix25	48720	76195	34176	-55.15
5	长安 CS15	61650	25736	20738	-19.42
6	东南 DX3	103366	58766	12018	-79.55
7	雪铁龙 C3-XR	22643	15978	5658	-64.59
8	铃木维特拉	26640	13222	5020	-62.03
9	一汽森雅 R7	61902	22718	4862	-78.60
10	凯翼 X3	24919	8333	4412	-47.05
11	昌河 Q35	13653	11011	4294	-61.00
12	福特翼搏	31213	16090	4228	-73.72

注：2019 年销量数据为预测值，其数值为上半年销量的两倍。

以宝骏 510 为例，它凭借着颇高的颜值、合适的配置以及背靠上汽集团这一系列优势，并借助其销售渠道和优质的营销能力，在 2017 年和 2018 年达到了很高的销量。虽然宝骏 510 在 2019 年上市了多款车型，可是宝骏 510 的 2018 款新车只上市了一款车型，销量多半要靠老款来冲，销量在 2018 年与 2019 年两年间没有实现连续，这样的话后劲就会略显不足。另外，宝骏 510 在终端售价上的优惠力度也并不是很大，鲜有大力度促销的情况。作为一款小型 SUV，这种销售方式让消费者对其不再热衷。此外，在产品质量方面，变速器和车身附件被消费者投诉较多，每年的投诉都高于 300 起，影响了产品的口碑。在多方面因素作用下，宝骏 510 2019 年的销量出现断崖式下降。

3. 稳定畅销车型

对于表 1-11 中的三种车型，对比它们近三年的销售数据，销量略有起伏，但相差不大，属于稳定畅销型。

表 1-11　稳定畅销车型近三年销量　　　　　　　　单位：辆

序号	车型	2017 年	2018 年	2019 年
1	长安 CS35	151622	131417	141498
2	MGZS	70325	94854	86570
3	本田 XR-V	161352	168250	133444

注：2019 年销量数据为预测值，其数值为上半年销量的两倍。

这几款车型持续畅销的原因主要有以下几点：首先，这几款车的造型美观大方，内饰简洁时尚，符合国人的审美，深得消费者的喜爱。其次，这三款车型市场反应敏锐，紧跟时代潮流，能够及时对车型做出配置的调整，配置丰富且实用，满足市场的迫切需求。最后，当前汽车市场整体浮躁，很多"PPT 造车"的车型最终被淘汰，但是这几款车型主抓技术，以优秀的产品赢得了市场的尊重和考验，得以持续畅销。

4. 销量稳定低迷车型

表 1-12 中几种车型为持续低迷型的典型代表，以英致 G3 为例。自 2017 年以来，英致 G3 近三年的年销量一直在 5000 辆以下，尤其近两年销量更是大幅下滑。而起亚 KX3 傲跑，2019 年上半年销量仅 39 辆，预估全年销量 78 辆。

表 1-12　销量稳定低迷车型近三年销量　　　　　　　　单位：辆

序号	车型	2017 年	2018 年	2019 年
1	铃木骁途	9520	5385	2128
2	英致 G3	4926	2717	2086

序号	车型	2017 年	2018 年	2019 年
3	昌河 Q25	5660	1528	1028
4	纳智捷 U5 SUV	5556	2482	584
5	起亚 KX3 傲跑	8751	2162	78

注：2019 年销量数据为预测值，其数值为上半年销量的两倍。

首先，这几款车型不具备独有的亮点和特色，在小型 SUV 市场能够找到多款更加出色的替代车型。其次，价格定位没有优势，这几款车型中的英致 G3、昌河 Q25、纳智捷 U5 SUV 和销量最高的宝骏 510、长安 CS35 等车型存在大面积重叠的价格区间，相比之下没有任何竞争优势。而铃木骁途和起亚 KX3 傲跑最高配车型的价格更是分别达到了 16 万元和 18 万元，消费者完全可以花同样的价钱选择级别更高的、更加高档的车型。总而言之，在当今汽车行业低迷的环境下，这几款车型如果不能及时调整车型的定位、价格区间，不能展现出在同级别车型中独有的特色，销量很难实现增长。

三、地域分布情况

鉴于我国土地面积辽阔，不同地域的地理环境和经济发展程度等情况差异较大，对应的畅销车型也因此有所不同，本小节将从地域分布角度入手，探讨小型 SUV 在不同地域的销量情况，并结合不同车系、品牌等因素进行分析。本节在分析时，将全国划分为北部、华东、华南、华中、西部五个地区。

表 1-13 中是本节所选取的具有代表性的小型 SUV 车型，这些车型在 2018 年、2019 年上半年的销量都稳定在销售榜单前列，均为小型 SUV 在各个价位、各个档次的标杆车型，具有极高的统计价值和参考价值。

表 1-13　地域分布分析的十款小型 SUV 代表车型

序号	企业	车型	报价（万元）
1	上汽通用五菱	宝骏 510	5.58~8.28
2	长安汽车	长安 CS35	6.39~8.79
3	东风本田	本田 XR-V	12.78~17.59

序号	企业	车型	报价（万元）
4	上汽名爵	MGZS	7.38~11.58
5	吉利汽车	吉利远景 X3	4.59~6.89
6	长城汽车	哈弗 H2	7.49~9.59
7	广汽乘用车	广汽传祺 GS3	7.38~11.68
8	一汽奔腾	奔腾 X40	6.68~9.68
9	奇瑞汽车	奇瑞瑞虎 3	5.99~7.99
10	东风日产	日产劲客	9.98~13.73

1. 国内各地区小型 SUV 销量分析

经过统计，得出 2018 年和 2019 年上半年小型 SUV 总销量地区分布。如图 1-15 所示，2018 年和 2019 年上半年小型 SUV 在北部地区的销量最高，占全国总销量的 30%；其次是西部与华东地区，分别占全国总销量的 20% 和 19%；华南和华中地区小型 SUV 销量较少，分别占全国总销量的 16% 和 15%。可见，北部、华东、西部地区是小型 SUV 的市场重点。

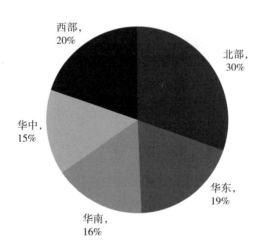

图 1-15　2018 年和 2019 年上半年小型 SUV 总销量全国地区分布

资料来源：易车。

2. 自主与合资品牌小型SUV市场及地域分析

对于国内市场，2018年自主品牌的销量占全年小型SUV总销量的55%，合资品牌的销量占全年小型SUV总销量的45%。可以看出，在国内小型SUV市场中，自主品牌销量上占据优势；2019年上半年，自主品牌的销量在小型SUV市场的占比增大，为66%，占据了大部分市场。可以看出，在购买小型SUV时，国人更倾向于选择自主品牌的车型，国产品牌已经建立起一定优势，具有相当的市场竞争力，这与最近两年中国自主品牌整体实力提升有密切的关系。

进一步分析小型自主品牌SUV与合资品牌SUV在国内各地域的分布认可度，2018年及2019年上半年的情况如图1-16、图1-17所示。

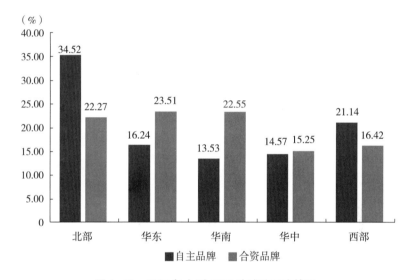

图1-16　2018年小型SUV地域认可度情况

资料来源：易车。

对比2018年和2019年上半年小型SUV地域认可度情况，二者分布趋势基本一致，可以看出，各地域对小型SUV的认可情况基本没有发生变化。其中，北部与西部地区等经济欠发达地区对自主品牌的认可度较高，华南和华东等经济发达地区对合资品牌的认可度较高，华中地区对合资品牌的认可度略高于自主品牌，但相差不大。因此，考虑到小型SUV相对于其他类型SUV的价格优势，小型SUV的地域认可度同该地区的经济发展水平密切相关，在经济发达地区合资品牌的认可度更高，而在经济欠发达地区，自主品牌更受消费者青睐。

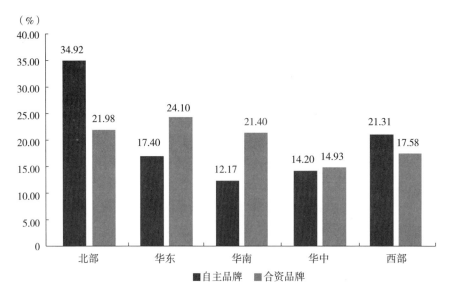

图 1-17　2019 年上半年小型 SUV 地域认可度情况

资料来源：易车。

四、各企业品牌在不同级别城市的分布

依据 2018 年、2019 年上半年的统计数据，本节选取国内市场上具有代表性的 10 款小型 SUV（见表 1-13）进行分析。这十款车型在 2018 年和 2019 年上半年的销量居于同级别车型前列，数据具有代表性。由于城市级别可以直观反映消费者的消费水平，不同级别城市的消费者在选择小型 SUV 时会呈现出一定的分布规律。此外，车企对某款车型的市场定位和对消费人群的划分会直接关系到产品在不同级别城市的分布。2018 年和 2019 年上半年，这些小型 SUV 车型在全国一线、二线、三线、四线、五线城市的销量占比如图 1-18 所示。

小型 SUV 的市场定位更多面向收入水平较为一般的消费人群，由于小型 SUV 的价格较为实惠，并且大多数有着不错的经济性，因此小型 SUV 在四线、五线城市有着非常不错的市场。同时，三线城市也有不少青睐小型 SUV 的消费人群，其中奔腾 X40 在三线城市的销量占比更是达到了 42%。

自主品牌中的长安 CS35 作为小型 SUV 市场自主品牌的一个代表车型，其2018 年及 2019 年的主要市场是三线及以下城市。首先，长安 CS35 定价为 6.39万~8.79 万元，凭借着较低的价格、合理的市场定位以及明确的消费人群，长安

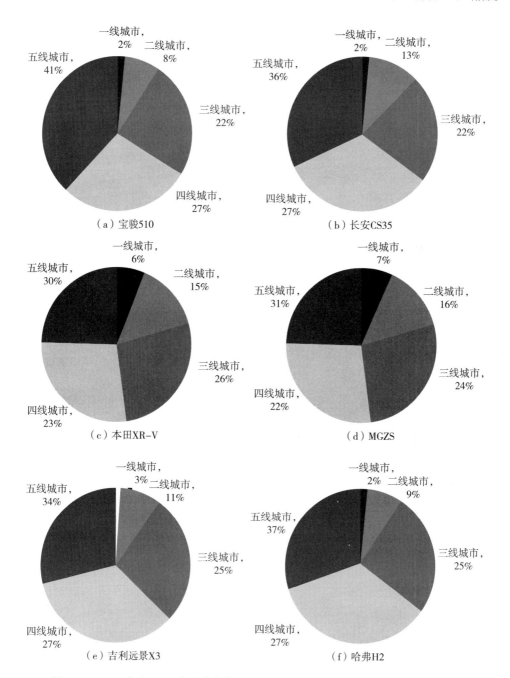

图 1-18　2018 年和 2019 年上半年部分小型 SUV 车型在不同级别城市的销量占比

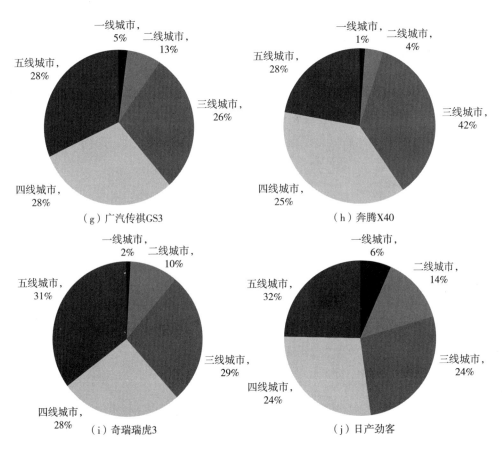

图 1-18　2018 年和 2019 年上半年部分小型 SUV 车型在不同级别城市的销量占比 （续）
资料来源：易车。

CS35 取得了不俗的市场表现。作为一款小型 SUV，与同价位车型对比，它有着比较时尚的外观和较大的空间，以及不错的动力性，并且它在燃油经济性方面也具备小型 SUV 一贯的优势。

合资品牌的小型 SUV 与自主品牌的小型 SUV 相比，市场中的车型数量较少。但对于 2018 年和 2019 年上半年的小型 SUV 市场，作为合资品牌车型代表的宝骏510 和本田 XR-V 无疑是佼佼者。特别是宝骏 510，凭借着其非常突出的 "性价比" 优势，以压倒性的优势居于 2018 年小型 SUV 市场的榜首，销量更是超过了排行第二的本田 XR-V 1 倍多。全面的配置、优惠的价格、时尚的外观满足了很多三线、四线、五线消费人群的购车需求。同时可以发现，合资品牌的小型 SUV车型在一线、二线城市有着比自主品牌更好的表现，有着相对更为可观的地域销量占比。

综上所述，自主品牌与合资品牌的小型 SUV 在不同地域的市场表现情况大体相似，市场战略基本相同，目标消费者集中在三线、四线、五线城市。各个车企在开拓小型 SUV 市场的时候，应当根据自身定位制定合理的销售策略，这样才能在汽车市场中取得更加优异的成绩，促进汽车市场的繁荣。

第五节　新车型展望

小型 SUV 的兴起，是消费者根据产品性能、价格与自身实际需求的匹配度做出的选择。但是，不管是作为年轻人的第一辆车或者是作为个性化的补充，小型 SUV 终究不会成为主流。2019 年，新增的小型 SUV 车型不多，销量也较低，部分车型、价格及销量如表 1-14 所示。

表 1-14　2019 年上半年小型 SUV 新车型统计

序号	车企	车型	价格区间（万元）	销量（辆）
1	长安汽车	长安欧尚科赛 5	6.99~8.29	149
2	吉利汽车	吉利缤越 PHEV	14.98~16.98	446
3	比亚迪汽车	比亚迪 S2	8.98~10.98	2061
4	上汽名爵	MG EZS	11.98~14.98	2080
5	奇瑞汽车	奇瑞瑞虎 3x	4.99~6.29	3111
6	吉利汽车	吉利星越	13.58~19.58	3280

下面将简单分析 2019 年上半年全新小型 SUV 车型的市场销售情况。图 1-19 显示了 2019 年上半年 6 款全新小型 SUV 的销量情况，其中吉利星越和奇瑞瑞虎 3x 的销量不相上下，分别占新车型总销量的 29% 和 28%；MG EZS 和比亚迪 S2 的销量紧随其后，分别占比 19%；吉利缤越 PHEV 和长安欧尚科赛 5 销量平平，总共占六款新车型的 5%，销量较低。

由于功能性的局限，小型 SUV 不能完全满足家用需求，几乎所有小型 SUV 在营销上都瞄准了个性、时尚的年轻消费者，但当细分市场不再以新车增量为增长导向，当车企瞄准的潜在人群容量逐渐固化的时候，小型 SUV 就会面临销量

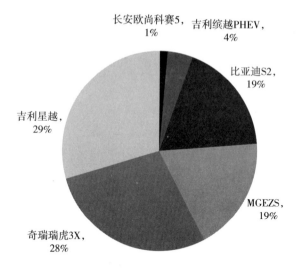

图 1-19　2019 年上半年小型 SUV 新车型销量占比

低迷、不再受欢迎的情况。所以，小型 SUV 只有调整产品定义以获得新的消费群体，才能在竞争激烈的市场中不断进步并长久发展下去。

第六节　小结及 2019 年底小型 SUV 市场预测

　　本节主要从车型定义、性能特点、技术优势、发展状况、未来的趋势预测以及新车型研发等角度来分析小型 SUV，此外，还结合地理区域分布、城市级别分类、各个企业、车系派别以及消费者的购车关注度等相关因素来解析小型 SUV 的市场。

　　对比其他的车型，小型 SUV 具有性价比高、道路适应性好、使用便捷等特点。自主品牌在小型 SUV 市场中已经成为中坚力量，无论是销量还是市场接受度都有着相当大的优势。

　　通过市场细分，可以更直观地了解到该车型的市场定位及其市场现状的成因，也可以从侧面反映出市场需求以及消费者喜好。这对我国未来汽车行业的发展具有指导性的意义，也方便对 2019 年底小型 SUV 的市场进行预测。

一、市场方面

根据对 2019 年上半年相关数据的统计，预计 SUV 总体销量下降幅度将高于小型 SUV 的下降幅度，因此，价位相对更低的小型 SUV 占有率或有小幅上升，但涨幅不会很大。自主品牌仍然是小型 SUV 市场的中坚力量，而且随着自主品牌在研发方面更多的投入，自主品牌车型数量占比也将会有小幅的提升。华东、北部以及西部地区仍然会是小型 SUV 销量较好的地区。不同企业品牌车型在不同级别的城市中的销售情况也将与 2018 年类似。

二、新车型方面

考虑汽车行业整体下滑，预计新车型可能主要集中在几个技术力量雄厚的企业品牌中，如长城、吉利、本田等。同时，各个企业品牌会将 2018 年销量成绩优异的车型进行相应改款，与此同时，也会陆续推出新车型，以适应市场的变化趋势。

三、技术方面

整体来看，小型 SUV 所采用的技术已经较为成熟，近期基本不会有开创性的新技术出现并应用到新车型中，但各个企业品牌都会更注重细节和整车品质的提升，力求在较低的成本下将各种先进技术整合、应用到新车型中。这些技术的采用会为消费者提供更舒适的驾车体验。同时值得注意的是，越来越多的新能源SUV 也在发展，自主品牌可能也会加大这方面的投入，预计会有更多的新能源小型 SUV 问世，并成为新能源汽车中增长速度较快的车型。

第二章 紧凑型 SUV 的现状与销量分析

第一节 概述

自 2011 年至 2019 年上半年, 紧凑型 SUV 始终占据着 SUV 市场的半壁江山, 以其极高的性价比得到了消费者的青睐。图 2-1 具体显示了紧凑型 SUV 自 2011 年至 2019 年上半年的销量占比走势, 可以看出, 紧凑型 SUV 的市场份额虽然有所波动, 但始终占据着五成以上的市场份额, 虽然在 2011~2018 年, 随着小型 SUV 涌入市场, 紧凑型 SUV 的市场占有率有一定的下降趋势, 但从 2018 年的销量占比中发现, 紧凑型 SUV 仍凭借自身的优势, 与小型 SUV 竞争市场占有率, 销量占比仍处于主导地位。

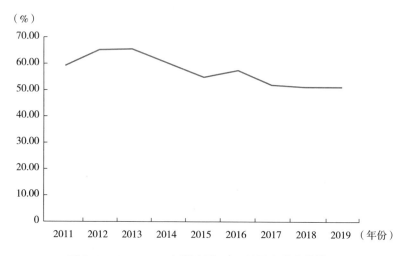

图 2-1　2011~2019 年紧凑型 SUV 销量占比变化情况

注: 2019 年全年销量数据按上半年两倍处理。

168

第二节　车型市场表现、产品及销量

表 2-1 统计了 2018 年至 2019 年上半年市场上常见的紧凑型 SUV 车型的品牌、销量和价格区间。以各个车型的最低报价为准，进一步统计可以得到紧凑型 SUV 的价格区间分布如图 2-2 所示。2018 年有 48% 的紧凑型 SUV 的最低报价在 10 万元以下，且这些车型绝大多数都是自主品牌；价格区间分布在 10 万~20 万元的车型占到 47%，价格区间在 20 万元以上的车型占到 5%，这些车型则大都是合资品牌。对比 2018 年，2019 年上半年中 10 万元以下的车型占比下降，10 万~20 万元的车型占比相对稳定，20 万元以上的车型从 2018 年的 5% 升至 2019 年的 12%，可以看出，紧凑型 SUV 的价格逐步提升，有越来越多的中高档车型涉足紧凑型 SUV 这一细分领域。一些自主品牌虽然最低报价在 10 万元以下，但其高配款的价格可达到 20 万元左右，说明自主品牌紧凑型 SUV 已经不再以放低价格作为市场竞争的筹码，而是通过将产品升级分类，以满足各个层次消费者的需求。

表 2-1　2018 年至 2019 年上半年常见的紧凑型 SUV 品牌、车型、销量及价格区间统计

汽车制造厂	车系	2018 年销量（辆）	2019 年上半年销量（辆）	价格区间（万元）
长城汽车	哈弗 H6	452552	252972	10.20~13.60
吉利汽车	博越	255695	143082	8.88~16.18
上汽荣威	荣威 RX5	217723	115007	9.88~14.88
广汽传祺	传祺 GS4	208100	55892	8.98~15.18
东风日产	奇骏	207951	92306	18.88~27.33
长安汽车	长安 CS55	165102	53920	8.29~13.39
吉利汽车	帝豪 GS	150200	44244	7.78~11.88
一汽丰田	RAV4 荣放	144049	64273	17.68~26.48
长安汽车	长安 CS75	144200	66079	7.98~17.48
北京现代	北京现代 ix35	139659	69565	11.99~16.19
长安汽车	长安 CS75 PHEV	138300	64072	17.58~20.68
东风本田	本田 CR-V	117669	80586	16.98~27.68

续表

汽车制造厂	车系	2018 年销量（辆）	2019 年上半年销量（辆）	价格区间（万元）
上汽通用五菱	宝骏 530	116324	42613	7.58~11.58
吉利汽车	远景 SUV	113300	40855	5.79~10.19
华晨宝马	宝马 X1	97389	48306	27.68~36.98
东风悦达起亚	智跑	89500	49281	11.99~14.89
一汽大众	奥迪 Q3	87442	29803	26.00~35.98
领克	领克 01	84875	23581	15.08~20.08
上汽大众	途观	76700	25552	19.48~23.18
广汽三菱	新劲炫 ASX	76400	10713	11.48~15.58
长城汽车	哈弗 M6	73018	41825	6.60~8.20
奇瑞汽车	瑞虎 5	70700	16165	8.88~12.38
华泰汽车	新圣达菲	69300	25685	6.98~16.18
长安马自达	马自达 CX-4	65182	20472	14.08~21.58
广汽三菱	欧蓝德	60900	38364	15.98~22.38
北汽银翔	幻速 S3	55400	12699	5.38~6.98
观致汽车	观致 5 SUV	46511	7184	13.99~19.49
东风乘用车	东风风神 AX7	45829	19065	8.98~13.39
长安马自达	马自达 CX-5	44256	17427	17.98~24.58
长城汽车	哈弗 H4	43017	11502	7.90~11.50
比亚迪汽车	宋	40700	6000	7.98~11.98
北汽银翔	北汽幻速 S5	37040	8527	5.98~8.58
东风日产	启辰 T70	36800	7762	8.98~12.78
众泰汽车	众泰 T500	36268	10828	6.98~12.38
东风标致	标志 4008	31900	9779	16.97~24.37
长安福特	翼虎	31139	4750	16.98~24.98
奇瑞汽车	瑞虎 7	27700	8912	8.59~15.09
海马汽车	海马 S5	24834	1680	6.98~10.98
长城汽车	哈弗 F5	23463	14902	10.00~13.00
开瑞汽车	开瑞 K60	23039	4739	4.99~8.18
领克	领克 02	21751	11798	11.98~18.88

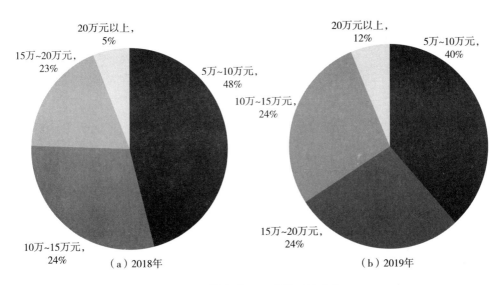

图 2-2 紧凑型 SUV 价格区间分布

注：2019 年全年销量数据按上半年两倍处理。

对各个车型的品牌进行分类得到紧凑型 SUV 的自主品牌和合资品牌的占比，如图 2-3 所示。2018 年自主品牌的车型数目占到了 61.47%，合资品牌的车型数目占 38.53%，纯进口的车型几乎为零，相对而言，2019 年上半年自主品牌进一步丰富了自己的车型。

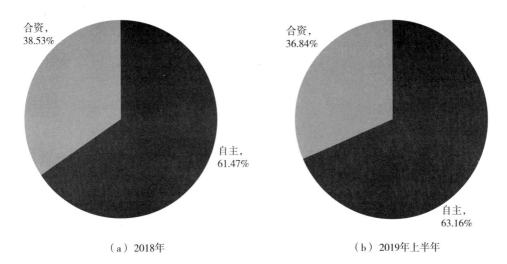

图 2-3 紧凑型 SUV 自主品牌及合资品牌车型数目占比

图 2-4 则显示了 2018 年和 2019 年上半年自主品牌与合资品牌的销量占比，自主品牌的销量分别占据紧凑型 SUV 总销量的 57.56% 和 56.96%。结合图 2-3 中的数据可以发现，自主品牌车型数目比合资品牌车型数目多了约 25%，而自主品牌和合资品牌销量占比差别却只有 15% 左右，这也说明了自主品牌的车型虽然较多，但是部分自主品牌的产品竞争力还有待提高。

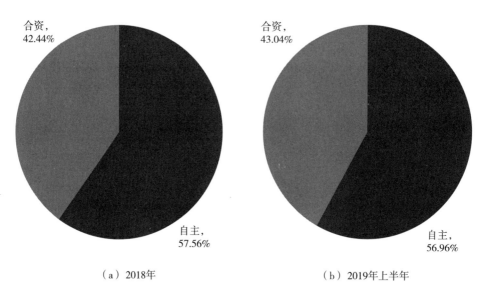

（a）2018年 　　　　　　　　　（b）2019年上半年

图 2-4　紧凑型 SUV 自主品牌与合资品牌销量占比

根据近年来 SUV 市场的销售情况，做出不完全统计，得到车型数目的变化如图 2-5 所示，其中 2019 年的车型数量的统计截止时间是 2019 年 6 月。纵观 2011~2019 年，紧凑型 SUV 的车型数量稳步增长。其中，2012~2013 年及 2017~2018 年紧凑型车型数增加 25 款，是紧凑型 SUV 发展的高潮期，截至 2019 年 6 月，紧凑型 SUV 的车型数目达到了 114 款，占 SUV 总数的 44.36%，极大地丰富了 SUV 车型，并在 SUV 市场中占据重要地位。

总之，无论是从紧凑型 SUV 车型的丰富度还是从销量的占比来看，尽管合资品牌较自主品牌都显示出一定的优势，但与中型、中大型及大型 SUV 以合资和进口品牌为主力的市场表现形成了鲜明对比。

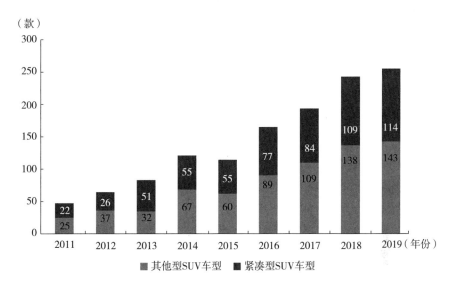

（款）

图 2-5　**2011~2019 年 SUV 车型数量变化情况**

注：2019 年全年销量数据按上半年两倍处理。

第三节　性能及技术特点

紧凑型 SUV 之所以占据主要市场份额且处于不可替代的位置，除了价格较中型及中大型 SUV 较低的因素外，与其性能和技术特点也有很大关系。本节将从各部分参数配置的角度分析紧凑型 SUV 的性能和技术特点。

一、车身结构尺寸

从车身长度、轴距来看，紧凑型 SUV 与中型 SUV 存在较大交集，与小型 SUV 却有明确的界限，说明紧凑型 SUV 已能较好地满足充裕的乘坐空间这一基本的舒适性要求；从整备质量来看，紧凑型 SUV 与中型 SUV 有一定差距，说明紧凑型 SUV 相较中型 SUV，可能缺少某些配置，而这些配置所带来的性能和舒适性的提高对大多数消费者来说并非不可或缺的；从行李厢容积来看，紧凑型 SUV 明显较中型 SUV 小、较小型 SUV 大，基本能满足大多数消费者的需求。另外，与轿车相比，良好的通过性是各型号 SUV 普遍的优势，最小离地间隙直接反映了 SUV 的通过性能，由前文可知各型号 SUV 基本都能满足城市道路行驶需求。

二、发动机参数

发动机参数与整车动力性、经济性有密切的联系。良好的动力性、偏高的油耗是 SUV 普遍的特点。因为 SUV 整备质量一般重于同级别的轿车，所以发动机排量也会偏大，以避免出现"小马拉大车"的问题。据统计，紧凑型 SUV 的发动机一般都为四缸直列式，排量一般都在 1.5~2.5L，同一车型不同版本的配置高低不同，发动机的排量也相应会有变化。总体而言，紧凑型 SUV 的发动机排量比轿车的平均水平略高，但是比中型、中大型 SUV 低，油耗一般在百公里 10L 以内，属于普通消费者可承受范围。

发动机的功率与扭矩是反映动力性的关键参数，同时与排量和是否带增压装置息息相关。紧凑型 SUV 的排量一般比轿车偏大，并且近年来增压装置的应用越来越多，使紧凑型 SUV 拥有优于普通轿车的动力性。小型 SUV 的功率、扭矩与轿车相差不多，而中型及大型 SUV 则拥有更大的功率和扭矩，从而具有更强劲的动力性。

发动机的进气方式可分为自然吸气、机械增压以及涡轮增压三类。紧凑型 SUV 中，采用自然吸气与涡轮增压两种进气方式的车型数目不相上下，在 2018 年销量前十的紧凑型 SUV 车型中，采用自然吸气的车型有日产奇骏、丰田 RAV4 荣放等，而哈弗 H6、博越、荣威 RX5、广汽传祺 GS4、长安 CS55 以及长安 CS75 则都采用了涡轮增压进气方式，帝豪 Gs 和北京现代 ix35 则既有自然吸气，也采用涡轮增压。在 2018 年销量前十中占比最多的是自主品牌和日系车，日系车型偏爱自然吸气，而自主品牌偏爱涡轮增压。与 2018 年相比，因为节能要求日趋严格，小排量涡轮增压发动机越来越受欢迎。

在 2019 年上半年销量前十的紧凑型 SUV 中，采用自然吸气的车有本田 CR-V、丰田 RAV4 荣放、日产奇骏，而自主品牌均采用涡轮增压，包括哈弗 H6、博越、哈弗 F7、长安 CS75、荣威 RX5 以及广汽传祺 GS4。

供油方式直接关系到发动机的燃烧效率，是发动机的重要参数之一。紧凑型 SUV 中，不同于 2018 年，缸内直喷成为主流。对比其他级别的 SUV，小型 SUV 大都采用多点电喷方式供油，而中型和中大型 SUV 绝大部分都选择缸内直喷的方式供油。

此外，各品牌的发动机采用了各自特有的技术，如哈弗采用的可变气门正时技术、本田采用的i-VTEC技术、北汽采用的DVVT技术、广汽传祺采用的DC-VVT技术、丰田采用的VVT-i技术、宝马X1采用的Double-VANOS/Valvetronic技术等，这些发动机特有技术除改善了发动机的性能外，也是各个品牌的标志。

三、变速器

紧凑型SUV的变速器包括6挡手动、6挡手自一体、7挡双离合、CVT无级变速等，各品牌一般都会提供6挡手动版本，有些车型的自动变速器采用6挡手自一体形式，如哈弗H6、长安CS75、博越等，另一些车型采用7挡双离合形式，如荣威RX5、奔驰GLA等，而日系车型一如既往地偏爱CVT无级变速，如日产奇骏、本田CR-V、丰田RAV-4等。一般来说，在其他配置相同的情况下，手动版本比自动版本指导价格低1万~2万元。

四、底盘

紧凑型SUV一般采用承载式车身，且绝大多数前后悬架都为独立悬架，前悬架一般都会采用麦弗逊式，以提高其舒适性，后悬架多采用多连杆独立悬架，也有车型采用双横臂式独立悬架。对比其他类型SUV可以发现，紧凑型SUV的悬架与中型及中大型SUV并无很大差异，却与小型SUV有很大区别，小型SUV前悬架同样采用麦弗逊式居多，但后悬架大都是半独立悬架或是非独立悬架。

四驱性能是许多消费者在购车时非常关注的一点。紧凑型SUV一般每个车型都会有两驱款和四驱款，且两驱款通常配备手动变速器，四驱款配备自动变速器。四驱类型有适时四驱和全时四驱，且二者都被广泛采用，中型SUV和中大型SUV也是如此，而大多数小型SUV则是前置前驱，并不设置四驱功能。

五、制动

紧凑型SUV的车轮制动的标配是前制动为通风盘式，后制动为盘式，当然不乏一些品牌的车型前后制动均采用了通风盘式，达到了中型及中大型SUV的标配，如日产奇骏和哈弗H6的部分车型等。在驻车制动上，几款畅销的自主品牌车型都采用了电子驻车，如博越、荣威RX5、长安CS75等，东风日产的奇骏部分款型则采用脚刹，一汽丰田 RAV4 的一些款型则采用手刹形式，其他合资品牌大都采用电子驻车，如大众途观、奥迪 Q3 等。对比其他级别的 SUV，小型车基本全部采用手刹进行驻车制动，而中型及中大型 SUV 则基本采用电子驻车系统。

六、安全及操控配置

紧凑型 SUV 一般都标配主、副驾驶座气囊，大部分车型能够配置前、后排侧气囊，合资品牌中则只有部分配有前、后排头部气囊。操控配置方面，紧凑型 SUV 均配备 ABS 防抱死系统、制动力分配系统（EBD/CBC 等），绝大多数车型都配备刹车辅助（EBA/BAS/BA 等）、牵引力控制系统（ASR/TCS/TRC 等）和车身稳定控制系统（ESC/ESP/DSC 等），部分自主品牌车型及一些价位较高的合资品牌车型还采用了上坡辅助、自动驻车、陡坡缓降等技术，如博越、传祺 GS4、大众途观、奥迪 Q3、宝马 X1 和奔驰 GLA 等。

如图 2-6 所示，从销量来看，2018 年紧凑型 SUV 销量前十名中，自主品牌数量与合资品牌相当，但前两名均为自主品牌，这也充分说明了自主品牌在紧凑型 SUV 市场中居于领导地位，其中长城汽车公司的哈弗 H6 以 45 万多辆的销量在紧凑型 SUV 市场中独占鳌头。

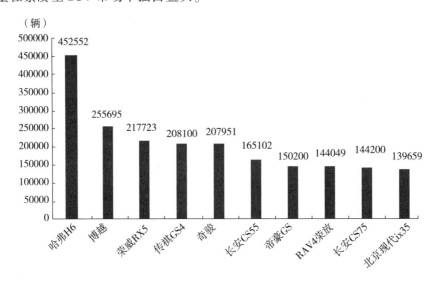

图 2-6　2018 年紧凑型 SUV 销量前十名

资料来源：搜狐汽车。

如图 2-7 所示，从销量来看，2019 年上半年紧凑型 SUV 销售前十中的前三位没有变化，本田 CR-V 在 2018 年中排第 11 位，但 2019 年上半年在紧凑型 SUV 市场上提高到了第 5 位，市场表现不错。

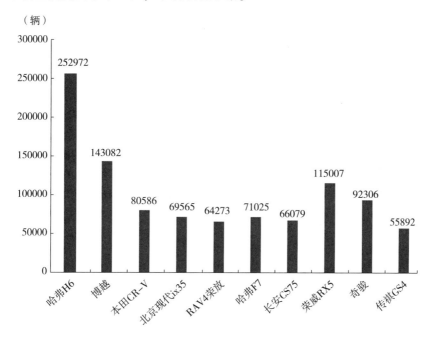

图 2-7　2019 年上半年紧凑型 SUV 销量前十名

资料来源：搜狐汽车。

如图 2-6、图 2-7 所示，2018 年和 2019 年上半年销量最好的车型为长城汽车的哈弗 H6，显示出民众对国产自主品牌的认可度；合资品牌中，日系车的销量较好，其典型代表为东风本田 CR-V，因此本部分选取这两款车进行对比，对比情况如表 2-2 所示。哈弗 H6 于 2011 年上市，于 2018 年底推出 2018 款；本田 CR-V 可追溯至 20 世纪，两者的比较具有典型性。

价格方面，同级别车型自主品牌价格一般明显低于合资品牌，更高的性价比无疑是自主品牌参与市场竞争的一大利器；发动机方面，自主品牌和大多数合资品牌近几年越来越多地采用涡轮增压，在油耗上本田 CR-V 低于哈弗 H6；变速器方面，自主车企开始尝试自主开发的双离合变速器，哈弗 H6 采用了长城自主开发的 7 挡 DCT，本田 CR-V 采用 6 挡自动变速器，区别于日系车一贯采用的无级变速器；底盘方面，两者大多数车型为前置前驱，前悬架采用麦弗逊式独立悬架，后悬架分别采用多连杆式独立悬架和双横臂式独立悬架；车轮制动方面，两者均采用了前通风盘式后盘式的配置，驻车方式均采用电子驻车；安全装备方面，可以说两者都较完备；辅助/操控配置方面，哈弗 H6 占尽优势，将自主品牌性价比高的特点表现得淋漓尽致。

表 2-2　本田 CR-V 与哈弗 H6 参数对比

车型信息			本田 CR-V 2019 款 240TURBO 手动两驱经典版	哈弗 H6 2018 款运动版 1.5T 自动两驱精英型
厂商报价			14.58 万元	11.30 万元
发动机		基本参数	1.5T 193 马力 L4	1.5T 150 马力 L4
		配气机构	DOHC	DOHC
		最大马力	193Ps	150Ps
		最大功率	142kW	110kW
		最大扭矩	243N·m	210N·m
		供油方式	直喷	多点电喷
		工信部综合油耗	6.6L/100km	6.9L/100km
		变速器	6 挡手动变速器	7 挡双离合变速器
底盘转向		驱动方式	前置前驱	前置前驱
		前悬架类型	麦弗逊式独立悬架	麦弗逊式独立悬架
		后悬架类型	多连杆式后悬架	双横臂式独立悬架
		转向助力类型	电动助力	机械液压助力
车轮制动		前制动器类型	通风盘式	通风盘式
		后制动器类型	盘式	盘式
		驻车制动类型	电子驻车	电子驻车
安全装备		主/副驾驶座安全气囊	主√　副√	主√　副√
		前/后排侧气囊	前√　后—	前√　后—
		胎压监测装置	√	√
		ABS 防抱死	√	√
		制动力分配（EBD/CBC 等）	√	√
		刹车辅助（EBA/BAS/BA 等）	√	√
		牵引力控制（ASR/TCS/TRC 等）	√	√
		车身稳定控制（ESC/ESP 等）	√	√

车型信息		本田 CR-V 2019 款 240TURBO 手动两驱经典版	哈弗 H6 2018 款运动版 1.5T 自动两驱精英型
辅助/ 操控 配置	前/后驻车雷达	前— 后—	前— 后√
	自动驻车	√	√
	上坡辅助	√	√
	陡坡缓停	—	√
	发动机启停技术	—	√
	巡航系统	定速巡航	定速巡航
	可变悬架功能		

总体来看，自主车型哈弗 H6 性能高于本田 CR-V，价格相对低一些，然而平顺性、可靠性等性能无法凭参数比较。近年来，以哈弗 H6 为代表的自主品牌 SUV 在市场上大受欢迎，销量逐步超过合资品牌。总体来说，合资品牌车系仍占据一定优势，除了品牌效应外，其众口皆碑的可靠性、平顺性等性能是重要原因，而这也正是自主品牌努力的方向。

第四节　发展现状

一、整体发展趋势及展望

1. 近年来紧凑型 SUV 发展态势及未来预测

据粗略统计，纵观 2011~2016 年的 SUV 市场，SUV 的总销量整体呈现加速上升趋势，2012 年较 2011 年销量同比增长 31.3%，2013 年较 2012 年同比增长 48.5%；2014~2015 年的增幅有所下降，但依然保持 23.4% 的增长速度；2015 年 SUV 销量增长速率出现高潮，增长率达 52.1%；2016 年的增速相比 2015 年有所提高，达到 43%；2017 年开始增速急剧减小，相对于 2016 年仅增加 11.5%；2018 年起销量出现下降趋势，增速为 -2.6%；2019 年销量（假定为上半年销量的两倍）预计增速为 -11.6%。

　　SUV 汽车以其出色的越野性能、充沛的乘坐空间以及稳重大气的外观深受广大消费者的认可，但是受到整体市场的影响，预计未来两年 SUV 销量将继续下降，厂商压力逐渐增大。

　　据不完全统计，作为 SUV 中市场占有率最大的紧凑型 SUV，2011~2017 年，其销量始终保持稳定的增长态势，从 2011 年的 108.42 万辆攀升至 2017 年的 516.79 万辆，2018 年销量出现下降，预计 2019 年销量为 433 万辆左右（见图 2-8）。

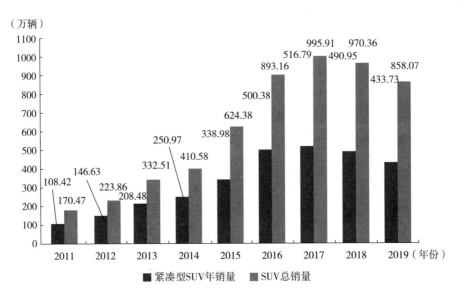

图 2-8　2011~2019 年紧凑型 SUV 年销量及 SUV 总销量

注：2019 年全年销量数据按上半年两倍处理。

　　由 2011~2018 年紧凑型 SUV 销量的同比增幅（见图 2-9）可以看出，增幅整体呈现出波动的趋势，2011~2013 年，SUV 作为一种新车型进驻中国汽车市场，对消费者具有很大的吸引力，因此，2012 年、2013 年的增幅持续上升，到 2014 年 SUV 的增速有所放缓。从 2015 年开始，紧凑型 SUV 市场再度呈现繁荣的景象，2016 年的增幅达到了 47.61%。2017 年紧凑型 SUV 销量增幅则降至3.3%，2018 年出现负增长，为-5%，由于 2019 年乘用车整车市场销售会继续负增长，预计 2019 年紧凑型 SUV 也将出现更大幅度的销量减少。

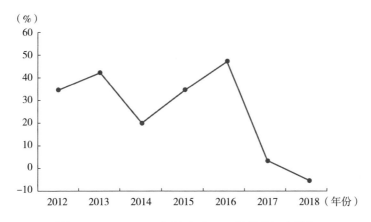

图 2-9　2012~2018 年紧凑型 SUV 销量的同比增幅

2. 2018 年紧凑型 SUV 市场细分及相关预测

相比近年来 SUV 的市场分析，2018 年的市场细分对未来一两年内的 SUV 市场预测更具有参考价值。图 2-10 为 2018 年各季度紧凑型 SUV 销量，从中可以看出，紧凑型 SUV 全年均占据 SUV 市场总销量的 50% 左右，其中第四季度占到74.38%。据粗略统计，2018 年第一季度紧凑型 SUV 销量为 128.63 万辆，第二季度紧凑型 SUV 销量为 115.10 万辆，第三季度紧凑型 SUV 销量为 113.67 万辆，第四季度紧凑型 SUV 销量为 133.55 万辆。仅就 2018 年各季度的销量进行分析，如图 2-11 所示，相对第一季度，第二、第三、第四季度的销量环比增幅分别为−10.51%、−1.24% 和 17.48%，可以看出紧凑型 SUV 的销量从下降逐渐上升，从第三季度开始发力，到了第四季度则迎来了销售旺季，销量猛增。

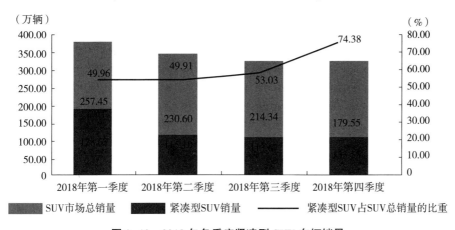

图 2-10　2018 年各季度紧凑型 SUV 车辆销量

181

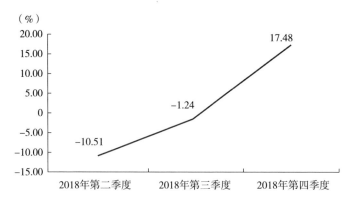

图 2-11　2018 年各季度环比增幅

　　图 2-12 具体显示了 2018 年 1~12 月紧凑型 SUV 销量趋势走向。从中可以看出，2018 年紧凑型 SUV 的销量趋势与 SUV 市场的总体走势基本一致，整体呈现"W"形，上半年销量波动较大，从 2018 年最高销量降到最低销量，尤其 1 月与 2 月相差较大，从 7 月开始，销量持续增长，从 7 月的 32.2 万辆一直增长到 12 月的 48.1 万辆。

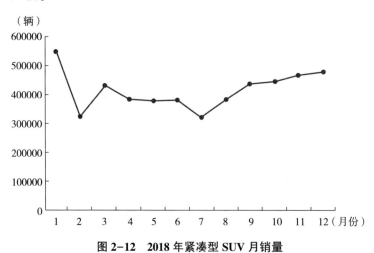

图 2-12　2018 年紧凑型 SUV 月销量

　　图 2-13 是根据 2018 年和 2019 年上半年 SUV 市场的销量走势，对 2019 年各月紧凑型 SUV 市场销售情况做出的预测，对比图 2-12 中 2018 年各个月份的销量，可见其与 2018 年基本相同，呈现"W"形走势，但整体降幅更大，月份间销量差距较大。其中年初、"金九银十"以及年底月份的销量走势较高，其他月份销量相对平稳，2 月仍然为全年销量最低值。结合 2019 年上半年的数据，紧凑

型 SUV 市场的月销量将在 40 万辆上下波动，下半年的销量整体上升，但增速较 2018 年有所放缓。

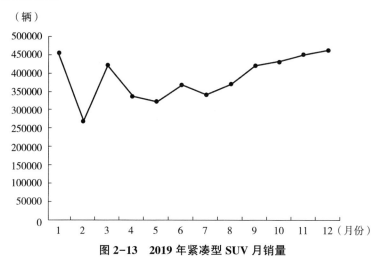

（辆）

图 2-13　2019 年紧凑型 SUV 月销量

二、代表性车型分析

选取具有代表性的车型（销量激增车型、销量断崖式下降车型、稳定畅销车型、销量稳定低迷车型）进行分析。对比 2017 年、2018 年、2019 年预计的销量，剖析其激增、下降、畅销、低迷的原因。

1. 销量激增车型

根据 2017 年、2018 年销量以及 2019 年预计的销量，考虑新车上市时间因素的影响，近三年市场上的紧凑型 SUV 中，销量有明显上升的车型不多，其中较具代表性的车型有观致 5、北京现代 ix35。观致 5 和北京现代 ix35 在 2017 年以前就已经上市，其近三年销量如表 2-3 所示，其中，观致 5 2018 年销售 46511 辆，与 2017 年相比，销量增长 297.39%；北京现代 ix35 2018 年销售 139659 辆，与 2017 年相比，销量增长 298.03%。

表 2-3　观致 5 和北京现代 ix35 近三年销量　　　　　　　单位：辆

车型	2017 年	2018 年	2019 年
观致 5	11704	46511	14368
北京现代 ix35	35087	139659	139130

在设计方面，以观致 5 为例，其展翼式整体前部头灯布局前隔栅与大灯连成一体，曲棍球式后车门线搭配车顶线条，1869mm 车身宽度，2710mm 的轴距与同级别 SUV 相比，尺寸相对更大。配置方面，观致 5 具有 ESP 转向系统、EDB制动力分配系统、ESC 车身稳定系统、TCS 牵引力控制系统、CBC 弯道制动控制系统、HA 坡道辅助系统等很多同级别 SUV 不具有的功能，现代科技感十足，因而受到消费者青睐。另外，观致 5 销量大增与宝能入股观致汽车后推出的一系列市场推广政策也有很大的关系。

2. 销量断崖式下降车型

受汽车行业影响，紧凑型 SUV 中，销量大幅下降的车型数量较多，如途胜、北汽幻速 S6、标致 3008 以及东风风神 AX5，相较 2017 年，2018 年销量均下降高达 70%以上，猎豹 CS10、翼虎、海马 S5、讴歌 CDX、K60、东南 DX7、名爵GS、瑞虎 7 以及瑞风 S7 在 2018 年的销量也均下降 50%以上，如表 2-4 所示。

表 2-4　断崖式下降车型近三年销量　　　　　　单位：辆，%

序号	车型	2017 年	2018 年	2019 年	2019 年增长率
1	途胜	51130	4598	13628	−91.01
2	北汽幻速 S6	23246	2607	3426	−88.79
3	标致 3008	18585	3719	1278	−79.99
4	观致 3 都市 SUV	819	204	58	−72.80
5	东风风神 AX5	16712	4545	1174	−66.96
6	起亚 KX5	20641	5951	14728	−66.32
7	猎豹 CS10	84604	27954	9808	−60.74
8	翼虎	92455	31139	9500	−60.67
9	海马 S5	63248	24834	3360	−58.03
10	讴歌 CDX	13191	5188	4978	−57.89
11	K60	54900	23039	9438	−56.12
12	东南 DX7	40586	17089	5956	−55.49

以福特翼虎为例，最早于 2013 年 1 月 22 日在国内上市，2017 年销量高达92455 辆，2018 年陡降至 31139 辆，销量下降了 60.67%。总销量下降的原因有以下几点：紧凑型 SUV 品牌众多，自主品牌新生力量后来居上（WEY、领克），德系、日系车推陈出新，使得福特翼虎的核心竞争力大打折扣；长安福特销售体

系弊端日益显现，产品布局存在顾此失彼的问题，体系建设能力较低，其中有些车型本身问题严重，但是迟迟不予以召回或采取其他补救措施，引起消费者不满，导致其销量下降。北汽幻速则是因为北汽银翔经营出现困难，企业停产等因素，导致销量大幅度下降。

3. 稳定畅销车型

表2-5中的六款车型，通过对比它们近三年的销量发现，其销量略有起伏，但相差不太，属于稳定畅销型。

表 2-5　稳定畅销车型近三年销量　　　　　　　　　　单位：辆

序号	车型	2017 年	2018 年	2019 年
1	博越	219428	255695	286163
2	哈弗 H6	365026	452552	505944
3	荣威 RX5	119926	217723	230014
4	逍客	160330	175045	156322
5	RAV4 荣放	143484	144049	128545
6	奇骏	206982	207951	184612

这六款车型持续畅销的原因主要有以下几点：①品牌均属于国内知名度很高的车企，如吉利、长城、上汽、东风、一汽，其中有不少合资品牌，在国内的认可度也很高，是国人都信赖的品牌。②车型的定位是大众化平民车型，价格也是大多数家庭可以接受的。③产品实用性强，具有宽敞舒适的空间、深入人心的外观设计、比较丰富的配置和中规中矩的内饰。④有很好的行车体验以及驾乘舒适感。⑤燃油经济性较高。所以，这六款车常年居于销量榜单前列且销量较为稳定。

4. 销量稳定低迷车型

除停产车型与刚刚上市的新车外，在三年中销量稳定且相对于其他紧凑型SUV 销量很低的车型为稳定低迷车型。表 2-6 以凯翼 X5 为例，自上市以来，一直处于销量稳定低迷状态，2017 年销量在 6000 辆左右，2018 年销量在 8000 辆左右，相比于其他紧凑型 SUV，可谓销量惨淡。凯翼 X5 销量低迷的主要原因有四点：首先，其主力是国五车型，只有三款国六车型；其次，凯翼本身品牌知晓度低，国内渠道经销商数量并不多，使得凯翼购买、维修和保养不方便；再次，2019 年换代的凯翼 X5 版相比 2017 款减配严重；最后，凯翼在市场上的口碑不突出，国人对其认可度比较低。

表 2-6　凯翼 X5 近三年销量　　　　　　　　　　单位：辆

车型	2017 年	2018 年	2019 年
凯翼 X5	6406	8703	6469

三、地域分布情况

鉴于我国地域辽阔，不同地域的地理环境差异较大，各个地域对应的畅销车型也因此有所不同，本小节将从地域分布角度入手，探讨紧凑型 SUV 在不同地域的销量情况，并结合不同车系、品牌等因素进行分析。本节将全国分为北部、华东、华南、华中、西部五大地区，进行统计分析。

表 2-7 中是本节所选取具有代表性的紧凑型 SUV 车型，这些车型在 2018年、2019 年上半年的销量都稳定在销售榜单前列，其中的车型均是紧凑型 SUV各个价位、各个档次的标杆车型，具有极高的统计和参考价值。

表 2-7　地域分布分析的十款紧凑型 SUV 代表车型

序号	企业	车型	报价（万元）
1	上汽大众	哈弗 H6	21.88~35.08
2	北京奔驰	博越	39.08~58.78
3	本田	CR-V	21.49~30.99
4	奇瑞汽车	北京现代 ix35	6.99~12.29
5	一汽大众	RAV4 荣放	18.59~31.39
6	一汽奥迪	哈弗 F7	35.85~57.17
7	广汽丰田	长安 CS75	23.98~32.58
8	沃尔沃亚太	荣威 RX5	36.29~46.99
9	广汽三菱	奇骏	19.98~28.48
10	广汽本田	传祺 GS4	22~32.98

1. 国内各地区紧凑型 SUV 销量分析

经过统计得出 2018 年和 2019 年上半年紧凑型 SUV 总销量的地区分布，如图 2-14 所示。2018 年和 2019 年上半年紧凑型 SUV 在北部地区的销量最高，占全国总销量的 25%；其次是华东与西部，分别占全国总销量的 23% 和 20%；华南和华中地区紧凑型 SUV 销量较少，分别占全国总销量的 17% 和 15%。可见，北部、华东、西部地区是紧凑型 SUV 的市场重点。

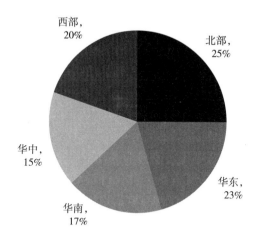

图 2-14　2018 年和 2019 年上半年紧凑型 SUV 总销量全国地区分布

2. 自主与合资品牌紧凑型 SUV 市场及地域分析

2018 年，国内市场销售的紧凑型 SUV 中，合资品牌的销量占全年紧凑型 SUV 总销量的 60%，自主品牌的销量占全年紧凑型 SUV 总销量的 40%；2019 年上半年，合资品牌的销量占全年紧凑型 SUV 总销量的 61%，自主品牌的销量占全年紧凑型 SUV 总销量的 39%，两年合资品牌与自主品牌的占比基本稳定。在国内紧凑型 SUV 市场中，合资品牌占据了大部分市场，而自主品牌的市场占有率与合资品牌相比仍有一定的差距，在购买紧凑型 SUV 时，国人更倾向于选择合资品牌的车型。

2018 年，国内市场销售的紧凑型 SUV 中，自主品牌在售车型数量约占国内在售车型总数的 61%，合资品牌在售车型数量约占国内在售车型总数的 39%。2019 年上半年，自主品牌在售车型数量约占国内在售车型总数的 63%，比 2018 年略有上升；合资品牌在售车型数量约占国内在售车型总数的 37%，比 2018 年略有下降。由此可知，国内市场自主品牌在售的车型数量要高于合资品牌在售车型数量。尽管自主品牌紧凑型 SUV 拥有如此高的车型数量，在市场销量方面却远不及合资品牌紧凑型 SUV。这样的统计结果是值得我们思考的，我国部分自主品牌有着多个子品牌，每个子品牌都有多种在售车型。自主品牌产品线杂乱，子品牌混乱，有些车型尽管仍在市场上销售，但是多年没有及时地换代更新，产品竞争力低，这就在一定程度上导致自主品牌紧凑型 SUV 的产品数量较多。但是目前我国自主品牌 SUV 的竞争力仍与合资品牌有着一定的差距，使得有一定经济实力的消费者在选择紧凑型 SUV 时往往会更青睐合资品牌车型，这也就导致合资品牌紧凑型 SUV 销量要高于自主品牌紧凑型 SUV 销量。

进一步分析 2018 年及 2019 年上半年自主品牌与合资品牌在国内各地域的分布认可度的情况，如图 2-15、图 2-16 所示。虽然合资品牌占据了紧凑型 SUV 大部分的市场，从购车意愿与认可度的调查中发现，2018 年、2019 年上半年中合资品牌的认可度要明显高于自主品牌的认可度，对于合资品牌的认可度，北部和华东地区明显高于其他地区。对于自主品牌，北部和西部地区的认可度相比于其他地区要高。相比于 2018 年合资品牌的认可度，2019 年几乎均有所提升，北部地区由 39.01% 提升至 39.69%，华东地区由 36.26% 提升至 39.00%。合资品牌在国人心目中的认可度较高，使得合资品牌成为更受欢迎的品牌。

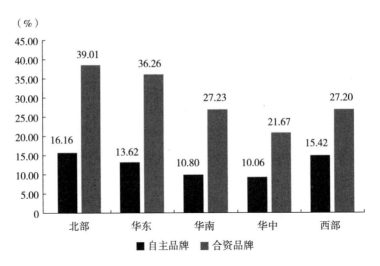

图 2-15　2018 年地域认可度情况

四、各企业品牌在不同级别城市的分布

依据 2018 年、2019 年上半年的统计数据，选取国内市场上具有代表性的 10 款紧凑型 SUV 进行分析（见表 2-7），该十款车型在紧凑型 SUV 市场中销量占据前 15 名，自主品牌和合资品牌车型数量相当，数据具有代表性。由于城市级别

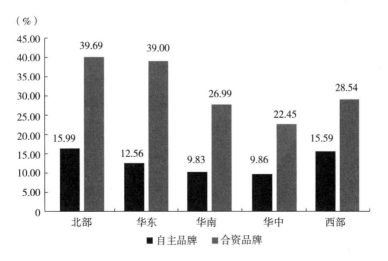

图 2-16 2019 年上半年地域认可度情况

可以直观反映消费者的消费水平，不同级别城市的消费者在选择紧凑型 SUV 时会呈现出一定的分布规律。此外，车企对某款车型的市场定位和对消费人群的划分会直接关系到产品在不同城市级别的分布。2018 年和 2019 年上半年，这些紧凑型 SUV 车型在全国一线、二线、三线、四线、五线城市的销量占比如图 2-17 所示。

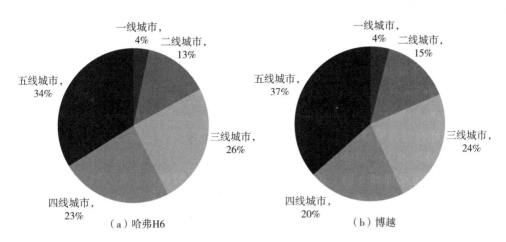

图 2-17 各个车型在不同级别城市的购买比例

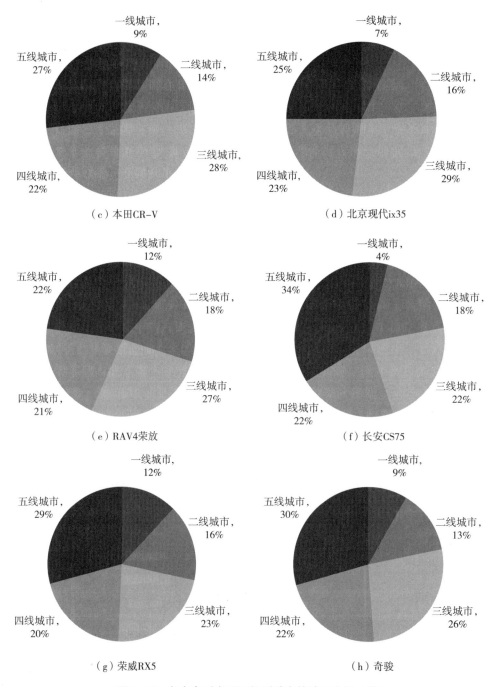

图 2-17　各个车型在不同级别城市的购买比例（续）

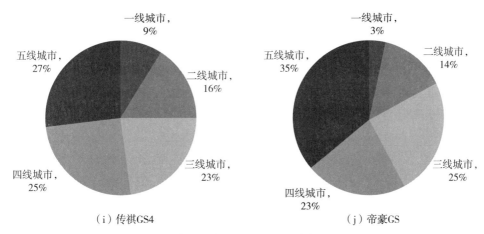

（i）传祺GS4　　　　　　　　　（j）帝豪GS

图 2-17　各个车型在不同级别城市的购买比例（续）

第五节　新车型展望

近年来，新车型和改款车的出现为整个紧凑型 SUV 市场注入了一丝活力，新增的部分车型如表 2-8 所示。2019 年，大约有 21 种新车型加入紧凑型 SUV 市场参与竞争，由于紧凑型 SUV 备受国内消费者的青睐，很多车企一直致力于紧凑型 SUV 的研发。

表 2-8　2019 年上半年紧凑型 SUV 新车型统计

序号	车企	车型	价格区间（万元）	销量（辆）
1	福特	领界	10.98~16.88	23894
2	东风风行	风行 T5	6.99~13.59	15384
3	领克	领克 02	11.98~18.88	11798
4	宝骏	宝骏 RS-5	9.68~13.58	9980
5	比亚迪	宋新能源	17.69~21.99	7920
6	威马汽车	威马 EX5	18.98~28.98	7458
7	吉利汽车	帝豪 GSe	11.98~15.98	5475
8	红旗	红旗 E-HS3	22.58~26.58	4825

续表

序号	车企	车型	价格区间（万元）	销量（辆）
9	大乘汽车	大乘 G60	5.99~6.99	3877
10	荣威	荣威 RX5 新能源	17.59~29.68	2989
11	沃尔沃	沃尔沃 XC40	26.48~38.58	2234
12	吉利汽车	星越	13.58~19.58	1964
13	领克	领克 01 新能源	22.27~25.98	1635
14	吉利汽车	星越新能源	18.88~21.68	1576
15	汉腾	汉腾 X5 EV	18.98~20.98	1269
16	海马	海马 S7	9.88~12.68	534
17	汉腾	汉腾 X7 PHEV	22.98~24.98	512
18	吉利汽车	缤越新能源	14.98~16.98	446
19	纳智捷	纳智捷优 6 SUV	12.98~16.98	316
20	海马郑州	海马 8S	7.99~12.59	38
21	领克	领克 02 新能源	19.97~22.97	3

下面将简单分析 2019 年全新紧凑型 SUV 车型的市场销售情况。图 2-18 显

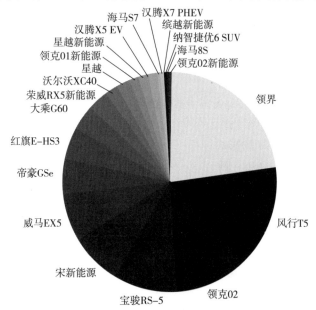

图 2-18　2019 年上半年紧凑型 SUV 新车型销量占比

示了 2019 年上半年 21 款新紧凑型 SUV 的销量排名，其中福特领界销量占到 21 款车型总销量的 23%，成为 2019 年上半年紧凑型 SUV 新车型中的一匹黑马，纯电动与混合动力紧凑型 SUV 由于价格相对较高，销量较低。

通过分析可以发现，每款新车都有自己的特点和优势。随着消费选择越来越多，消费者对产品的要求也越来越高。而风行 T5 和领克的成功，又说明了消费者对于自主品牌没有偏见，只要企业奉献出诚意之作，消费者还是愿意为高出来的价格买单的。从长远来看，良好的品质是企业做大做强的唯一途径。

第六节 小结及 2020 年紧凑型 SUV 市场预测

本章主要从车型定义、性能特点、技术优势、发展状况、未来的趋势预测以及新车型研发等角度分析紧凑型 SUV，此外，还结合地理区域分布、城市级别分类、各个企业、车系派别以及消费者的购车关注度等相关因素来解析紧凑型 SUV 的市场。

相比其他的车型，紧凑型 SUV 具有以下特点：性价比高、空间足够满足大多数消费者的日常用车需求、自主品牌在紧凑型 SUV 市场具有主要优势等。通过市场细分，可以更直观地了解到该车型的市场定位及其市场现状的成因，也可以从侧面反映出市场需求以及消费者喜好。这对我国未来汽车的发展具有指导性意义，也便于对 2020 年紧凑型 SUV 市场进行预测。

一、市场方面

受到 SUV 市场整体的影响，虽然目前紧凑型 SUV 车型仍在增多，市场规模扩大，但是市场趋于饱和，预计增速将放缓甚至销量出现下降，2020 年整体增速可能会低于 2018 年和 2019 年。自主品牌的竞争力逐渐提高，长城、吉利等品牌或将接替上汽、长安等成为自主品牌增长的新主力，自主品牌在紧凑型 SUV 的占比将进一步提高，逐渐改变目前弱势的市场占比。受到来自自主品牌的影响，合资品牌或将采取改款、降价、投放新车型等方式与自主品牌展开竞争，2020 年紧凑型 SUV 市场竞争将更加激烈，紧凑型 SUV 市场集中度或将进一步提高。北部、华东及西部地区仍然会是紧凑型 SUV 销量较好的地区，不同企业品牌车型在不同级别城市中的销售情况也基本与 2018 年相仿。

二、新车型方面

2018 年和 2019 年上半年是紧凑型 SUV 发展的瓶颈期，共 21 款车型上市。在新上市的领界大放异彩的同时，老款畅销车型如哈弗 H6、长安 CS75 虽然仍保持较高销量，但竞争力逐渐减弱。预计 2020 年哈弗 H6、长安 CS75 等将进行改款或推出新车型。另外，随着紧凑型 SUV 市场增速放缓，预计 2020 年新车型不会超过 2019 年，估计在 20 款以下。

三、技术方面

2018 年车企尤其是自主品牌企业将更多注意力放在提高汽车基本性能上，如长城哈弗 H6 对动力性和空间布置的优化、吉利对博越驾驶性能的调整等。可以看出，企业在不断堆砌倒车影像、GPS 导航、全景摄像头等次重要配置后，已逐步把注意力转移到最基本的整车动态性能提高上，这对于自主品牌是一个好现象，预计 2020 年企业还会沿此方向发展。

第三章　中型 SUV 的现状与前景分析

第一节　概述

　　结合市面现有 SUV 车型，综合目前的分类方式，将中型 SUV 定义为车身长度介于 4400~4850mm，轴距介于 2650~2800mm，或至少要满足其一的 SUV 车型。中型 SUV 车型依靠良好的操控性、通过性、安全性、轿车般的驾乘舒适性以及宽敞的空间，吸引了消费者的目光，从而成为 SUV 市场上的主力车型之一。

　　相比于发展缺乏活力的小型 SUV 市场，以及销量火爆的紧凑型 SUV 市场，我国中型 SUV 市场占有率在近九年内有所起伏。2011~2014 年，中型 SUV 的销量占比持续走低，由 20.05% 降低至 15.47%；而 2015 年至今，中型 SUV 的销量占比逐步升高，在近两年汽车市场缺乏活力的情况下销量还继续保持增长，市场的占有率逐渐增长到 25.35%，可见中型 SUV 市场具备一定的上升潜力。中型 SUV 的发展一方面受制于中型 SUV 的价格，中低等收入人群较难承受 20 万~30 万元的购车费用以及后续的相关养护费用，以换来稍大的乘坐空间；另一方面各大车企在 SUV 市场的战略更倾向于小型、紧凑型 SUV 市场，来满足中等及中下等收入人群的用车需求。但随着居民生活水平的提高，中型 SUV 在市场中仍具有一定的竞争力。图 3-1 具体显示了 2011~2019 年中型 SUV 的销量占比走势，近五年来中型 SUV 市场销量占比持续增长，从中可以看出中型 SUV 的市场仍具有一定的潜力。

　　消费者选择中型 SUV 的主要原因在于其优异的空间尺寸以及良好的越野性能，同时其安全性能也是十分出众，相比于小型 SUV 和紧凑型 SUV 较适用于城市交通以及日常行驶，中型 SUV 更适合作为家庭旅行用车。随着自驾游在国内流行，以及人们收入水平的提高，中型 SUV 市场未来将迎来不俗的发展。同时考虑到中国国情，我国人口众多，家庭组成庞大，以往的大型轿车或者紧凑型

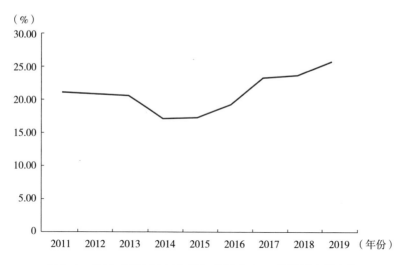

图 3-1　2011~2019 年中型 SUV 销量在 SUV 总销量中的占比

SUV 难以满足一家人的使用需求，而中型 SUV 在空间尺寸上比较符合我国消费者的需求，同时，SUV 车型稳重大气的外观造型也深得国内消费者青睐。

第二节　车型市场表现及销量

表 3-1、表 3-2 统计了 2018 年与 2019 年上半年按照销量排序的中型 SUV 车型及其从属品牌、销量和价格区间。

表 3-1　2018 年中型 SUV 品牌、车型、销量及价格区间统计

序号	车企	车型	价格区间（万元）	销量（辆）
1	上汽大众	途观 L	21.88~35.08	223985
2	上汽集团	荣威 RX5	9.88~14.88	223972
3	上汽通用	别克昂科威	21.49~30.99	201776
4	一汽奥迪	奥迪 Q5	35.85~57.17	124269
5	北京奔驰	奔驰 GLC 级	39.08~58.78	111851

序号	车企	车型	价格区间（万元）	销量（辆）
6	广汽丰田	汉兰达	23.98~32.58	104856
7	领克	领克 01	15.08~20.08	84875
8	广汽本田	冠道	22~32.98	80848
9	上汽通用雪佛兰	雪佛兰探界者	17.49~24.59	71497
10	沃尔沃亚太	沃尔沃 XC60	36.29~46.99	68571
11	长安汽车	欧尚 CX70	7.49~10.49	65573
12	上汽通用	凯迪拉克 XT5	32.97~46.97	63470
13	广汽三菱	欧蓝德	19.98~28.48	60948
14	长安福特	锐界	22.98~42.98	59892
15	东风风光	风光 580	8.09~12.3	59303
16	长城汽车	WEY VV7	16.89~18.88	54672
17	上汽斯柯达	柯迪亚克	18.69~26.84	51230
18	奇瑞汽车	瑞虎 8	8.88~15.59	50553
19	东风本田	UR-V	24.28~32.98	42811
20	奇瑞汽车	捷途 X70	6.99~12.29	40009
21	众泰汽车	T700	10.68~15.58	37828
22	比亚迪	唐 DM	22.99~32.99	37146
23	北汽集团	幻速 S7	7.88~11.58	34002
24	广汽菲克	自由光	18.58~31.9	30932
25	众泰汽车	T600	7.98~14.28	30418
26	奇瑞捷豹路虎	路虎发现神行	55.8~61.8	30171
27	SWM 斯威汽车	斯威 X7	12.98~15.08	29797
28	东风日产	楼兰	23.88~28.38	27865
29	广汽传祺	GS7	14.98~20.98	25350
30	比亚迪	唐	12.99~16.99	24932
31	东风启辰	启辰 T90	10.98~15.48	22936
32	比速汽车	比速 T5	7.29~10.49	21392

序号	车企	车型	价格区间（万元）	销量（辆）
33	长城汽车	哈弗 H7	14.2~18.0	21391
34	SWM 斯威汽车	斯威 G01	7.99~14.79	20695
35	东风标致	标致 5008	18.77~27.37	20588
36	一汽大众	探岳	18.59~31.39	20235
37	长城汽车	WEY VV6	14.8~17.5	18460
38	广汽传祺	GS5 速博	11.68~19.68	14597
39	广汽菲克	大指挥官	27.98~40.98	13466
40	上汽集团	荣威 RX8	16.38~24.68	13256
41	君马汽车	君马 S70	8.19~11.59	12815
42	华晨中华	中华 V7	10.87~15.99	12670
43	众泰汽车	大迈 X7	10.69~15.99	12043
44	众泰汽车	众泰 SR9	10.88~16.98	11918
45	英菲尼迪	QX50	33.38~46.98	11057
46	奇瑞捷豹路虎	路虎揽胜极光	35.58~50.58	10310
47	上汽通用	凯迪拉克 XT5 混合动力	37.99~53.99	9930
48	郑州日产	途达	16.98~24.58	8973
49	君马汽车	SEEK 5 （赛克 5）	7.79~12.89	8706
50	东风风光	风光 ix5	9.89~13.98	8689
51	江铃汽车	驭胜	12.18~17.38	6892
52	江淮汽车	瑞风 S7	9.98~16.88	6787
53	上汽大通	上汽大通 MAXUSD90	15.67~24.9	6114
54	长丰猎豹	猎豹 Q6	11.99~18.98	3756
55	大乘汽车	大乘汽车 G70S	11.99~14.99	3489
56	上汽集团	荣威 Marvel X	26.88~30.88	3405
57	长城汽车	WEY P8	29.28~31.28	3387
58	潍柴汽车	英致 G5	7.98~9.38	3330
59	江西五十铃	mu-X 牧游侠	17.88~28.48	2999
60	力帆汽车	力帆 X60	7.45~9	2895

序号	车企	车型	价格区间（万元）	销量（辆）
61	上汽大众	途观 L 混合动力	31.58~32.58	2697
62	沃尔沃亚太	沃尔沃 XC60 混合动力	52.79~58.59	2254
63	东风悦达起亚	起亚 KX7	17.98~27.68	2027
64	长安标致雪铁龙	DS 7	20.89~31.99	1732
65	力帆汽车	力帆 X80	10.99~14.99	1485
66	福迪汽车	揽福	10.88~16.38	1414
67	福田汽车	萨瓦纳	13.53~21.18	1289
68	比亚迪	比亚迪 S7	9.99~14.99	860
69	绵阳金杯	金杯 S70	7.98~11.38	673
70	广汽讴歌	讴歌 RDX	39.98~45.98	604
71	长安汽车	长安 CS85 COUPE	11.99~16.99	183

表 3-2　2019 年上半年中型 SUV 品牌、车型、销量及价格区间统计

序号	车企	车型	价格区间（万元）	销量（辆）
1	上汽大众	大众途观 L	21.88~35.08	80395
2	北京奔驰	奔驰 GLC 级	39.08~58.78	68333
3	上汽通用	别克昂科威	21.49~30.99	63558
4	上汽集团	荣威 RX5	9.88~14.88	62952
5	奇瑞汽车	捷途 X70	6.99~12.29	51922
6	一汽大众	大众探岳	18.59~31.39	50482
7	一汽奥迪	奥迪 Q5L	38.78~49.80	54263
8	广汽丰田	丰田汉兰达	23.98~32.58	47759
9	沃尔沃亚太	沃尔沃 XC60	36.29~46.99	40216
10	广汽三菱	三菱欧蓝德	19.98~28.48	38347
11	奇瑞汽车	奇瑞瑞虎8	8.88~15.59	35542
12	广汽本田	本田冠道	22~32.98	35429
13	东风风光	风光 580	8.09~12.3	32057
14	长城汽车	WEYVV6	14.8~17.5	28248

序号	车企	车型	价格区间（万元）	销量（辆）
15	广汽传祺	广汽传祺 GS5 速博	11.68~19.68	27206
16	上汽通用雪佛兰	雪佛兰探界者	17.49~24.59	26506
17	君马汽车	君马汽车 SEEK 5（赛克 5）	7.79~12.89	24316
18	比亚迪	比亚迪唐 DM	22.99~32.99	24174
19	领克	领克 01	15.08~20.08	23581
20	上汽通用	凯迪拉克 XT5	32.97~46.97	21275
21	比亚迪	比亚迪唐	12.99~16.99	20122
22	长安汽车	长安欧尚 X70A	4.99~8.59	19536
23	上汽斯柯达	斯柯达柯迪亚克	18.69~26.84	19288
24	东风本田	本田 UR-V	24.28~32.98	15667
25	SWM 斯威汽车	斯威 G01	7.99~14.79	14976
26	长安福特	福特锐界	22.98~42.98	14273
27	北汽集团	北汽幻速 S7	7.88~11.58	12092
28	奇瑞捷豹路虎	路虎发现神行	55.8~61.8	11593
29	东风日产	日产楼兰	23.88~28.38	11365
30	中泰汽车	众泰 T600	7.98~14.28	10735
31	东风风光	风光 ix5	9.89~13.98	10226
32	众泰汽车	众泰 T700	10.68~15.58	9800
33	长城汽车	WEYVV7	16.89~18.88	9776
34	英菲尼迪	英菲尼迪 QX50	33.38~46.98	9695
35	长安汽车	长安 CS85 COUPE	11.99~16.99	8996
36	广汽菲克	Jeep 自由光	18.58~31.9	7935
37	上汽大众	大众途观 L 混合动力	31.58~32.58	7409
38	SWM 斯威汽车	斯威 X7	12.98~15.08	7186
39	广汽菲克	Jeep 大指挥官	27.98~40.98	6884
40	君马汽车	君马汽车君马 S70	8.19~11.59	5834
41	郑州日产	日产途达	16.98~24.58	5624
42	东风启辰	东风启辰 T90	10.98~15.48	5586

序号	车企	车型	价格区间（万元）	销量（辆）
43	长城汽车	哈弗 H7	14.2～18.0	5221
44	江铃汽车	江铃驭胜	12.18～17.38	5013
45	东风标致	标致 5008	18.77～27.37	4485
46	上汽通用	凯迪拉克 XT5 混合动力	37.99～53.99	4088
47	华晨中华	中华 V7	10.87～15.99	3934
48	上汽集团	荣威 RX8	16.38～24.68	3899
49	奇瑞汽车	星途 TX	13.59～17.59	3871
50	长安汽车	长安欧尚 CX70	7.49～10.49	3692
51	长安汽车	长安欧尚科赛	8.68～14.78	3403
52	广汽讴歌	讴歌 RDX	39.98～45.98	3241
53	一汽红旗	红旗 HS5	18.38～24.98	2970
54	比速汽车	比速 T5	7.29～10.49	2869
55	沃尔沃亚太	沃尔沃 XC60 混合动力	52.79～58.59	2737
56	广汽传祺	广汽传祺 GS7	14.98～20.98	2566
57	奇瑞汽车	捷途 X90	7.99～14.29	2480
58	奇瑞捷豹路虎	路虎揽胜极光	35.58～50.58	2465
59	上汽大通	上汽大通 MAXUSD90	15.67～24.9	1498
60	长安标致雪铁龙	DS 7	20.89～31.99	1330
61	长丰猎豹	猎豹 Q6	11.99～18.98	1138
62	上汽集团	荣威 Marvel X	26.88～30.88	1076
63	江淮汽车	江淮瑞风 S7	9.98～16.88	1075
64	江西五十铃	五十铃 mu-X 牧游侠	17.88～28.48	1071
65	潍柴汽车	英致 G5	7.98～9.38	967
66	蔚来汽车	蔚来汽车 ES6	35.8～54.8	791
67	华晨雷诺	金杯观境	7.59～12	732
68	长城汽车	WEYP8	29.28～31.28	644
69	东风日产	日产楼兰混动	30.03～37.58	361
70	福迪汽车	福迪揽福	10.88～16.38	314

序号	车企	车型	价格区间 （万元）	销量 （辆）
71	力帆汽车	力帆 X80	10.99~14.99	231
72	福田汽车	福田萨瓦纳	13.53~21.18	220
73	东风风光	东风风光风光 580 混动	16.99~16.99	151
74	长安汽车	长安欧尚科赛 5	6.99~8.29	149
75	东风悦达起亚	起亚 KX7	17.98~27.68	24
76	绵阳金杯	金杯 S70	7.98~11.38	4
77	力帆汽车	力帆 X60	7.45~9	1
78	比亚迪	比亚迪 S7	9.99~14.99	0
79	众泰汽车	众泰 SR9	10.88~16.98	0
80	众泰汽车	众泰大迈 X7	10.69~15.99	0
81	大乘汽车	大乘汽车 G70S	11.99~14.99	0
82	上汽集团	荣威 RX5 MAX	11.88~18.98	0
83	上汽大通	上汽大通 MAXUSD60	9.38~16.78	0
84	SWM 斯威汽车	斯威 G05	6.99~10.39	0

第三节　性能及技术特点

中型 SUV 以其鲜明的定位、卓越的性能吸引了不少消费者，近五年来市场份额逐年提高。充沛的空间尺寸、强悍坚实的底盘性能、澎湃十足的动力输出、稳重大气的整体特质成为中型 SUV 的主要标签。为了便于读者理解，下文将从参数配置方面具体阐述中型 SUV 在性能及技术方面的特点。

一、车身结构尺寸

根据第三部分第一章表 1-3，将中型 SUV 的车身结构参数与小型、紧凑型 SUV 以及中大型 SUV 进行比较，可以发现，中型 SUV 的车身尺寸堪比中大型轿车，与小型、紧凑型 SUV 有所区别，整体乘坐空间较两者分别增加 38% 和 10%，可以为驾驶员及乘坐者提供更为充裕的空间，行李厢的容积较小型、紧凑型 SUV 也是增加不少，同时搭配放到后排座椅增加的行李厢容积，完全可以满足人们外出游玩和日常生活所需。空间尺寸的差异有效地扩大了中型 SUV 的使用范围，不同于小型、紧凑型 SUV 更多面向城市生活与日常行车的需求，中型 SUV 可以满足更为复杂的使用要求。

二、发动机参数

发动机性能与整车的动力性、经济性息息相关。根据统计，中型 SUV 所搭载的发动机基本都为直列四缸式，整体排量一般在 1.5~2.7T，但是动力性的表现却呈现了很大的差异，上汽通用别克昂科威 2019 款 28T 四驱豪华型搭载发动机最大功率可达 191kW，最小的中型 SUV 的功率却不到 100kW。当然，由于同一车型不同版的配置高低不同，所以发动机的排量及其相关的性能也相应会有变化，如雪佛兰探界者包含 1.5T 和 2.0T 两个版本。

将中型 SUV 的排量与小型、紧凑型以及中大型 SUV 相比较，中型 SUV 的动力性能属于中上水平，个别车型的动力性能甚至超过中大型 SUV，参照中型轿车的发动机参数（最大功率一般在 150kW 左右，最大扭矩则在 280N·m 左右），其输出功率与扭矩的表现也十分出众，符合中型 SUV 对于动力性能的定位，动力储备足以应对复杂的城市及越野工况。

发动机的进气方式可分为自然吸气、机械增压以及涡轮增压三类。中型 SUV 中，更多的车型采用了增压发动机。与相同排量的自然吸气发动机相比，涡轮增压发动机拥有更好的动力性和燃油经济性，因此涡轮增压发动机广泛应用于中型 SUV。

供油方式也是发动机很重要的一个配置，直接关系到发动机的燃烧效率。中型 SUV 中，有多点电喷和缸内直喷两种供油方式。直喷发动机比普通电喷发动机的混合气浓度要低，所以经济性也随之提高，做同样的功，直喷发动机更加省油，但是技术难度高，对燃油质量要求也高，比电喷发动机更容易产生积碳，也就增加了后期维护成本。

三、变速器

中型 SUV 车型多采用 6~8 挡手自一体变速器（AT），这种经典的变速器可以提供高效平顺的换挡体验，换挡效率更高。而在一些追求更好换挡体验的中型

SUV 中也会搭载双离合自动变速器（DCT，如哈弗 H7）。此外，还有的车型会采用更多挡位的变速器以期获得更好的经济性和动力性，如广汽讴歌 RDX 就搭载了一款 10 速手自一体变速器，挡位的增加使得车辆的动力性能得以提升，同时经济性也会得以改善，但机械结构同时也会变得更加复杂。

为了适应不同消费者的驾驶习惯，一些车型如长安欧尚 CX70 也会推出搭载手动变速器（MT）的配置，搭载手动变速器的车型价格更为低廉，同样受到不少消费者的青睐。

相较于小型和紧凑型 SUV，中型 SUV 为了配备其强劲的动力，在变速器的选用上较少采用无级变速器（CVT），而更倾向于多挡位的自动变速器（AT），这也符合中型 SUV 追求动力性的特点。

四、底盘

大多数中型 SUV 采用的都是承载式车身，这与中大型 SUV 的非承载式车身有着本质上的区别。绝大多数中型 SUV 前后悬架都为独立悬架，且前悬架一般都会采用麦弗逊式，对比其他类型 SUV 可以发现，悬架的配置与中大型 SUV 并无很大差异，却与小型 SUV 有很大区别，小型 SUV 前悬架同样采用麦弗逊式居多，但后悬架大部分都是半独立悬架或非独立悬架。但是在悬架的调校上，中型 SUV 由于更适用于城市道路以外的环境，悬架调校更为硬朗，拥有良好通过性的中型 SUV 可以在面对复杂工况时表现得更加从容，这与小型、紧凑型 SUV 偏向舒适性的调校有着本质区别。

四驱性能同样也是许多消费者在购车时非常关注的一点。中型 SUV 车型大多都有四驱款型供消费者选择，有些车型还会通过电控系统控制四驱系统，以应对不同的工况。如 Jeep 自由光提供了雪地模式、越野模式、运动模式等多种设置，方便驾驶员在不同工况下做出不同的选择。

五、制动

中型 SUV 的制动盘大多采用前后通风盘式，由于车轮直径的增加，以及动力性能的提高，为了缓解制动热衰减现象对于制动性能产生的影响，中型 SUV 采用通风盘式的制动器可以有效地改善制动效能。此外，在驻车制动方面，电子驻车系统因为其安全、方便、可靠等特点逐渐成为 SUV 的主流配置，只有少数 SUV 仍采用传统拉线式手刹驻车装置。

六、安全及操控配置

除了基本的安全及操纵配置，中型 SUV 在电子辅助系统上与低级别 SUV 相比更胜一筹。如并线辅助、ACC 自适应巡航、自动驾驶、自动泊车、发动机启停技术等电子辅助驾驶系统的引入，使得中型 SUV 在智能化和品质上有了一个不小的飞跃，不仅行驶安全性得以提高，燃油经济性也因此得到改善。可以说在中型 SUV 市场，消费者可以体验到别样的用车感受。

不同车型采用的技术存在较大差别，为了让读者更具体地结合车型了解参数配置及性能技术情况，本节将以 2018 年中型 SUV 最具有代表性的自主品牌和非自主品牌车型为例，对相关技术进行简要分析。

从表 3-1、表 3-2 中可以看出，2018 年中型 SUV 市场销量情况，上海大众途观 L 作为合资品牌的中型 SUV 以 223985 辆（2018 年）、80395 辆（2019 年上半年）的销量领跑 2018 年、2019 年上半年中型 SUV 市场，2018 年销量同比2017 年 199190 辆增长了 12.4%。而在自主品牌中，长安汽车的欧尚 CX70 在2018 年以 65573 辆的年度总销量在自主品牌中型 SUV 中也有较好的表现，且较具代表性，欧尚 CX70 以其超低的售价、与途观 L 媲美的尺寸收获了大量的订单。因此，下文将重点对大众途观 L 和欧尚 CX70 两款典型车型进行阐述，分析购车群体对中型 SUV 配置的倾向。

表 3-3 简单对途观 L 和长安 CX70 两款典型车型的主要参数和配置进行了对比。

表 3-3　途观 L 与长安 CX70 参数对比

车型信息		途观 L　2018 款　380TSI 自动四驱尊崇旗舰版	长安 CX70　2018 款　1.5T 自动天擎版
厂商报价		35.08 万元	10.09 万元
发动机	基本参数	2.0T　220 马力　L4	1.5T　150 马力　L4
	最高车速（km/h）	210	—
	官方 0~100km/h 加速（s）	8.4	—
	工信部综合油耗（L/100km）	8.8	7.6
	配气机构	DOHC	DOHC

车型信息		途观 L 2018 款 380TSI 自动四驱尊崇旗舰版	长安 CX70 2018 款 1.5T 自动天擎版
发动机	最大马力（Ps）	220	150
	最大功率（kW）	162	110
	最大功率转速（rpm）	4100~6000	5500
	最大扭矩（N·m）	320	230
	最大扭矩转速（rpm）	1500~4000	2000~4000
	气缸盖材料	铝合金	铝合金
	气缸体材料	铸铁	铸铁
	供油方式	混合喷射	多点电喷
空间尺寸	长×宽×高（mm）	4712×1839×1673	4705×1800×1775
	轴距（mm）	2791	2780
	行李厢容积（L）	495~1780	—
传动系统	变速器	7 挡双离合	6 挡手自一体
底盘转向	驱动方式	前置四驱	前置后驱
	四驱形式	全时四驱	—
	前悬架类型	麦弗逊式独立悬架	麦弗逊式独立悬架
	后悬架类型	多连杆独立悬架	五连杆螺旋弹簧非独立悬架
	助力类型	电动助力	电动助力
车轮制动	前制动器类型	通风盘式	通风盘式
	后制动器类型	盘式	盘式
	驻车制动类型	电子驻车	手刹制动
安全装备	主/副驾驶座安全气囊	主√/副√	主√/副√
	前/后排侧气囊	前√/后—	前—/后—
	前/后排头部气囊（气帘）	前√/后√	前—/后—
	胎压监测装置	√	√
	无钥匙启动系统	√	√
	无钥匙进入系统	√	√

车型信息		途观 L 2018 款 380TSI 自动四驱尊崇旗舰版	长安 CX70 2018 款 1.5T 自动天擎版
操纵配置	ABS 防抱死	√	√
	制动力分配（EBD/CBC 等）	√	√
	刹车辅助（EBA/BAS/BA 等）	√	√
	牵引力控制（ASR/TCS/TRC 等）	√	√
	车身稳定控制（ESC/ESP/DSC 等）	√	√
	上坡辅助	√	—
	自动驻车	√	—
	陡坡缓降	—	—
	可变悬架	—	—
	后桥限滑差速器/差速锁	多片离合器式差速器	—
高科技配置	自动泊车入位	√	—
	发动机启停技术	√	—
	并线辅助	√	—
	车道偏离预警系统	√	—
	主动刹车/主动安全系统	√	—
	自适应巡航	√	—
	全景摄像头	—	—

两种车型空间尺寸方面基本相同，途观 L 可以通过放倒后排座椅使行李厢容积在422~1550L 的范围内调整，颇具实用性。欧尚 CX70 在满座的情况下有 535L 行李厢容积，通过放倒座椅可以使行李厢的容积扩大至1225L，实用性可以比肩合资中型 SUV 的标杆车型。

动力总成部分，途观 L 采用大众 2.0TSI 涡轮增压发动机搭配七速双离合变速器的招牌动力系统，作为自主品牌的欧尚 CX70 搭载了一款 1.5T 涡轮增压发动机，采用了 6 速手自一体变速器，总体上途观 L 的动力总成占有优势。动力方面，途观 L 的发动机能够输出 220 匹马力，匹配 7 挡双离合变速器，最大扭矩可以达到 320N·m/1500~4000rpm，搭配 4MOTION 全时四驱的技术，在应对复杂的路况时可以提供更加充沛的动力。同时油耗方面也做了不小的优化，集聚动力性与经济性，这也是途观 L 能够吸引消费者购买的主要原因之一。而欧尚 CX70 作为一款自主品牌中型 SUV，搭载了 1.5T 涡轮增压发动机，输出 150 匹马力，最大扭矩可以达到 230N·m/2000~4000rpm，匹配了 6 速手自一体变速器，是一款前置后驱的车型。对于 10.09 万元的售价而言，这款车的动力总成虽不及途观 L，但是价格亲民，同时具有很好的性价比。

安全性能方面，合资品牌往往更受到国内消费者的认可，这与合资品牌丰厚的技术积淀和品牌效应密不可分。然而近年来，自主品牌大力提升造车技术，在车辆配置、动力匹配、车身制造、底盘扎实性、安全稳定性等方面均有一定的提升。尽管 CX70 在动力系统、底盘、车身方面仍和途观 L 有不小的差距，但是可以看到两款车在安全配置方面几乎相同，可见长安欧尚 CX70 十分重视车辆的安全稳定性。

至于电子辅助系统，合资品牌相较于自主品牌就更下了一番功夫。同为顶配车型，合资品牌途观 L 配备了自动泊车入位、自动启停、并线辅助、主动制动、车道偏离监控、自适应巡航等智能化配置，使得车辆整体档次提升了不少。基于价格等元素的制约，自主品牌长安欧尚 CX70 在这方面的配置就显得有些不足，但是对于其 10.09 万元的售价而言，欧尚 CX70 动力优良，拥有天窗、倒车雷达、倒车影像等实用配置，是一款能够满足大众需求的优秀自主中型 SUV。中型 SUV 市场的消费者大多收入水平较高，自主品牌在争夺中型 SUV 市场份额的时候，应当学习欧尚 CX70，放低售价，生产出尺寸同等、使用配置齐全的车型，可以更好地迎合中型 SUV 市场消费者的需求。

综上所述，中型 SUV 车型发展的方向应该是保证足够空间尺寸的同时，提升整车的动力性能以及安全性能。自主品牌在开拓中型 SUV 市场时，应当发挥价格上的优势，开发更多档次较高、稳重大气的车型，这样才能在中型 SUV 市场的竞争中争取到更多的市场份额。

第四节　发展现状与前景预测

一、总体发展趋势及展望

1. 近年来中型 SUV 发展态势及未来预测

通过图 3-2 可以分析出 2011~2016 年 SUV 的总销量呈现上升趋势，2014~

2016 年增幅较大，2017~2018 年 SUV 总销量基本持平，2019 年有下降的趋势。而 2011~2017 年中型 SUV 销量呈现上升趋势，2014~2017 年为快速增长期，2018~2019 年销量有下降的趋势。

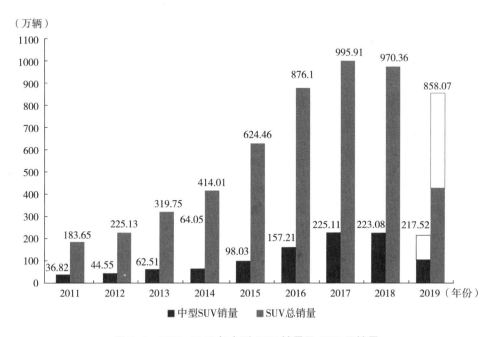

图 3-2　2011~2019 年中型 SUV 销量及 SUV 总销量

注：2019 年销量数据为预测值，其数值为上半年销量的两倍。

2011~2017 年，中型 SUV 的市场发展有条不紊，销量增幅总体趋势稳步增长，从 2011 年的 36.82 万辆攀升至 2017 年的 225.11 万辆，五年内销量增长了590%，而 2017~2018 年，中型 SUV 市场呈现负增长现象，根据 2019 年上半年销量趋势，预计 2019 年全年中型 SUV 销量将继续降低，如图 3-3 所示。

由图 3-3 可以看出，近九年来中型 SUV 同比增幅整体变化波动较大，近两年的销量出现了负增长的现象，但市场份额最近 5 年却在持续增长。

回顾近九年来中型 SUV 在 SUV 总销量中的占比情况，可以看到中型 SUV 在SUV 整体市场中占比基本保持在 20% 左右。2011~2014 年受到小型 SUV 市场的挤压，中型 SUV 的市场份额不断下降，总体占比一度下降到 16% 左右。直到2015 年，中型 SUV 市场份额才逐渐扩大，截至 2019 年，中型 SUV 在 SUV 市场占比达到 25% 左右。中型 SUV 以其较大的空间、较好的动力性能等备受消费者的青睐。

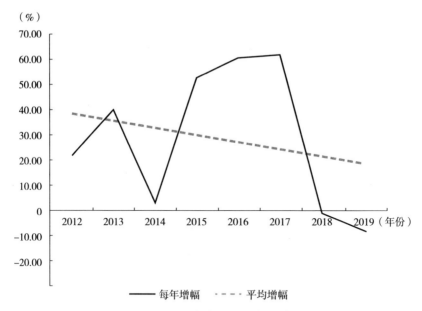

图 3-3　2012~2019 年中型 SUV 销量的同比增幅

综合以上分析，未来几年内，随着小型 SUV 市场和紧凑型 SUV 市场的成熟，中型 SUV 的销量占比逐年提高，而且随着经济发展，国民生活水平的提高，中型 SUV 市场份额仍然有上升空间。

2. 2019 年中型 SUV 市场细分及相关预测

图 3-4 为 2018 年至 2019 年上半年各季度中型 SUV 市场占比，从中可以看出中型 SUV 各季度均占据 SUV 市场总销量的 24% 左右。据粗略统计，中型 SUV 在 2018 年和 2019 年前两个季度销量稳定在 55 万辆左右，在 2018 年第三季度销量出现大幅度下滑，而在 2018 年第四季度销量猛增，达到 62.30 万辆，占整体 SUV 市场销量的 34.70%。

通过图 3-5 可以看到，随着 2018 年第四季度 SUV 市场整体销售量的飞涨，中型 SUV 的销量环比增幅高达 31.46%。

图 3-6 具体显示了 2018 年 1 月至 2019 年 6 月各月中型 SUV 销量和 SUV 总销量的走势。从中可以看出，2018 年 1 月至 2019 年 6 月中型 SUV 的销量趋势与 SUV 市场的总体走势基本一致，2018 年第一季度销量波动较大，第二、第三季度销量相对平稳，第四季度销量整体上升；而 2019 年第一季度销量波动较大。从整体上看，18 个月中型 SUV 销量在 19 万辆上下波动，根据销量走势我们预计 2019 年下半年中型 SUV 销量不会发生大变动。

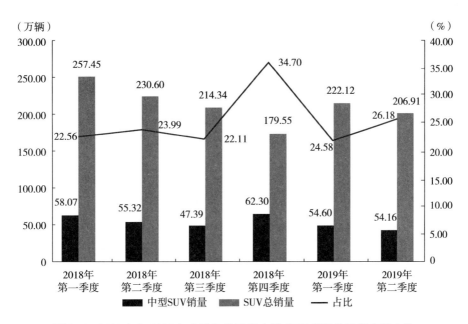

图 3-4 2018 年与 2019 年上半年各季度中型 SUV 销量统计及市场占比

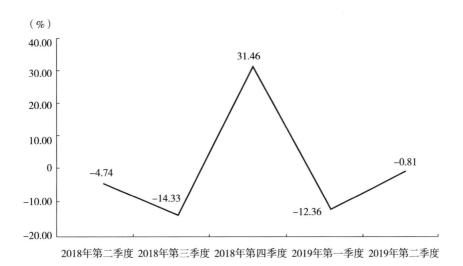

图 3-5 2018 年第二季度至 2019 年上半年各季度中型 SUV 销量环比增幅

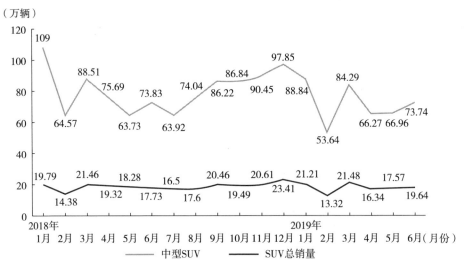

图 3-6　2018 年至 2019 年上半年中型 SUV 及 SUV 总销量走势

二、代表性车型分析

根据 2017 年、2018 年、2019 年三年的销量变化情况，选取 4 类具有代表性特征的车型（销量激增车型、销量断崖式下降车型、稳定畅销车型、销量持续低迷车型）进行分析，剖析其激增、下降、畅销、低迷的原因。

1. 销量激增车型

综观 2017 年、2018 年、2019 年上半年中型 SUV 的销量，中型 SUV 市场呈现出两极分化的状态，途观 L、昂科威、荣威 RX5、Q5 等车型常年霸榜，而有些车型每年只有几百辆的销量，处于退市的边缘。但是在销量排名中不乏有黑马的出现，沃尔沃 XC60 在 2017 年的销量为 38882 辆，2018 年的销量为 68571 辆，2019 年的销量为 80432 辆（见表 3-4），其销量逐年增长，并且 2018 年较 2017 年的增幅达到了 76.36%，销量激增。2019 年较 2018 年也有 17.30% 的增幅。

表 3-4　沃尔沃 XC60 销量　　　　　　　　　　　　　　　　单位：辆

车型	2017 年	2018 年	2019 年
沃尔沃 XC60	38882	68571	80432

如表 3-4 所示，沃尔沃 XC60 车型 2018 年的销量较 2017 年的销量增加了

78.36%，其销量激增主要是因为沃尔沃 XC60 在 2017 年底进行了更新换代，2017 年 12 月 20 日，全新沃尔沃 XC60 在成都正式上市，在市近十年的老款 XC60 正式告别市场，全新一代 XC60 更加贴近中国市场对于高端中型 SUV 的要求。沃尔沃 XC60 具有 4688mm、1902mm、1658mm 的长、宽、高和 2865mm 的轴距，其轴距较上一代提升了 91mm，对于后排空间有了质的提升，满足国人对于车内后排空间的需求。全新 XC60 采用了全新外观设计，运用了北欧雷神之锤和维京之斧的设计理念，并且内饰同样进行了升级，融入了大量北欧简约设计元素，相比上一代令人诟病的内饰有了质的飞跃。此外，沃尔沃 XC60 在价格上也具有很大优势，目前 XC60 的普遍优惠幅度在 6.8 万元，部分 4S 店甚至给出 10 万元的优惠，低配裸车已经下探到了 30 万元以内的价格区间。所以，XC60 才会在三年中持续增长，成为中型 SUV 界的一匹黑马。

表 3-5 列举了其他销量激增车型：

表 3-5 销量激增车型

车型	2018 年销量（辆）	2019 年销量（辆）	增长率（%）
斯威 G01	20695	29952	44.73
江铃驭胜	6892	10026	45.47
DS 7	1732	2660	53.58
比亚迪唐	24932	40244	61.42
英菲尼迪 QX50	11057	19390	75.36
斯柯达柯迪亚克	51230	102460	100.00
风光 ix5	8689	20452	135.38
沃尔沃 XC60 混合动力	2254	5474	142.86
捷途 X70	40009	103844	159.55
WEYVV6	18460	56496	206.05
广汽传祺 GS5 速博	14597	54412	272.76
大众探岳	20235	109064	438.99
大众途观 L 混合动力	2697	14818	449.43
君马汽车 SEEK 5（赛克 5）	8706	48632	458.60
讴歌 RDX	604	6482	973.18
长安 CS85 COUPE	183	17922	9693.44

2. 销量断崖式下降车型

2019 年销量骤减车型众多，下面仅以表 3-6 中的八款车做简要说明。别克昂科威虽然在中型 SUV 市场销量一直都很不错，但是近几年来，昂科威每年的销量都在锐减，昂科威动力性能足，安全配置丰富且有良好的乘坐空间。从消费者的投诉情况看，昂科威搭载的双离合变速器普遍存在抖动和异响的问题，发动机会出现"拉缸"、熄火、动力消失等问题，涡轮增压器故障等小问题也频发，这在很大程度上影响了昂科威的口碑和销量。福特锐界存在着"断轴"、A 柱视野盲区较大的问题，也不及汉兰达的舒适性，动力性与汉兰达相当，综合来看锐界很难媲美汉兰达。标致 5008 一上市，由于价格上具有优势，销量可观，但随着斯柯达科迪亚克、雪佛兰探界者、WEY VV7、领克 01 等车型上市，销量明显锐减，价格无优势且采用两轮驱动，坚持了前麦弗逊、后扭力梁式悬架，相比之下，同价位的 SUV 基本都采用独立悬架，因此，很难吸引消费者。本田冠道机油增多的质量问题是影响冠道销量的一个重要因素。WEY VV7 由于前脸造型十分大气美观，吸引了一大拨粉丝，但是内部饰件的质量却不尽如人意，并且实际油耗较高，内部空间较小，导致其销量后劲不足，在中型 SUV 市场的竞争力持续减小。传祺 GS7 由于在 CIASI 的不佳表现，直接导致消费者怀疑其安全性能，GS7 的大跌或是在意料之中。众泰 SR9 刚上市时，凭借着华丽的造型、不错的价格，一路高歌猛进，但是其发动机漏油、变速器故障等质量问题饱受诟病，也因为其造型酷似保时捷 Macan 而成为人们的笑料，销量的下跌在情理之中。

表 3-6　销量断崖式下降车型

车型品牌	2018 年（辆）	2019 年（辆）	增长率（%）
别克昂科威	201776	127116	-37.00
福特锐界	59892	28546	-52.34
标致 5008	20588	8970	-56.43
本田冠道	80848	31334	-61.24
WEYVV7	54672	19552	-64.24
广汽传祺 GS7	25350	5132	-79.76
长安欧尚 CX70	65573	7384	-88.74
众泰 SR9	11918	0	-100.00

3. 稳定畅销车型

对于表3-7中的四种车型，通过对比其近三年的销售数据，发现其销量略有起伏，但相差不大，属于稳定畅销型。

表 3-7　稳定畅销车型　　　　　　　　　　　　　　　　　　单位：辆

序号	车型	2017 年	2018 年	2019 年
1	大众途观 L	199190	223985	160790
2	别克昂科威	233160	201776	127116
3	奔驰 GLC	110500	111851	136666
4	奥迪 Q5	124055	118965	138970

这四款车型持续畅销的原因主要有以下几点：①品牌均属于老牌欧美车企，如大众、别克、奥迪、奔驰，这些都是在国人心目中无法撼动的品牌；②外观造型稳重并略带时尚，符合各个年龄段的审美，深得消费者的喜爱；③这四款车型配置丰富，价格定位准确，符合所定位级别的要求，是中型 SUV 市场中的标杆车型。所以，这四款车常年居于销量榜单前列。

4. 销量持续低迷车型

在销量低迷车型中，除停产车型、刚刚上市的新车外，销量在三年中稳定在1000辆以内的车型都属于持续低迷车型。表 3-8 中几款车型为持续低迷型的典型代表。

表 3-8　销量持续低迷车型　　　　　　　　　　　　　　　　单位：辆

序号	车型	2017 年	2018 年	2019 年
1	金杯 S70	799	673	8
2	福迪揽福	1869	1414	628
3	福田萨瓦纳	1815	1289	440
4	力帆 X80	1370	1485	462
5	英致 G5	3127	3330	1935

以金杯 S70 为例，自上市以来，销量一直低迷，2017 年、2018 年销量一直在 1000 辆以下，在 2019 年甚至只卖出了 8 辆车。这款车是近三年来中型 SUV 中

销量最为惨淡的一款车，究其原因是因为金杯公司在设计这款车的外观时抄袭了讴歌的 MDX，两款车具有极高的相似度，这在当今注重原创的大环境下是不利于车型发展的。尽管 S70 的配置达到了自主品牌中型 SUV 可以接受（并不出众）的水平，但是缺少自动挡车型，这在近几年来自动挡车型成为主力车型的大趋势下并不是一个正确的决策。此外，自身品牌的影响力和认可度也是这款车销量低迷的原因，金杯是以制造面包车等商用车起家，在乘用车方面国人对其认可度比较低，这些因素综合作用导致了 S70 销量低迷。

总体来说，表 3-8 中的 5 款车型销量低迷的原因可以总结为：①低原创性，即仿制或逆向研发其他厂商的车型；②车辆配置平庸，只达到了平均水平，安全、科技型的配置较少；③汽车三大件——发动机、底盘、变速器缺少企业自身的核心技术；④品牌影响力低；⑤在各个地区销售网点数量较少。

三、地域分布情况

鉴于我国土地面积辽阔，不同地域的地理环境差异较大，各个地域对应的畅销车型也因此有所不同，本小节将从地域分布角度入手，探讨中型 SUV 在不同地域的销量情况，并结合不同车系、品牌等因素进行分析。本节将全国分为北部、华东、华南、华中、西部五大地区，进行统计分析。

表 3-9 中是本节所选取具有代表性的中型 SUV 车型，这些车型在 2018 年、2019 年上半年的销量都稳定在销售榜单前列，其中的车型均是中型 SUV 各个价位、各个档次的标杆车型，具有极高的统计和参考价值。

表 3-9　地域分布分析的十款中型 SUV 代表车型

序号	企业	车型	报价（万元）
1	上汽大众	大众途观 L	21.88~35.08
2	北京奔驰	奔驰 GLC 级	39.08~58.78
3	上汽通用	别克昂科威	21.49~30.99
4	奇瑞汽车	捷途 X70	6.99~12.29
5	一汽大众	大众探岳	18.59~31.39
6	一汽奥迪	奥迪 Q5	35.85~57.17
7	广汽丰田	丰田汉兰达	23.98~32.58

续表

序号	企业	车型	报价（万元）
8	沃尔沃亚太	沃尔沃 XC60	36.29~46.99
9	广汽三菱	三菱欧蓝德	19.98~28.48
10	广汽本田	本田冠道	22~32.98

1. 国内各地区中型 SUV 销量分析

经过统计得出 2018 年和 2019 年上半年中型 SUV 总销量地区分布，如图 3-7 所示。2018 年和 2019 年上半年中型 SUV 在华东地区的销量最高，占全国总销量的 25%；其次是北部与西部，均占全国总销量的 22%；华南和华中地区中型 SUV 销量较少，分别占全国总销量的 18% 和 13%。可见，华东、北部、西部地区是中型 SUV 的市场重点。

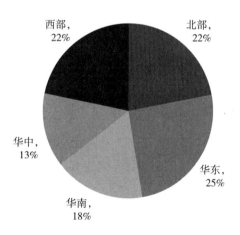

图 3-7　2018 年和 2019 年上半年中型 SUV 总销量全国地区分布图

资料来源：易车网。

2. 自主品牌与合资品牌中型 SUV 市场及地域分析

在国内中型 SUV 市场中，合资品牌占据了绝大部分市场，而自主品牌的市场占有率还不及合资品牌的一半，在购买中型 SUV 时，国人更倾向于选择合资品牌的车型。尽管自主品牌中型 SUV 拥有如此高的产品数量，在市场销量方面却远不及合资品牌中型 SUV。这样的统计结果是值得我们思考的，我国部分自主品牌有着多个子品牌，每个子品牌都有在售车型。自主品牌产品线杂乱，子品牌混乱，有些车型尽管仍在市场上销售，但是多年没有进行及时换代更新，产品竞争力低，这就在一定程度上导致自主品牌中型 SUV 的产品数量较多。但是目前我国自主品牌 SUV 的竞争力与合资品牌仍有一定的差距，使得有一定经济实力的消费者在选择中型 SUV 时往往会更青睐合资品牌车型，这也就导致合资品牌中型 SUV 销量要高于自主品牌中型 SUV 销量。

进一步分析 2018 年及 2019 年上半年自主品牌与合资品牌在国内各地域的分布认可度的情况，如图 3-8、图 3-9 所示。

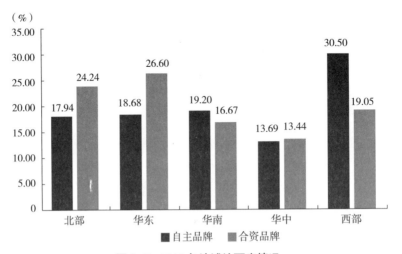

图 3-8　2018 年地域认可度情况

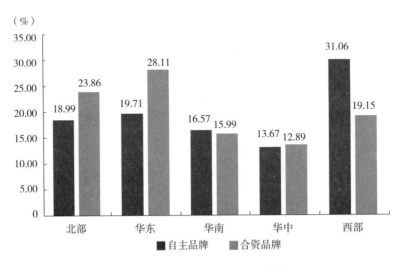

图 3-9　2019 年上半年地域认可度情况

资料来源：易车网。

虽然合资品牌占据了中型 SUV 大部分的市场，但是从购车意愿与认可度的调查中发现，2018 年、2019 年上半年在华南、华中、西部地区自主品牌的认可度要高于合资品牌的认可度。尽管在北部及华东地区，自主品牌的认可度要低于合资品牌的认可度，但是 2019 年上半年在北部、华东地区自主品牌的认可度相比于 2018 年自主品牌的认可度都有提升，北部地区由 17.94% 提升至 18.99%，华东地区由 18.68% 提升至 19.71%。自主品牌在国人心中的认可度正在上升，在部分地区自主品牌成为更受欢迎的品牌。

四、各企业品牌在不同级别城市的分布

依据 2018 年、2019 年上半年的统计数据，本节选取国内市场上具有代表性的 10 款中型 SUV（见表 3-9）进行分析，覆盖德系、日系、美系、自主品牌，数据具有代表性。由于城市级别可以直观反映消费者的消费水平，不同级别城市的消费者在选择中型 SUV 时会呈现出一定的分布规律。此外，车企对某款车型的市场定位和对消费人群的划分会直接关系到产品在不同城市级别的分布。2018 年、2019 年上半年，这十款中型 SUV 车型在全国一线、二线、三线、四线、五线城市的销量占比如图 3-10 所示。

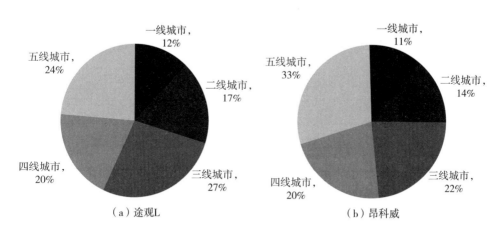

（a）途观L　　　　　　　　　（b）昂科威

图 3-10　各个车型在不同级别城市的购买比例

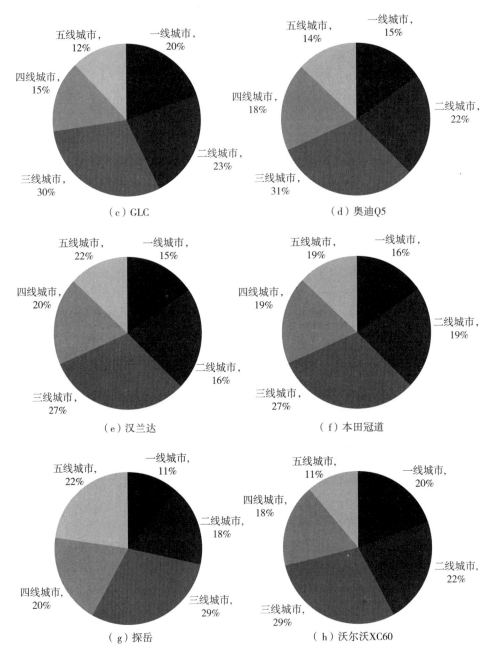

图 3-10　各个车型在不同级别城市的购买比例（续）

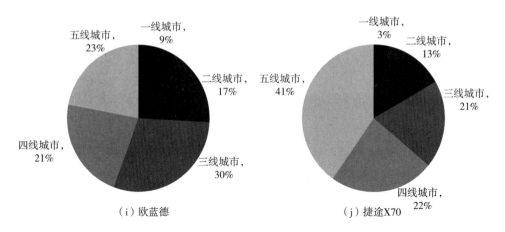

（i）欧蓝德　　　　　　　　（j）捷途X70

图3-10　各个车型在不同级别城市的购买比例（续）

资料来源：易车网。

中型 SUV 的市场定位更多的是面向收入水平较高的消费人群，随着国家经济的发展，三线、四线、五线城市的消费者也有能力购买主流的中型 SUV，部分中型 SUV 在三线、四线、五线城市的销量已经超过了一线、二线城市。

自主品牌中的捷途 X70 作为中型 SUV 市场自主品牌的一个标杆车型，在2019 年上半年取得了非常不错的销量成绩。捷途 X70 的主力销售城市为五线城市，其在五线城市的销量占到了总销量的 71%，在三线、四线城市也有一定的销量，二者均占到总销量的 11%。捷途 X70 在一线城市的销量仅占到总销量的1%，在二线城市的销量仅占到了 6%。捷途 X70 尽管在五线城市有着非常不错的销量，但却不受一线、二线城市消费者的欢迎。因为 X70 这款车虽然是中型SUV，但是其定价非常低，为 6.99 万~12.29 万元，只需要 7 万元的价格就可以购买到一款中型尺寸的 SUV。三线、四线、五线城市消费者的收入水平相对偏低，这个低廉的价格对于生活在三线、四线、五线城市的消费者极具诱惑力，所以五线城市是 X70 销量的主力军，三线、四线城市也均有一定的销量。但是生活在一线、二线城市的消费者的收入水平相对较高，对于他们来说，品牌、质量、配置、动力性、舒适性是购车时主要考虑的因素，捷途 X70 在这些方面的表现欠佳，所以在一线、二线城市的销量不佳。

奔驰 GLC、奥迪 Q5、沃尔沃 XC60 是中型 SUV 中的豪华品牌车型，它们在一线、二线、三线城市的销量占到各自车型总销量的 70% 以上，豪华品牌车型在高收入城市更受欢迎。途观 L、冠道、探岳在四线、五线城市的销量和在一线、二线、三线城市的销量基本在四六开和五五开之间。汉兰达、欧蓝德在四线、五线城市的销量和在一线、二线、三线城市的销量基本在五五开左右，合资品牌中型 SUV 在各级城市均有不错的市场。

自主品牌与合资品牌在销售策略与市场定位上有一定的区别，在合资品牌中，不同车型也有着不同的市场定位。自主品牌的主攻城市在三线、四线、五线城市，合资豪华品牌主攻一线、二线城市，合资大众品牌则是全线通吃。笔者认为，各个车企在开拓中型 SUV 市场的时候，应当各得其所，根据自身定位制定合理的销售策略，这样汽车市场才能得到繁荣发展。

五、各企业品牌的市场占有率

为了进一步剖析中型 SUV 销量数字背后所包含的庞大信息，本小节将从各个企业品牌在中型 SUV 市场中所占的市场份额入手，分析企业之间的市场竞争。

表 3-10 与表 3-11 显示了 2018 年及 2019 年上半年销量前十名的中型 SUV 的销量及其在总销量中的占比，图 3-11、图 3-12、图 3-13 为 2017 年、2018 年与 2019 年上半年销量前十名的中型 SUV 市场份额对比。可以看出，2017 年销量前十名的车型占据了整个中型 SUV 市场 57% 的市场份额，这个数值在 2018 年减小到了 52%，到 2019 年上半年缩小到了 45%。根据统计数据，市场上中型 SUV 的车型数由 2018 年的 71 种增加到 2019 年的 84 种，车型之间的竞争加剧，也导致了销量前十的车型占比逐年降低，中型 SUV 市场发展多元化趋向明显。

表 3-10　2018 年中型 SUV 销量前十名占总销量的百分比

序名	车型	销量（辆）	占比（%）
1	途观 L	223985	8.94
2	荣威 RX5	223972	8.94
3	别克昂科威	201776	8.05
4	奥迪 Q5	124269	4.96
5	奔驰 GLC 级	111851	4.46
6	汉兰达	104856	4.18
7	领克 01	84875	3.39
8	冠道	80848	3.23

续表

序名	车型	销量（辆）	占比（%）
9	雪佛兰探界者	71497	2.85
10	沃尔沃 XC60	68571	2.74

表 3-11　2019 年上半年中型 SUV 销量前十名占总销量的百分比

序名	车型	销量（辆）	占比（%）
1	大众途观 L	80395	7.02
2	奔驰 GLC 级	68333	5.97
3	别克昂科威	63558	5.55
4	荣威 RX5	62952	5.50
5	捷途 X70	51922	4.53
6	大众探岳	50482	4.41
7	奥迪 Q5	49425	4.32
8	丰田汉兰达	47759	4.17
9	沃尔沃 XC60	40216	3.51
10	三菱欧蓝德	38347	7.02

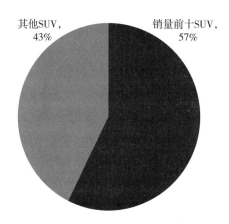

图 3-11　2017 年销量前十名的中型 SUV 市场份额

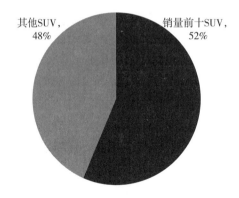

图 3-12　2018 年销量前十名的中型 SUV 市场份额

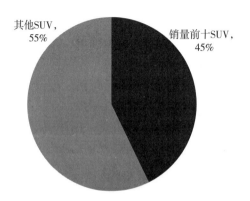

图 3-13　2019 年上半年销量前十名的中型 SUV 市场份额

资料来源：易车网。

第五节　新车型的研发及市场销售情况

近年来新车型和改款车的出现为整个中型 SUV 市场注入了新的活力，新增的部分车型如表 3-12 所示。2019 年大约有 15 种新车型加入中型 SUV 市场参与竞争，由于中型 SUV 受到国内消费者的青睐，越来越多的车企开始进军中型 SUV 市场。

表 3-12　2019 年中型 SUV 新车型统计

序名	车企	车型	价格区间（万元）	销量（辆）
1	长安汽车	欧尚 X70A	4.99~8.59	19536
2	奇瑞汽车	星途 TX	13.59~17.59	3871
3	长安汽车	欧尚科赛	8.68~14.78	3403
4	一汽红旗	红旗 HS5	18.38~24.98	2970
5	奇瑞汽车	捷途 X90	7.99~14.29	2480
6	蔚来汽车	ES6	35.8~54.8	791
7	华晨雷诺	金杯观境	7.59~12	732
8	东风日产	日产楼兰混动	30.03~37.58	361
9	东风风光	风光 580 混动	16.99~16.99	151
10	长安汽车	欧尚科赛 5	6.99~8.29	149

下面将简单分析 2019 年全新中型 SUV 车型的市场销售情况。图 3-14 显示了 2019 年上半年 10 款新中型 SUV 的销量排名，其中长安欧尚 X70A 销量占到 10 款车型总销量的 56.7%，成为 2019 年上半年中型 SUV 新车型中的一匹黑马。奇瑞星途 TX、长安欧尚科赛 5、红旗 HS5 和奇瑞捷途 X90 销量平平，纯电动与混合动力中型 SUV 由于其价格较高，销量较低。

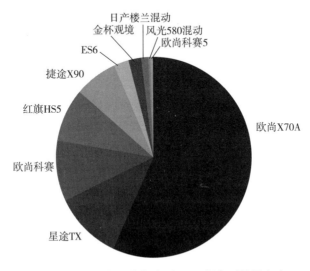

图 3-14　2019 年上半年中型 SUV 新车型销量占比

通过分析可以发现，各车企在自己的产品设计上融入了独特的理念，且随着消费者对新品的深入了解和体验，真正适合市场的产品一定能得到很高的关注度，并获得较好的销售成绩。同时随着人们生活水平的提高，人们对代步工具的要求也越来越高，新款车型不断涌现，人们的选择越来越多，市场竞争也越来越激烈，车企只有从消费者的角度出发，结合自身发展定位，开发更多符合市场需求的新款车型，才能在竞争激烈的市场中不断收获并长久发展下去。

第六节　小结及 2020 年中型 SUV 市场预测

本章主要从车型定义、性能特点、技术优势、发展状况、未来的趋势预测以及新车型研发等角度分析中型 SUV，另外，还结合地理区域分布、城市级别分类、各个企业、车系派别以及消费者的购车关注度等相关因素来解析中型 SUV 的市场。

相比其他的车型，中型 SUV 具有以下特点：空间尺寸充沛、动力性能强劲、安全性能卓越，目标消费人群收入水平较高，合资品牌在中型 SUV 市场中占有极大份额等。通过市场细分，可以更直观地了解到该车型的市场定位及其市场现状的成因，也可以从侧面反映出市场需求以及消费者喜好。这对我国未来汽车业的发展有着指导性的意义，也便于对 2019 年中型 SUV 的市场进行预测。

一、市场方面

由于 2018 年、2019 年上半年国内 SUV 市场出现了负增长的情况，预计 2019 年中型 SUV 的销量将比 2018 年有所降低，下降幅度在 3% 左右，下降幅度要小于 SUV 市场和乘用车市场的总体下降幅度，2019 年中型 SUV 的销量将达到 217 万辆左右。合资品牌仍然会是 2019 年中型 SUV 市场的主力，占据约七成的市场份额，在 2019 年上半年中型 SUV 市场的热销车型依然会在 2019 年下半年保持良好的销售态势，北部、华东及西部地区仍然会是中型 SUV 销量较好的地区。

二、新车型方面

2019 年下半年，上汽大通 MAXUS D60、全新一代揽胜极光等新车型上市。

到 2020 年，各个企业品牌会陆续推出畅销车型的新款式，在动力系统、车内配置、外观等方面都会依据 2019 年的市场反馈进行一定的提升。预计 2020 年中型 SUV 将会有非常丰富的新车型供消费者选择。

三、技术方面

整体来看，中型 SUV 所采用的技术已经较为成熟，2019 年各个企业品牌尤其是自主品牌将会更注重细节和整车品质的提升，力求在较低的成本下将各种先进技术整合、应用到新车型中，如自动驻车系统、内外后视镜自动防眩目、并线辅助、全景摄像头、自动泊车入位、发动机启停技术等，这些技术的应用会为消费者提供更舒适的驾车体验。

第四章 中国中大型和大型 SUV 的现状与前景分析

第一节 概述

结合市面现有 SUV 车型，综合目前的分类方式，本章将中大型及大型 SUV 定义为车身长度介于 4750~5150mm，轴距介于 2790~3050mm，或至少符合其中一点的 SUV 车型；将大型 SUV 定义为车身长度超过 5000mm，轴距超过 3000mm，或至少符合其中一点的 SUV 车型。之所以把这两类 SUV 放在一起分析，主要出于以下几点考虑：两类 SUV 均定位于高端市场，搭载的相关技术基本相同，市场占比不高且两者市场占比均呈下降趋势。

近十年来，中大型和大型 SUV 的销量占比由开始逐年下降到有小幅的回暖，并在近两年趋于平稳。各车企对于 SUV 市场的布局更多集中在中型、紧凑型、小型 SUV 上，中大型和大型 SUV 的市场占比不断被压缩。除了车企市场重心的转移，大型 SUV 的高端定位也使得消费群体相对小众。随着居民生活水平的提高，中大型及大型 SUV 在市场中仍然是高端用户不可或缺的选择。虽然中大型和大型 SUV 的市场占比不大，可是这类 SUV 却承载着 SUV 最为先进的技术、最高端的配置，以及最前卫的设计。因此，对于该细分市场的分析也是尤为关键的。

第二节 车型市场表现及销量

2018 年，中国中大型及大型 SUV 在 SUV 市场上销量所占份额（不包括进口车）仅约为 2.2%，2019 年预计约为 2.1%。表 4-1 列举了在中国销量排名前列的中大型及大型 SUV 车型的品牌、销量和价格区间。在中大型及大型 SUV 中，销量占绝对优势的是以上汽大众途昂、一汽丰田普拉多等为代表的合资车型，其次是以众泰 T700、长城哈弗系列等为代表的自主品牌。而且哈弗 H8、H9 以及北京 BJ80 等自主品牌车型以更为亲民的价格和相对丰富的配置也在这一细分市场中占据了不小的份额，自主品牌在中大型及大型 SUV 市场中占有一席之地，并且有崛起的势头（见表 4-1、表 4-2）。

表 4-1 2018 年市场上常见的中大型及大型 SUV 品牌、车型、销量及价格区间统计

序号	车企	品牌	车型	2018 年销量（辆）	价格区间（万元）
1	上汽	大众	途昂	86182	30.09~50.59
2	众泰	众泰	众泰 T700	37828	10.68~15.58
3	一汽	丰田	普拉多	34662	43.58~60.48
4	长城	哈弗	哈弗 H9	14635	20.98~27.28
5	上汽	荣威	荣威 RX8	13256	13.88~25.18
6	蔚来	蔚来	蔚来 ES8	12807	44.80~50.60
7	东风	东风英菲尼迪	英菲尼迪 QX50	11057	33.38~46.98
8	北京越野	北京越野	北京 BJ80	8213	29.30~39.80
9	上汽	大通	上汽 MAXUS D90	6114	15.67~26.69
10	长安	长安	长安 CS95	5899	15.59~22.98
11	北汽	北汽勇士	勇士	3374	9.98~16.17
12	长城	长城	哈弗 H8	1114	18.38~23.18

表 4-2 2019 年上半年市场上常见的中大型及大型 SUV 品牌、车型、销量及价格区间统计

序号	车企	品牌	车型	2019 年销量（辆）	价格区间（万元）
1	上汽	大众	途昂	35038	30.09~50.59
2	一汽	丰田	普拉多	19853	43.58~60.48
3	北京越野	北京越野	北京 BJ80	10192	29.30~39.80
4	众泰	众泰	众泰 T700	9800	10.68~15.58
5	东风	东风英菲尼迪	英菲尼迪 QX50	9695	33.38~46.98
6	蔚来	蔚来	蔚来 ES8	6690	44.80~50.60
7	长城	哈弗	哈弗 H9	4781	20.98~27.28

序号	车企	品牌	车型	2019 年销量（辆）	价格区间（万元）
8	上汽	大众	途昂 X	4658	31.69~48.89
9	上汽	荣威	荣威 RX8	3899	13.88~25.18
10	长安	长安	长安 CS95	3449	15.59~22.98
11	上汽	大通	上汽 MAXUS D90	1498	15.67~26.69
12	北汽	北汽勇士	勇士	1132	9.98~16.17

资料来源：易车网。

以各个车型的最低报价为准，进一步统计得到图 4-1、图 4-2 中大型及大型
SUV 的价格区间分布图。

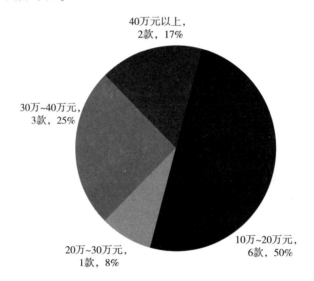

图 4-1　2018 年中大型及大型 SUV 价格区间分布

从图 4-1 中可以看出，2018 年中大型及大型 SUV 价格主要集中在 10 万~20
万元，占整个中大型及大型 SUV 市场的一半，其次为 30 万~40 万元。从图 4-2
中可以看出，2019 年上半年中大型及大型 SUV 价格主要集中在 20 万~40 万元，
占整个中大型及大型 SUV 市场的 2/3。40 万元以上的中大型及大型 SUV 市场份
额变化不大，说明这部分市场需求基本趋于稳定。相比 2018 年，2019 年自主品
牌车企更多地进入了中大型 SUV 市场，各车企更着重于投放高性能和性价比相
对较高的中大型及大型 SUV 来满足较高收入人群的购车需求。

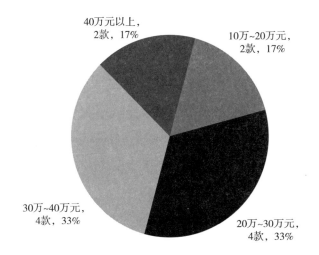

图 4-2　2019 年上半年中大型及大型 SUV 价格区间分布

资料来源：易车网。

在对中大型及大型 SUV 市场的分析中，本章将根据这类车型的特点，重点分析其性能及技术特点，同时结合其市场表现做出前景分析。

第三节　性能及技术特点

中大型和大型 SUV 凭借出众的空间、优越的性能和豪华的配置代表了 SUV 的最高品质。为了便于读者理解，下面将从参数配置的角度具体阐述中大型和大型 SUV 在性能及技术方面的特点。

一、车身结构尺寸

将中大型和大型 SUV 的车身结构参数与小型、紧凑型以及中型 SUV 进行比较可以发现，中大型和大型 SUV 具有最为充裕的车内空间，可以更好地发挥多功能运动车的承载功能，为驾驶员及乘坐者提供舒适宽敞的乘坐空间，其行李厢的容积也完全能够满足绝大多数消费者的需求，这些都是其他类型 SUV 难以实现的。

此外，良好的通过性是大多数消费者选择这类车型首先考虑的要素。最小离地间隙直接反映 SUV 的通过性能。根据前文数据，中大型和大型 SUV 的最小离地间隙在 180~240mm，大多数为 200mm 左右，不仅能够满足城市道路行驶需求，对于户外越野等复杂的行驶条件，该类 SUV 也是可以较好应对的。

二、发动机参数

发动机性能与整车的动力性和经济性密切相关，中大型和大型 SUV 一般采用四缸或六缸发动机，排量在 2.0~5.7L。其中，如丰田普拉多就采用 3.5L、V6 自然吸气发动机。

不同类型的 SUV 排量分布如前文所述，中大型和大型 SUV 的排量最高，相应的燃油经济性也最差，这样的设置不仅与该类 SUV 的尺寸庞大有关，还与它的市场定位密不可分。中大型和大型 SUV 的目标市场主要是面向高收入水平的消费者，旨在提供豪华的配置与强劲的性能，故在动力性方面更为侧重，减少了对燃油经济性的考虑。不过随着环保观念的日益增强，该类型的 SUV 在排放技术上的创新也是十分重要的。因此，越来越多的中大型和大型 SUV 开始采用发动机增压技术，这种技术的应用可以在提升动力性的同时，有效改善燃油经济性。发动机增压技术主要分为涡轮增压和机械增压两种，前者技术相对成熟，应用较为广泛；而后者主要应用在进口车型中，这种技术可以使发动机的强化程度更高，能够提供更为澎湃的动力。

三、变速器

在动力传动方面，自动变速器在中大型和大型 SUV 上的应用率明显高于其他类型 SUV，几乎所有中大型及大型 SUV 车型都配备自动变速器。同时，多挡位自动变速器的应用也是该类 SUV 传动系统的一大特点，如途昂采用 7 挡双离合变速器、普拉多采用 6 挡手自一体变速器、哈弗 H9 则配备 8 挡手自一体变速器。这样的设置使该类 SUV 在行驶过程中换挡更为平顺，顿挫感减少，乘坐舒适度提升，符合其豪华舒适的定位。此外，多挡位、宽速比的自动变速器可以使车辆的动力性和经济性得到有效提升，在低速工况可提供更大扭矩，在高速巡航状态则更为省油，这样的搭配使中大型和大型 SUV 的品质更为优异。

四、底盘

在底盘方面，中大型及大型车有承载式车身和非承载式车身两种。其中，非承载式车身居多，典型的车型有丰田普拉多、哈弗 H9 等，非承载式车身具有刚性车架，抗扭刚性和承载能力强，车身刚性好，安全性相对较高，过滤颠簸的能力也较好，这符合中大型及大型 SUV 对于安全性、通过性的要求；而有些豪华车型也采用承载式车身，以追求车身轻量化、行驶平稳性和低噪声带来的更为舒适的乘坐环境，代表车型有路虎揽胜、奥迪 Q7 等。

对于越野性能的追求也使得中大型和大型 SUV 相较于其他类型的 SUV 更多采用四轮驱动模式，使该类 SUV 面对复杂路况时也可以从容应对。

五、制动

在制动方面，由于中大型及大型 SUV 车身体积庞大、质量大，制动系统的制动效能也更为突出，这就导致在制动过程中，制动系统的产热十分明显，因此该类车型前后制动均采用通风盘式，相较于其他种类的 SUV，制动性能的提升是十分显著的。驻车制动方面，中大型和大型 SUV 普遍采用技术先进的电子驻车制动技术，电子控制技术代替传统机械控制更加体现出该类 SUV 的科技性。

六、安全及操控配置

安全配置方面，中大型及大型 SUV 多标配主、副驾驶座安全气囊，前、后排侧安全气囊，前、后排头部气囊及膝部安全气囊的全方位安全气囊保护。行车辅助系统方面，中大型及大型 SUV 基本标配 ABS 防抱死系统、无钥匙启动系统、ESP 车身稳定控制系统，丰富的安全配置使该类 SUV 相较于其他类型 SUV 的行驶安全性更为出众。除此之外，考究的内饰、豪华的音响系统、绚丽的氛围灯光以及科技感十足的智能中控也大大提升了中大型和大型 SUV 的豪华程度和车辆品质。

为了让读者更具体地结合车型了解参数配置及性能技术情况，表 4-3 选取 2018 年中大型和大型 SUV 销量较为出色的合资品牌车型丰田普拉多和途昂为代表，对相关技术参数进行比较。

表 4-3 普拉多和途昂相关参数

车型信息	普拉多 2019 款 3.5L TX-L 尊享版	途昂 2019 款 330TSI 两驱 舒适版
厂商指导价	49.48 万元	30.09 万元
基本参数		
厂商	一汽丰田	上汽大众
级别	中大型 SUV	中大型 SUV
发动机	3.5L V 型 6 缸 自然吸气	2.0T 直列 4 缸 涡轮增压
变速器	6 挡手自一体	7 挡双离合
长×宽×高（mm）	4840×1885×1890	5039×1989×1773
车身结构	5 门 7 座 SUV	—
车身		
长度（mm）	4840	5039
宽度（mm）	1885	1989
高度（mm）	1890	1773
轴距（mm）	2790	2980
前轮距（mm）	1585	—
后轮距（mm）	1585	1610
整备质量（kg）	2285	1945
发动机		
发动机型号	2TR-FE	GW4C20
排量（mL）	2694	1984
进气形式	自然吸气	涡轮增压
气缸排列形式	L	L
气缸数（个）	4	4
每缸气门数（个）	4	4
压缩比	10.2	—
配气机构	DOHC	DOHC
最大马力（Ps）	163	186
最大功率（kW）	120	137

续表

车型信息	普拉多　2019 款　3.5L　TX-L 尊享版	途昂　2019 款　330TSI　两驱　舒适版
发动机		
最大功率转速（rpm）	5200	6000
最大扭矩（N·m）	246	320
最大扭矩转速（rpm）	3900	4000
发动机特有技术	VVT-i	双 VVT
供油方式	多点电喷	混合喷射
变速器		
简称	6 挡手自一体	7 挡双离合
底盘转向		
驱动方式	前置四驱	前轮驱动
四驱形式	全时四驱	适时四驱
中央差速器结构	托森式差速器	多片离合器
前悬架类型	双叉臂独立悬架	麦弗逊式独立悬架
后悬架类型	四连杆整体桥式非独立悬架	多连杆式独立悬架
车体结构	非承载式	承载式
车轮制动		
前制动器类型	通风盘式	通风盘式
后制动器类型	通风盘式	通风盘式
驻车制动类型	手刹	电子驻车
前轮胎规格	265/65 R17	245/60 R18
主/被动安全装备		
主/副驾驶座安全气囊	主●／副●	主●／副●
前/后排侧气囊	前●／后—	前●／后—
前/后排头部气囊（气帘）	前●／后●	前●／后●
前/后驻车雷达	—	前●／后●
后桥限滑差速器/差速锁	—	限滑差速器

续表

车型信息	普拉多 2019 款 3.5L TX-L 尊享版	途昂 2019 款 330TSI 两驱 舒适版
内部配置		
方向盘调节	上下+前后调节	上下+前后调节
座椅材质	真皮	真皮
主/副驾驶座电动调节	主●／副●	主●／副●
前/后排座椅加热	前●／后—	前●／后●
前/后排座椅通风	—	前●／后—
前/后排座椅按摩	—	前●／后—
第三排座椅	2 座	2 座
后排座椅放倒方式	比例放倒	比例放倒
前/后中央扶手	前●／后●	前●／后●
后排杯架	●	●
多媒体配置		
外接音源接口	USB+AUX	USB+AUX+SD 卡插槽
CD/DVD	单碟 CD	单碟 CD
扬声器品牌	JBL	Infinity 燕飞利仕
扬声器数量	≥12 喇叭	10-11 喇叭
灯光配置		
近光灯	LED	氙气
远光灯	卤素	氙气

资料来源：易车网。

中大型及大型 SUV 最大的优势是对性能的极致追求与智能化的完美结合，对安全性的充分保障以及力求完美的内饰和舒适性。但是这些优势的代价是成本的提升，不过不同种类的 SUV 都有其特定的市场定位及核心消费群体。随着人们生活质量的不断提升，中大型及大型 SUV 将会凭借其优越的性能和豪华的品质受到更多消费者的青睐。

第四节　发展现状

一、整体发展趋势及展望

1. 近年来中大型及大型 SUV 发展态势及未来预测

以国内市场上销量较高的十几款自主车型和合资车型，即途昂、一汽丰田普拉多、哈弗 H8、哈弗 H9、北京 BJ80 等车型作为样本研究。通过对比 2018 年以及 2019 年上半年各主要有代表性车型的销量占比，分析它们的销量变化以及各自所占据的市场份额。

图 4-3 为 2018 年各车型在中大型和大型 SUV 市场上的销量占比。其中，合资车型以上汽大众途昂和一汽丰田普拉多的销售情况最为优异，而自主品牌以长城哈弗 H9 和众泰 T700 的销售情况最为优异，都取得了不错的销量，特别是它们在高端 SUV 市场上能有立足之地，这极大地鼓舞了自主品牌的信心。图 4-4 展示了 2019 年上半年中大型及大型 SUV 各车型销量占比，其中途昂依旧是销量冠军，并且遥遥领先。合资车方面，东风英菲尼迪 QX50 表现突出，占据 9% 的市场份额，较 2018 年有较大的增长。自主品牌方面，众泰 T700 销量占整个市场的

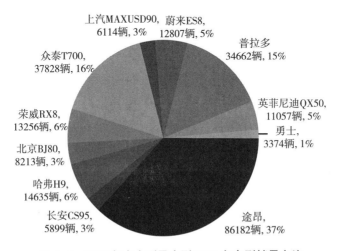

图 4-3　2018 年中大型及大型 SUV 各车型销量占比

份额有所下降，但仍是自主品牌销量冠军。哈弗 H9、北京 BJ80 的销量有所上涨，各车型总体销量趋于稳定。

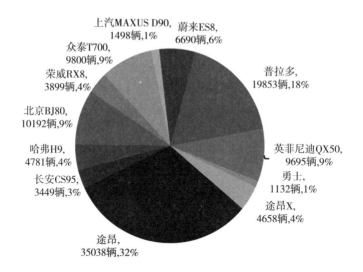

图 4-4　2019 年上半年中大型及大型 SUV 各车型销量占比

资料来源：易车网。

图 4-5 则反映了近十年来中大型和大型 SUV 的销量变化情况。从销量表现来看，中大型及大型 SUV 市场不同于其他类型 SUV 市场反响强烈，2011~2016 年整体销量逐年减少，在 2017 年左右有大幅回暖，迎来反弹，可是由于其消费群体定位相对小众，价格及养护成本高昂，近三年来中大型和大型 SUV 的销量进一步缩水，总体趋于稳定。预计该类 SUV 在今后的市场表现中也不会有太大突破，市场份额会维持在 2% 左右。

然而随着经济发展，高收入人群将会变多，这也就增加了中大型及大型 SUV 的潜在消费者；消费者对 SUV 的空间、舒适性、动力性等性能的追求将越来越高，同时消费理念上会更加注重品质及细节，主观上会促进中大型及大型 SUV 市场的发展；二孩政策的开放，使中国家庭模式发生了改变，家庭人口增多，也会客观上刺激中大型和大型 SUV 市场的发展。

2. 2018 年及 2019 年上半年中大型及大型 SUV 市场细分及相关预测

图 4-6 具体显示了 2018 年及 2019 年上半年中大型及大型 SUV 销量和 SUV 总销量的趋势走向。从中可以看出，2018 年中大型及大型 SUV 的销量趋势与 SUV 市场的总体走势有很大的不同，前三个季度总体销量平稳并且有缓慢下降的

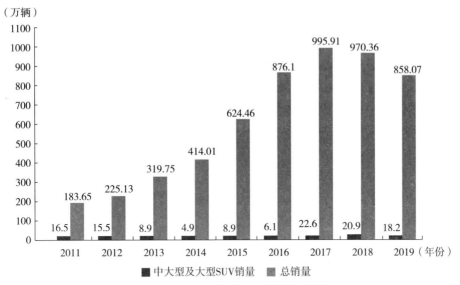

图 4-5 中大型和大型 SUV 销量变化趋势

注：2019 年全年销量数据按上半年两倍处理。

资料来源：易车网。

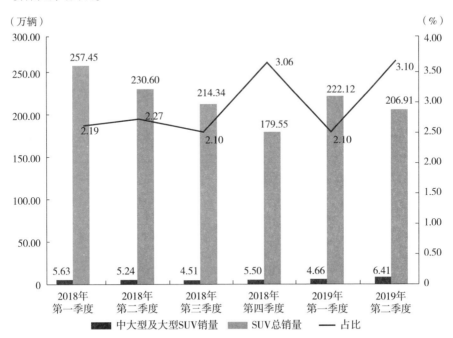

图 4-6 2018 年及 2019 年上半年中大型及大型 SUV 各季度销量统计

资料来源：易车网。

趋势，这点与总体 SUV 销量走势相一致，这可能是受整个 SUV 市场走势的影响，中大型及大型 SUV 平均每个季度的销量基本维持在 5 万辆左右，从第四季度开始，销量有较大幅度的增长，从第三季度的 4.51 万辆增长到第四季度的 5.5 万辆，创下中大型及大型 SUV 销量新高。2019 年第一季度中大型及大型 SUV 销量为 4.66 万辆，第二季度为 6.41 万辆，增幅为 3.1%，预计未来会有更大幅度的增长。

仅就 2018 年四个季度销量进行分析，如图 4-7 所示。相对第一季度，第二、第三、第四季度的销量环比增幅分别为 −6.93%、−13.93% 及 21.95%，可以看出，第二、第三季度中大型及大型 SUV 的销量逐渐缓慢降低，从第四季度开始发力，第四季度迎来了销售旺季，销量猛增。2019 年第二季度环比增幅明显，预计下半年会持续增长。

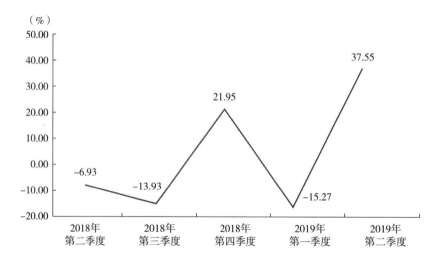

图 4-7 2018 年第二季度至 2019 年第二季度中大型及大型 SUV 各季度销量环比增幅
资料来源：易车网。

二、代表性车型分析

根据 2017 年、2018 年、2019 年三年的销量变化情况，本节选取 4 类具有代表性特征的车型（销量激增车型、销量断崖式下降车型、稳定畅销车型、销量稳定低迷车型）进行分析，剖析其激增、下降、畅销、低迷的原因。

1. 销量激增车型

根据 2017 年、2018 年、2019 年三年的销量，考虑新车上市时间因素影响，近三年市场上的小型 SUV 中，销量有明显上升的车型不多，其中典型的销量激增代表车型为英菲尼迪 QX50 和北京越野北京 BJ80，这两款车型近三年销量如表 4-4 所示。其中，北京越野北京 BJ80 2019 年的销量为 20384 辆，同 2018 年相比，销量增长 148.19%，在中大型及大型 SUV 市场整体略有下滑的背景下，该数据极为亮眼。

表 4-4　销量激增车型近三年销量　　　　　　　单位：辆，%

车型	2017 年	2018 年	2019 年	2019 年增长率
英菲尼迪 QX50	7148	11057	19390	75.36
北京越野北京 BJ80	6569	8213	20384	148.19

注：2019 年全年销量数据按上半年两倍处理。

资料来源：易车网。

在价位上，BJ80 自动尊贵版为 29.8 万元，比同级的帕杰罗、普拉多的起步价低 6 万元左右，而且它有着 G 级的越野外形和全地形的配置水平，在价格上也具有一定的竞争力。在外观上，BJ80 采用了硬派 SUV 典型的方方正正的造型，整车外观与奔驰 G 的相似度很高，车窗大视野开阔。其优点在于整车的乘坐舒适性非常不错，在较为颠簸的路段过滤效果表现优秀，其动力性也是吸引顾客购买的因素之一。

2. 销量断崖式下降车型

受汽车行业影响，中大型及大型 SUV 中，销量大幅下降的车型数量较多，如上汽大通 MAXUSD90、众泰 T700 等车型 2019 年销量均下降 50% 左右，如表 4-5 所示。

表 4-5　断崖式下降车型近三年销量　　　　　　　单位：辆，%

车型	2017 年	2018 年	2019 年	2019 年增长率
上汽大通 MAXUS D90	5005	6114	2996	−51.00
众泰 T700	58961	37828	19600	−48.19
荣威 RX8	0	13256	7798	−41.14
哈弗 H9	13855	14635	9562	−34.66

注：2019 年全年销量数据按上半年两倍处理。

资料来源：易车网。

以上汽大通 MAXUS D90 为例，它凭借超大乘坐空间、充沛的动力以及较高的性价比，2017 年和 2018 年销量还差强人意，但由于其一直被客户吐槽的油耗高的缺点，以及该车减震效果较差的因素，最终导致该车型在 2019 年的销量同比 2018 年下降了一半以上。

3. 稳定畅销车型

在各种中大型及大型 SUV 车型中，大众途昂的销量一直遥遥领先，稳居第一名的宝座（见表 4-6）。

表 4-6　稳定畅销车型近三年销量　　　　　　　　　　　单位：辆

车型	2017 年	2018 年	2019 年
大众途昂	75997	86182	70076
丰田普拉多	55302	34662	39706

注：2019 年全年销量数据按上半年两倍处理。

资料来源：易车网。

大众途昂这款车型之所以在中大型及大型 SUV 市场能够持续畅销，其原因主要有以下几点：第一，造型外观大方霸气，内饰简洁时尚，符合国人的审美，深得消费者的喜爱。第二，市场反应敏锐，紧跟顾客需求，能够及时对车型做出配置的调整，配置丰富且实用，满足市场的迫切需求。其乘坐空间大的优点得到了顾客的广泛好评，而且该车动力也十分强劲。第三，途昂在价格上十分亲民，相比其他同类的车型其性价比也是非常高。最终途昂以优秀的产品赢得了市场的尊重和考验，得以在这几年销量持续稳居榜首。

4. 销量稳定低迷车型

中大型和大型 SUV 市场相比于小型 SUV、紧凑型 SUV 以及中型 SUV 而言销量相对低迷，其中北汽制造勇士车型为持续低迷车型的典型代表。以北汽制造勇士为例，自 2016 年 9 月上市以来，近三年年销量一直在 10000 辆以下，尤其近两年销量更是大幅下滑。而 2010 年 10 月上市的起亚 KX3 EV，2019 年上半年销量仅 188 辆，预估全年销量为 376 辆，考虑新能源汽车补贴的因素影响，该数据还将进一步缩水。

北汽制造向来不会去讨好消费者，其车型主打粗犷、耐用，而没有着重考虑舒适度，而舒适度是现在消费者所关注的一个点。虽然其价格不高，但消费者也一直在吐槽其车身不好看，车身外观是影响其销量的主要因素之一，所以这款车不是很接地气，受众范围较小。

总而言之，每一款车型都有自己的独到之处，不管是设计、外观还是动力，各个方面都要根据市场进行精确的判断，这样的车才更加容易赢得消费者的青睐，而那些不去迎合市场需求，不考虑消费者感受的车型也会慢慢流失自己的客户。随着汽车在中国越来越普及，大多数家庭已经不仅是只要买到车就可以，而是需要买符合自己需求的汽车，SUV 尤其如此，汽车厂商只有重视消费者的需求，并且努力提高技术水平，完善设计，才能在激烈的市场竞争中占得先机。若不能及时调整车型的定位、价格区间，不能在同级别车型中展现出自己独有的特色，其销量很难实现增长。

三、地域分布情况

考虑到我国地域辽阔，不同地域的地理环境差异较大，各个地域对应的畅销车型也因此有所不同，本小节将从地域分布角度入手（见表 4-7），探讨中大型及大型 SUV 在不同地域的销量情况，并结合不同车型、品牌等因素进行分析。本节将全国分为北部、华东、华南、华中、西部五大地区，进行统计分析。

表 4-7　地域分布分析的六款中大型及大型 SUV 代表车型

序号	车企	品牌	车型	2018 年销量（辆）	2019 年上半年销量（辆）	价格区间（万元）
1	上汽	大众	途昂	86182	35038	30.09~50.59
2	众泰	众泰	众泰 T700	37828	9800	10.68~15.58
3	一汽	丰田	普拉多	34662	19853	43.58~60.48
4	上汽	荣威	荣威 RX8	13256	3899	13.88~25.18
5	蔚来	蔚来	蔚来 ES8	12807	6690	44.80~50.60
6	上汽	大通	上汽大通 MAXUS D90	6114	1498	15.67~26.69

资料来源：易车网。

表 4-7 中是本节所选取的具有代表性的中大型及大型 SUV 车型，这些车型在 2018 年、2019 年上半年的销量都很可观，均是中大型及大型 SUV 各个价位、各个档次的标杆车型，具有极高的统计和参考价值。

1. 国内各地区中大型及大型 SUV 销量分析

经过统计得出 2018 年和 2019 年上半年中大型及大型 SUV 总销量地区分布，

如图 4-8 所示，2018 年和 2019 年上半年中大型及大型 SUV 在西部地区的销量最高，占全国总销量的 31%；其次是北部地区，占全国总销量的 27%；华东、华南和华中地区中大型及大型 SUV 销量较少，分别占全国总销量的 18%、14% 和 10%。可见，北部、西部地区是中大型及大型 SUV 的市场重点。

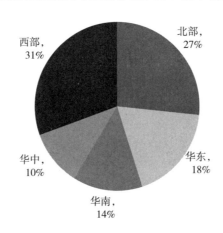

图 4-8　2018 年和 2019 年上半年中大型及大型 SUV 总销量全国地区分布
资料来源：易车网。

2. 自主与合资品牌中大型及大型 SUV 市场及地域分析

在国内市场销售的中大型及大型 SUV 中，2018 年合资品牌在售车型数量为119084 辆，占国内在售车型总数的 79%；自主品牌在售车型数量为 32365 辆，占国内在售车型总数的 21%。2019 年上半年，合资品牌在售车型数量为 59033 辆，占国内在售车型总数的 80%，与 2018 年基本持平；自主品牌在售车型数量为14421 辆，占国内在售车型总数的 20%，与 2018 年也基本持平。尽管自主品牌中大型及大型 SUV 产品数量不少，但在市场销量方面却远不及合资品牌。这样的统计结果是值得我们思考的，自主品牌产品线杂乱，子品牌混乱，有些车型尽管仍在市场上销售，但是多年没有进行及时的换代更新，这就在一定程度上导致自主品牌中大型及大型 SUV 的产品竞争力低。目前，我国自主品牌 SUV 的竞争力与合资品牌仍有很大的差距，这使有一定经济实力的消费者在选择中大型及大型 SUV 时往往会更青睐合资品牌车型，这也就导致合资品牌中大型及大型 SUV 销量要远高于自主品牌中大型及大型 SUV 销量。

进一步分析 2018 年及 2019 年上半年自主品牌与合资品牌在国内各地域的分布认可度的情况，如图 4-9、图 4-10 所示。

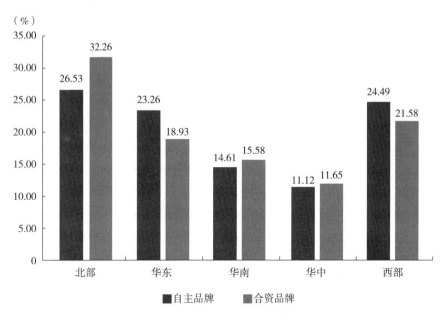

图 4-9 2018 年地域认可度情况

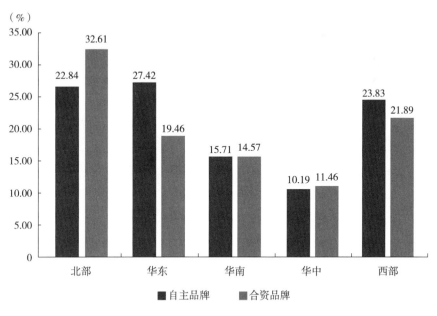

图 4-10 2019 年上半年地域认可度情况

资料来源：易车网。

　　虽然合资品牌占据了中大型及大型 SUV 大部分的市场，但是从购车意愿与认可度的调查中发现，2018 年、2019 年上半年在华东和西部地区自主品牌的认可度要高于合资品牌的认可度。尽管在其他的地区，自主品牌的认可度要低于合资品牌的认可度，但是在华南地区 2019 年上半年自主品牌的认可度超过合资品牌，由 14.61% 提升至 15.71%。自主品牌在国人心中的认可度有一定程度的提高，在部分地区，自主品牌成为更受欢迎的品牌。

四、各企业品牌在不同级别城市的分布

　　依据 2018 年、2019 年上半年的统计数据，选取国内市场上具有代表性的 6 款中大型及大型 SUV（见表 4-7）进行分析，这 6 款车型总销量占中大型及大型 SUV 全年总销量的大多数，覆盖合资品牌和自主品牌，数据具有一定的代表性。城市级别可以直观反映消费者的消费水平，不同级别城市的消费者在选择中大型及大型 SUV 时会呈现出一定的分布规律。此外，车企对某款车型的市场定位和对消费人群的划分会直接关系到产品在不同城市级别的销量分布。2018 年、2019 年上半年，这 6 款中大型及大型 SUV 在全国一线、二线、三线、四线、五线城市的销量占比如图 4-11 所示。

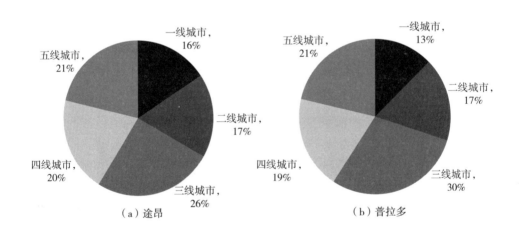

图 4-11　各个车型在不同级别城市的购买比例

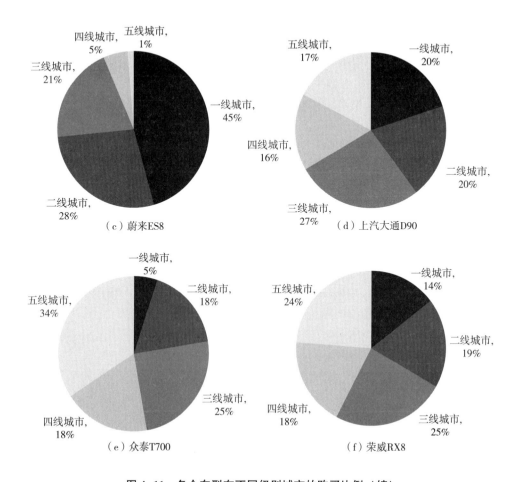

图4-11　各个车型在不同级别城市的购买比例（续）

中大型及大型SUV的市场定位更多面向收入水平较高的消费人群，随着国家经济的发展，三线、四线、五线城市的消费者也有能力购买主流的中大型及大型SUV，部分中大型及大型SUV在三线、四线、五线城市的销量已经超过了一线、二线城市。

作为中大型及大型SUV市场自主品牌标杆车型的一汽大众途昂，以其大气威武的外观及其强劲的动力成为近年来中大型及大型SUV市场的销量冠军。上市以来，途昂一直保持着较高的销量，其独特的设计风格以及大空间特征是它吸引消费者的关键。而厂方也在不断地与时俱进、推出车型，让这个大块头逐步变得更精致、更符合消费者的实际需求。作为一款中大型及大型SUV，其销售价格定在 30.09 万~50.59 万元。由于其面向的对象主要为高端用户，相比于价格，它更注重其性能、外观与品质，这也是途昂能够吸引众多消费者，创造不凡销量最重要的原因。

对 2018 年和 2019 年上半年中大型及大型 SUV 新车型进行分析可以发现，途昂、普拉多、上汽大通 MAXUS D90 以及荣威 RX8 等车型在不同级别城市的关注度分布相似，即一线城市全部覆盖，二线城市大部分覆盖，三线城市部分覆盖的原则，使得它们在各发展程度不同的城市均有不错的销量。对于蔚来 ES8 来说，其主要面向高端消费者，将其重心放在了一线城市。但对于众泰 T700 来说，其销售的对象主要是普通消费者，10.68 万~15.58 万元的售价对于大多数消费者来说都有着巨大的吸引力。其首要销售目标主要集中在三线、四线、五线城市，在一线城市的销量只占其总销量的 5%，三线、四线、五线城市的销量接近其总销量的 80%，三线、四线、五线城市 SUV 市场发展的前景巨大。

整个 SUV 市场上中大型及大型款式较少，但配置丰富，更多面向收入水平较高的一线城市和西部地区。一线城市的消费者对车辆的需求不仅是代步工具，高品质的驾驶体验更切中人心；西部地区由于其实际的地形地貌，对大型及中大型 SUV 有很大的需求。合资品牌的车型在配置上下了更多功夫，不过高昂的价格并没有带来销量的下滑，几款定价较高的中大型及大型 SUV 在年终的销量比拼中均取得了不错的成绩。

由上可知，不同品牌的车型在销售策略与市场定位上有着本质区别，市场战略有着很大的不同。车企在开拓中大型及大型 SUV 市场时，应当各得其所，根据自身情况确定合理的定位，这样才能更好地为消费者提供适合的车型，在市场中立于不败之地。

第五节　新车型展望

近年来，新车型和改款车的出现为整个中大型及大型 SUV 市场注入了新的活力，新增的部分车型如表 4-8 所示。2019 年主要有两种新车型加入中大型及大型 SUV 市场参与竞争，即上汽大众途昂 X、一汽红旗 HS7，由于中大型及大型 SUV 越来越受到国内消费者的青睐，更多的新车型将会出现在中大型及大型 SUV 市场。

表 4-8　2019 年中大型及大型 SUV 新车型统计

序号	车企	车型	价格区间（万元）	销量（辆）
1	上汽大众	途昂 X	31.69~48.89	8858
2	一汽红旗	红旗 HS7	34.98~45.98	1428

资料来源：易车网。

　　下面将简单分析 2019 年全新中大型及大型 SUV 的两种新车型，即上汽大众途昂 X 和一汽红旗 HS7。作为红旗品牌首款豪华中大型及大型 SUV 的红旗 HS7 共推出四款车型。外观方面，整体保持现有的家族化设计，大尺寸进气格栅并配有镀铬材质，具有相当高的辨识度，LOGO 则采用平面化的造型，而非具象的红旗立标，整体气场十足。内饰方面，新车依旧延续了红旗的设计风格，中控台的造型简洁，各功能按键的位置合理。动力方面，红旗 HS7 搭载 3.0T 机械增压发动机，匹配 8 速手自一体变速器，动力参数比较亮眼。上汽大众途昂 X 定位轿跑 SUV 车型，整体感觉与途昂比较相似，搭载 2.0T/2.5T 发动机。外观配置部分，途昂 X 全系标配带动态转向功能的全天候 LED 大灯及 LED 尾灯，包含 DCC 自适应动态悬架、铝合金飞翼轮毂、碳纤维套件灯等配置。内饰配置部分，配备 10.2 英寸全数字液晶仪表、全触控数字空调面板、前排主驾座椅 12 向电动可调、PLA3.0 全方位智能泊车辅助系统、主动胎压监控装置等装备。动力方面，新车提供三种动力版本，其最大功率分别为 137kW、162kW、220kW，对应最大扭矩分别为 320N·m、350N·m、500N·m，预计传动系统都将匹配 7 速双离合变速器，部分车型还将提供 4MOTION 四驱系统。

　　通过分析可以发现，各车企在自己新产品的设计上体现出了各自独特的理念，既有传承也有创新，同时随着人们生活水平的提高，人们对汽车各个方面性能的要求也越来越高，新款车型不断涌现，人们的选择越来越多，市场竞争也越来越激烈，车企为了能在竞争激烈的市场中不断收获并长久发展下去，从消费者的角度出发，结合自身发展定位，开发更多符合市场需求的新款车型是其最佳的选择。

第六节 小结及 2020 年中大型和大型 SUV 市场预测

本章主要从车型定义、性能特点、技术优势、发展状况、地域分布等角度来分析中大型和大型 SUV，相比其他车型，中大型和大型 SUV 具有以下特点：空间大、性能优异、配置豪华、价格昂贵。通过市场细分，可以更直观地了解到该车型的市场定位及其市场现状的成因，也可以从侧面反映出市场需求以及消费者喜好。这对我国未来汽车业的发展具有指导性意义，也便于对 2020 年中大型和大型 SUV 市场进行预测。

（1）市场方面：预计 2020 年中大型和大型 SUV 的销量将基本保持不变，市场份额也会基本稳定在 2% 左右。自主品牌将会逐渐深入该类 SUV 市场，推出更多符合国内消费者需求的高性价比车型，但是合资品牌将依旧长期占据主导。

（2）技术方面：整体来看，中大型和大型 SUV 所采用的技术已经较为成熟，2020 年基本不会有开创性的新技术出现并应用到新车型中，但在节能减排和提高整车经济性方面将进行重点突破，使该类车型更好地符合节能环保的社会诉求。

第五章　中国新能源 SUV 的现状与前景分析

第一节　概述

新能源汽车的发展经历了 2012 年、2013 年的起步，2014 年的小幅增长，2015 年、2016 年、2017 年的销量激增，迎来了 2018 年销量增长最为猛烈的一年。相比 2017 年，2018 年新能源乘用车销量增加了 54 万辆，创造了新能源乘用车增长幅度的新纪录，新能源汽车在 2019 年仍呈现增长态势，但增速放缓。受到 SUV 市场火热的影响，新能源厂商近年来分别推出了自家的新能源 SUV 来抢占这块市场。新能源乘用车市场不再是轿车主宰的天下，新能源 SUV 在新能源汽车中的占比不断提升。此外，在政策、国人消费习惯以及不断发展的电池技术等因素的影响下，新能源 SUV 也逐渐被消费者接受、认可并追捧。

第二节　新能源汽车定义与新能源 SUV 定义

新能源汽车定义为采用非常规的车用燃料作为动力来源（或使用常规的车用燃料、采用新型车载动力装置），综合车辆的动力控制和驱动方面的先进技术，形成的技术原理先进，具有新技术、新结构的汽车。

新能源汽车按照动力来源的不同可分为纯电动汽车（BEV）、燃料电池电动汽车（FCEV）、氢能源动力汽车、混合动力汽车、太阳能汽车和其他新能源（如高效储能器）汽车等。

一、新能源汽车定义

1. 纯电动汽车

纯电动汽车是一种采用单一蓄电池作为储能动力源的汽车，通过电池向电动机提供电能，驱动电动机运转，从而推动汽车行驶。

2. 燃料电池电动汽车

燃料电池电动汽车（Fuel Cell Electric Vehicle，FCEV）是利用氢气和空气中的氧在催化剂的作用下，在燃料电池中经电化学反应产生的电能作为主要动力源驱动的汽车。燃料电池电动汽车实质上是纯电动汽车的一种，它与其他纯电动汽车的主要区别在于动力电池的工作原理不同。一般来说，燃料电池是通过电化学反应将化学能转化为电能，电化学反应所需的还原剂一般采用氢气，氧化剂则采用氧气，因此最早开发的燃料电池电动汽车多是直接采用氢燃料，氢气的储存可采用液化氢、压缩氢气或金属氢化物储氢等形式。

3. 氢能源动力汽车

氢能源动力汽车是以氢发动机为动力源的汽车。一般发动机使用的燃料是柴油或汽油，氢发动机使用的燃料是气体氢。氢发动机汽车是一种真正实现零排放的交通工具，排放出的是纯净水，其具有无污染、零排放、储量丰富等优势。

4. 混合动力汽车

混合动力汽车（Hybrid Electric Vehicle，HEV）是指驱动系统由两个或多个能同时运转的单个驱动系联合组成的车辆，车辆的行驶功率依据实际的车辆行驶状态由单个驱动系单独提供或多个驱动系共同提供。因各个组成部件、布置方式和控制策略的不同，混合动力汽车有多种形式。混合动力汽车按照动力混合程度，又分为插电式混合动力汽车、全混合动力汽车、中度混合动力汽车、轻度混合动力汽车和微混动力汽车。

5. 太阳能汽车

太阳能汽车是一种靠太阳能来驱动的汽车。相比传统热机驱动的汽车，太阳能汽车是真正的零排放。正因为其环保的特点，太阳能汽车被诸多国家所提倡，太阳能汽车产业的发展也日益蓬勃。

6. 其他新能源汽车

其他新能源汽车包括使用甲醇等燃料以及使用高效储能器如超级电容器的汽车等。

二、新能源 SUV 定义

新能源 SUV 指的是新能源汽车中的 SUV 车型，即采用有别于传统的车用燃料作为动力来源（或使用常规的车用燃料、采用新型车载动力装置），综合车辆的动力控制和驱动方面的先进技术，形成的技术原理先进，具有新技术、新结构的 SUV。

新能源 SUV 同样根据动力来源的不同可以分为燃料电池电动 SUV、纯电动 SUV、氢能源动力 SUV、混合动力 SUV（国内仅把插电式混合动力汽车作为新能源汽车）、太阳能 SUV 和其他新能源（如高效储能器）SUV 等，但是受制于技术水平，以及政策的引导，国内新能源 SUV 车型被定义为纯电动（BEV）SUV 和插电式混合动力（PHEV）SUV。由于越来越多的 SUV 车型采用了 HEV 技术，因此，本章新能源汽车市场的分析，考虑了纯电动 SUV、混动（HEV）SUV 和插电混动（PHEV）SUV。

第三节　新能源汽车的市场表现及销量

一、新能源汽车市场总体表现及销量

根据表 5-1、图 5-1，对 2015 年至 2019 年上半年国内新能源乘用车销量及变化趋势进行分析发现，2015 年至 2019 年上半年中国新能源汽车的销量持续增长。2015~2018 年，中国新能源汽车销量逐年激增，2016 年较 2015 年增长了119.8%，2017 年较 2016 年增长了 67.9%，2018 年较 2017 年增长了 75.4%。2019 年新能源汽车销量较 2018 年增长约 13.9%，销量增长放缓。

表 5-1　新能源汽车市场总体销量　　　　　　　　单位：辆，%

	2015 年	2016 年	2017 年	2018 年	2019 年上半年
国内乘用车总销量	20085500	23693400	24171400	22340000	12323000
新能源乘用车销量	194083	426550	716045	1256094	715319

续表

	2015 年	2016 年	2017 年	2018 年	2019 年上半年
新能源乘用车销量占比	0.97	1.80	2.96	5.62	5.80
BEV 乘用车销量	116829	266599	467998	774905	472259
BEV 乘用车销量占比	0.58	1.13	1.94	3.47	3.83
PHEV 乘用车销量	64094	78549	107488	266534	122905
PHEV 乘用车销量占比	0.32	0.33	0.44	1.19	1.00
HEV 乘用车销量	13160	81402	140559	214655	120155
HEV 乘用车销量占比	0.07	0.34	0.58	0.96	0.98

资料来源：乘联会、华经产业研究院整理（此处新能源指 BEV+PHEV+HEV）。

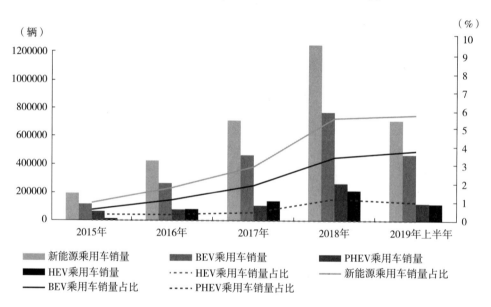

图 5-1　2015 年至 2019 年上半年国内新能源乘用车销量变化趋势

新能源汽车在乘用车总销量中的占比也持续增长，2015~2018 年增幅较大，从 0.97% 上升至 5.62%。从 2019 年开始，新能源汽车在乘用车总销量中占比的增幅放缓。2015~2019 年，BEV 乘用车在总销量中的占比持续增长，从 0.58% 上升至 3.83%。2015~2019 年，HEV 乘用车在总销量中的占比持续增长，从 0.07% 上升至 0.98%。PHEV 乘用车在总销量中的占比在 2015~2018 年呈现增长态势，从 0.32% 上升至 1.19%，2019 年出现了下滑，降至 1.00%。

二、新能源汽车市场 PHEV 车型总体表现及销量

根据表 5-2 和图 5-2，对 2015~2019 年国内新能源 PHEV 乘用车销量及变化趋势进行分析发现，PHEV 细分车型中 CAR 的销量占比在 2015~2017 年呈下降趋势，降幅较大，由 71.03% 降低至 37.78%。2015~2017 年，SUV 的销量占比快速提升，从 28.97% 上升至 62.22%，在 2017 年超越了 CAR 的销量占比，成为 2017 年 PHEV 市场上最热销的细分车型。2017~2019 年，SUV 的销量占比不断下滑，由 62.22% 降低至 45.32%，而 CAR 的销量占比不断提升，由 37.78% 提升至 50.01%，在 2019 年超越了 SUV，重新成为 PHEV 市场上最热销的细分车型。MPV 车型在 2015~2018 年均无 PHEV 销量，而 2019 年其产品销量为 11164 辆（由上半年数据预测而得），销量占比 4.67%，处于发展起步状态。

表 5-2　PHEV 细分车型总体销量　　　　　　单位：辆，%

PHEV 细分车型	2015 年	2016 年	2017 年	2018 年	2019 年上半年
CAR	45147	48947	40599	124415	59751
CAR 占比	71.03	60.92	37.78	48.56	50.01
MPV	0	0	0	0	5582
MPV 占比	0	0	0	0	4.67
SUV	18410	31405	66876	131810	54157
SUV 占比	28.97	39.08	62.22	51.44	45.32
总计	63557	80352	107475	256225	119490

资料来源：乘联会、华经产业研究院整理。

根据表 5-3、图 5-3，对 2015~2019 年国内新能源 PHEV 各级别车型销量及变化趋势进行分析，总体来看，2015~2018 年 A0 级车无销量，直至 2019 年销量达到 706 辆，占比 0.59%。A 级车的销量及其在 PHEV 总销量中的占比处于波动状态，A 级车的占比由 2015 的 67.10% 下降至 2016 年的 50.62%，随后 2017 年增至 82.20%，2019 年，占比减小至 52.01%。而 A 级车的销量在 2015~2016 年有少量下降，由 42644 辆下降至 40673 辆；2017~2018 年，销量处于增长期，2018 年销量高达 180631 辆；2019 年销量又继续下降，达到 124290 辆（由上半

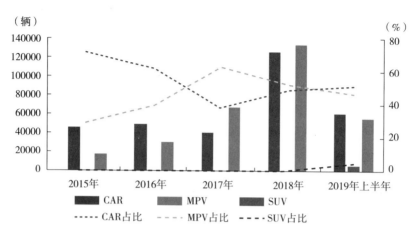

图 5-2 PHEV 细分车型销量变化趋势

年数据预测而得）。B 级车销量和销量占比也处于波动之中，B 级车由 2015 年的 20112 辆增至 2016 年的 39246 辆，随后 2017 年下降至 19127 辆，2018 年迅速上升，达到 59468 辆，2019 年又小幅下降到 45616 辆。B 级车销量占比由 2015 年的 31.64%增至 2016 年的 48.84%，随后 2017 年骤减至 17.80%，2018 年和 2019 年则保持良好的增长趋势，2019 年上半年销量占比达 38.18%。C 级车在 2015~2017 年销量不温不火，占比较低，2018~2019 年销量较大，2019 年上半年销量达 11023 辆，2018 年和 2019 年上半年销量占比分别高达 6.29%和 9.23%。总体来看，A 级车和 B 级车总占比较大，A0 级和 C 级占比较小，预计未来 PHEV 市场仍然是 A 级车和 B 级车占据主要部分，A0 级车和 C 级车会有小幅上升。

表 5-3　PHEV 各级别车型总体销量　　　　　　　　单位：辆，%

PHEV 各级别车型	2015 年	2016 年	2017 年	2018 年	2019 年上半年
A0 级	0	0	0	0	706
A0 级占比	0	0	0	0	0.59
A 级	42644	40673	88345	180631	62145
A 级占比	67.10	50.62	82.20	70.50	52.01
B 级	20112	39246	19127	59468	45616
B 级占比	31.64	48.84	17.80	23.21	38.18
C 级	801	433	3	16126	11023

PHEV 各级别车型	2015 年	2016 年	2017 年	2018 年	2019 年上半年
C 级占比	1.26	0.54	0	6.29	9.23
总计	63557	80352	107475	256225	119490

资料来源：乘联会、华经产业研究院整理。

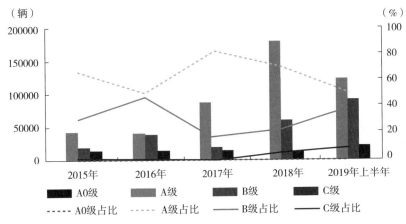

图 5-3　PHEV 各级别车型销量变化趋势

三、新能源汽车市场 HEV 车型总体表现及销量

根据图 5-4、表 5-4，对 2015～2019 年国内 HEV 新能源乘用车销量及变化趋势进行分析。得到以下结论：2015～2019 年，HEV 销量增长迅猛，由 13160 辆增长到 240310 辆。而 HEV 的销量主要来自 CAR，但 CAR 在 HEV 销量中的占比一直在降低，由 2015 年的 100% 下降到 2019 年的 79.54%，而 CAR 的销量一直处于平稳上升态势，2019 年销量高达 191148 辆。而在 2015～2018 年 HEV 销量中 SUV 占比快速上升，由 0 上升至 18.89%，销量也由 0 上升至 40540 辆。而在 2019 年销量占比下降至 16.51%，销量下降至 39666 辆。反观 MPV 的销量，2015～2018 年销量占比一直为 0，而 2019 年上半年 MPV 销量占比提升至 3.95%，销量达 4748 辆。综合来看，HEV 销量潜力较大，未来仍将继续增长，随着油耗法规的日益严格和新能源汽车补贴的退坡，HEV 车型将会迎来持续高速增长的发展时期，在车型分类方面，HEV 销量的主要来源仍然是 CAR，但比例将会继续减小，而 HEV 中 SUV 的销量和市场份额将持续增长，MPV 销量占比也将会继续上升，但增幅较小，预计 SUV 将会成为未来 HEV 发展的重要力量。

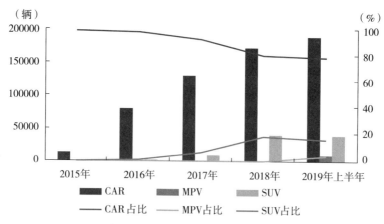

图 5-4　HEV 细分车型总体销量

表 5-4　　HEV 细分车型总体销量　　　　　　单位：辆,%

HEV 细分车型	2015 年	2016 年	2017 年	2018 年	2019 年上半年
CAR	13160	80579	131288	174115	95574
CAR 占比	100	98.99	93.40	81.11	79.54
MPV	0	0	0	0	4748
MPV 占比	0	0	0	0	3.95
SUV	0	823	9271	40540	19833
SUV 占比	0	1.01	6.60	18.89	16.51
总计	13160	81402	140559	214655	120155

资料来源：乘联会、华经产业研究院整理。

　　根据表 5-5，对 2015~2019 年国内 HEV 新能源乘用车销量及变化趋势进行分析。得出如下结论：HEV 销量主要集中在 A/B 级车型。从 2015 年至 2019 年上半年，A 级车和 B 级车销量占比始终保持整个 HEV 销量份额的 98% 以上，是 HEV 销量中的绝对主力。2015~2016 年，A 级车在 HEV 销量中的占比增长较大，由 48.67% 增长至 85.44%，2016~2019 年，占比逐渐减小，由 85.44% 下降至 49.54%；2015~2016 年，B 级车在 HEV 中占比减小，由 51.33% 下降至 13.09%，2017~2019 年，占比由 23.17% 逐渐增大至 49.49%；而 C 级车尽管销量占比较低，但增速很快。反观销量，A 级车从 2015 年的 6405 辆上升至 2018 年的 152550 辆，由 2019 年上半年数据预测，2019 年下降至 119058 辆，B 级车和 C 级车销量则一直处于上升状态，2019 年 B 级车销量达到 118930 辆，C 级车销量达到 2322 辆（见图 5-5）。

表 5-5　HEV 各级别车型总体销量　　　　单位：辆，%

HEV 各级别车型	2015 年	2016 年	2017 年	2018 年	2019 年上半年
A 级	6405	69549	105764	152550	59529
A 级占比	48.67	85.44	75.25	71.07	49.54
B 级	6755	10658	32572	60923	59465
B 级占比	51.33	13.09	23.17	28.38	49.49
C 级	0	1195	2223	1182	1161
C 级占比	0	1.47	1.58	0.55	0.97
总计	13160	81402	140559	214655	120155

资料来源：乘联会、华经产业研究院整理。

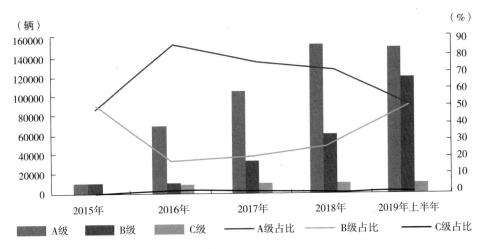

图 5-5　HEV 各级别车型总体销量及变化趋势

　　考虑到整个汽车行业的转型，从 2015 年至今，唯一持续增长的是 HEV。HEV 持续增长的原因一方面是其价格与传统内燃车价格越来越趋同，另一方面其低油耗带来的低使用成本、更好的驾乘感受等赢得了越来越多消费者的喜爱，所以说，HEV 的增长是真正的用户驱动和性能驱动的结果，是真正的市场驱动的结果。可以预计，随着国家补贴的减弱，HEV 的竞争优势会更加明显，HEV 市场将迎来高速增长，A 级车销量将会小幅减小，B 级车和 C 级车销量则将保持良好的增长趋势。

四、新能源 SUV 销量

由表 5-6、表 5-7 可知，在 2019 年上半年市场上销售的新能源 SUV 产品数
量要高于 2018 年在市场上销售的产品数量，在 2019 年新能源 SUV 的产品数量得
到了进一步的丰富，为有意愿购买新能源 SUV 的消费者提供了更多的选择空间。
2019 年上半年新能源 SUV 的销量已经超过了 2018 年全年新能源 SUV 销量的
60%，2019 年全年新能源 SUV 的销量较 2018 年将会有一定的提升。

表 5-6　2018 年新能源 SUV 车型、销量及价格区间

序号	品牌	车型	销量（辆）	价格区间（万元）
1	长安汽车	长安 CS75 PHEV	138300	17.58~20.68
2	比亚迪	唐 DM	37146	22.99~32.99
3	比亚迪汽车	比亚迪元 EV	35699	8.99~13.99
4	北汽新能源	北汽新能源 EX	16102	8.49~10.39
5	蔚来	蔚来 ES8	12807	44.80~50.60
6	奇瑞汽车	奇瑞瑞虎 3xe	10329	9.38~10.68
7	上汽通用	凯迪拉克 XT5 混合动力	9930	37.99~53.99
8	广汽新能源	广汽新能源传祺 GE3	8852	21.28~24.65
9	云度汽车	云度 π1	5058	10.68~16.68
10	江淮汽车	江淮 iEV7S	4616	9.35~11.95
11	上汽集团	荣威 Marvel X	3405	26.88~30.88
12	长城汽车	WEY P8	3387	29.28~31.28
13	东南汽车	东南 DX3 EV	2724	17.15~19.29
14	上汽大众	途观 L 混合动力	2697	31.58~32.58
15	沃尔沃亚太	沃尔沃 XC60 混合动力	2254	52.79~58.59
16	长安汽车	长安新能源 CS15EV	1144	8.98~9.88
17	众泰汽车	众泰 T300 EV	430	17.99~19.99
18	一汽奔腾	奔腾 X40 EV	57	18.38~18.98

表 5-7　2019 年上半年新能源 SUV 车型、销量及价格区间

序号	品牌	车型	销量（辆）	价格区间（万元）
1	长安汽车	长安 CS75 PHEV	64072	17.58~20.68
2	比亚迪汽车	比亚迪元 EV	43484	8.99~13.99
3	比亚迪	比亚迪唐 DM	24174	22.99~32.99
4	上汽大众	大众途观 L 混合动力	7409	31.58~32.58
5	蔚来	蔚来 ES8	6690	44.80~50.60
6	广汽新能源	广汽新能源传祺 GE3	6295	21.28~24.65
7	北汽新能源	北汽新能源 EX	5083	8.49~10.39
8	江淮汽车	江淮 iEV7S	4940	9.35~11.95
9	上汽通用	凯迪拉克 XT5 混合动力	4088	37.99~53.99
10	沃尔沃亚太	沃尔沃 XC60 混合动力	2737	52.79~58.59
11	奇瑞汽车	奇瑞瑞虎 3xe	1966	9.38~10.68
12	长安汽车	长安新能源 CS15EV	1354	8.98~9.88
13	东南汽车	东南 DX3 EV	1275	17.15~19.29
14	云度汽车	云度 π1	1080	10.68~16.68
15	上汽集团	荣威 Marvel X	1076	26.88~30.88
16	蔚来汽车	蔚来汽车 ES6	791	35.80~54.80
17	长城汽车	WEYP8	644	29.28~31.28
18	吉利汽车	吉利缤越 PHEV	446	14.98~16.98
19	东风日产	日产楼兰混动	361	30.03~37.58
20	一汽奔腾	奔腾 X40 EV	202	18.38~18.98
21	东风悦达起亚	起亚 KX3 EV	188	23.98~23.98
22	东风风光	东风风光风光 580 混动	151	16.99~16.99
23	众泰汽车	众泰 T300 EV	4	17.99~19.99

资料来源：搜狐汽车。

第四节　性能及技术特点实例分析

新能源 SUV 既有新能源汽车环保低碳、节油经济的特性，同时享受政府补贴这一价格优势，又有比新能源轿车更出色的驾乘空间和良好的通过性，更加迎合消费者的口味。由于车身结构对行驶里程有着直接影响，新能源 SUV 尺寸主要集中在小型 SUV 到中型 SUV，有少量中大型 SUV，大型新能源 SUV 甚少。

中大型的新能源 SUV 主要集中在豪华品牌中，现已上市的有雷克萨斯 RX、特斯拉 Model X、宝马 X5 新能源、卡宴新能源、沃尔沃 XC90 新能源等。中型新能源 SUV 有比亚迪 唐、楼兰新能源、雷克萨斯 NX 等。紧凑型新能源 SUV 主要有野马 T70EV、华泰 XEV260。小型新能源 SUV 主要有比亚迪元、江淮 iEV6S、北汽 EX360 等车型。

新能源 SUV 依据动力系统的不同主要分为纯电动 SUV 和插电式 SUV。按照制造厂商可以分为自主品牌新能源 SUV、合资品牌新能源 SUV 以及进口品牌新能源 SUV。

综上所述，新能源 SUV 按照车身尺寸可以分为中大型、中型、小型以及紧凑型新能源 SUV；按照动力系统不同可以分为纯电动 SUV 和插电式 SUV；还可以分为自主品牌新能源 SUV、合资品牌新能源 SUV 和进口品牌新能源 SUV。为方便读者理解，下文将在每一类中挑选出 1~2 款具有代表性的车型进行分析，以此来具体体现新能源 SUV 在性能及技术方面的特点。

一、中大型新能源 SUV 分析

已经上市的中大型新能源 SUV 中，大多数是豪华品牌，选取其中的 Model X 作为代表，从动力、底盘、外观、变速器、高科技配置等方面进行介绍。

1. Model X 简介

纯电动 SUV 中本节选取的是较有代表性的特斯拉 Model X，特斯拉 Model X 是美国 Tesla Motors 公司在 2012 年发布的全尺寸纯电动 SUV，原计划于 2014 年量产，但是受到产能限制以及鸥翼门等影响，Model X 的量产一直到 2018 年才解决。但是其优良的做工、极佳的动力性和富有科技感的外观还是让众多消费者追捧。

2. 动力

电机方面，Model X 采用了双电机全轮驱动技术，前电机功率约为 193kW，后电机功率约为 380kW，前后电机扭矩总值达到 967N·m，最高时速 249km/h。入门版车型 MODEL X 70D 使用了一款容量为 70kWh 的电池组，最大续航里程为 354kW。P90D 车型使用容量为 90kWh 的电池组，0~96km/h 加速时间为 3.2s，最大续航里程为 402km；90D 车型的 0~96km/h 加速时间为 4.8s，最大续航里程为 414km。

电池方面，Model X 采用的是 18650 电池，电池组由近 7000 节电池组成，布置于车辆底部，总电压约为 400V。

3. 外观

Model X 的外观充满科技感，尤其是后座的鹰翼门，采用双铰链的鹰翼门有别于传统鸥翼门，厂家在每个鹰翼门上安装了 6 个探头来监测周围，当遇到障碍物时会自动改变开启的角度来躲避。特斯拉官网资料表明，两边最小仅需 30cm 距离即可完成开启和关闭，完全不会碰到任何障碍，好像长了眼睛一样。另外，Model X 还采用了全景式风挡玻璃，改善驾驶员视野的同时，也使 Model X 更具科技感。

4. 底盘

底盘部分，Model X 前悬架采用的是双横臂双叉臂式独立悬架，后悬架采用的是多连杆独立悬架，另外，Model X 还配备了空气主动悬架系统，车身高度五挡可调，可以从标准状态调至最高离地间隙超过 200mm。转向系统 Model X 采用的是博世汽车转向有限公司的电动助力转向系统，刹车系统 Model X 前后均采用盘式制动器，同时 Model X 配备了自动紧急刹车和防侧撞系统来保障乘客和驾驶员的安全。

5. 变速器

与传统汽车不同，由于电机的特性使得电动汽车没有必要配备多挡位的变速器，于是 Model X 配备的是单级的减速器，这样做不仅减少了传动系统的成本，还降低了传动系统的维修率，而且使得传动系统稳定可靠。

6. 高科技配置

Model X 配备了目前主流的汽车上的电子辅助设备，从刹车防抱死、电子制动力分配、刹车辅助、牵引力控制到泊车雷达、倒车影像、定速巡航、主动紧急刹车、盲区监测等，Model X 都有配备，这些系统的配备使得 Model X 的科技感更强，同时为驾驶员的驾驶提供了方便，使得驾驶更加轻松舒适。

二、中型新能源 SUV 分析

本节选取比亚迪唐作为中型新能源 SUV 的代表，对其进行分析。

1. 比亚迪唐简介

现款比亚迪唐是唐系列的第二代车型，采用双模混动技术，传承了上一代唐强劲的动力，百公里加速成绩进一步提升，达到了 4.5s，可以说是我国"电四驱"的一个领跑者。比亚迪唐底盘调校整体偏向舒适，工信部最新给出的油耗为 1.8L/100km，表现十分优秀。

2. 动力

比亚迪唐的动力方面非常先进，延续上一代，采用了"三擎、四驱、双模"的技术方案，这是一套能够将一台汽油发动机与两台电动机实现混动的全新动力搭配模式，比亚迪唐配备了一台功率达到 141kW 的 2.0T 汽油发动机，最大扭矩为 320N·m/1500~4000rpm，以及两台电机，前电机功率达到 110kW，最大可输出扭矩 250N·m，后电机功率达到 180kW，最大可输出扭矩 380N·m，这三个动力源合并构成了唐目前的动力来源。经过机械耦合，比亚迪唐最大综合功率为 431kW，最大综合扭矩为 950N·m。比亚迪唐也可在混合动力及纯电动模式下行驶，两种模式可人工切换，也可由系统根据车辆状况自行切换，官方表示纯电驱动下唐的最高续航里程达到了 100km，比上一代提升了 20km。唐的四驱系统，是通过安置在后轴的电机实现四轮同时驱动的，而不像传统汽车需布置分动箱和传动轴。这样的结构设计能够降低车身的重量，并且提高传动效率，电子限滑系统可以提供多种四驱模式，大大提高了车辆的通过性。

3. 外观

比亚迪唐的外观设计，比上一代优化了很多。新一代比亚迪唐是由前奥迪设计师操刀完成，其 Dragon Face 设计语言是前奥迪设计师的原创设计，采用大尺寸进气格栅搭配造型犀利的 LED 大灯，展现未来设计趋势，使整车外观显得精致并具有自身品牌特色，匠心工艺成就大美设计。

4. 底盘

唐 DM 前悬挂是麦弗逊式独立悬挂，这类悬挂的好处就是占用横向空间少，利于横置发动机在发动机舱布置；后悬架类型为多连杆独立悬架，这个多连杆独立悬架的好处就是车轮跳动时轮距和前束的变化很小，不管汽车是在驱动状态还是制动状态下都可以根据驾驶员的意图开得平稳。

5．高科技配置

比亚迪唐全系车型标配 ABS 防抱死、制动力分配、刹车辅助、牵引力控制、车身稳定控制、上坡辅助、陡坡缓降、自动驻车、前后泊车雷达、倒车视频影像、全景摄像头、定速巡航、无钥匙进入系统、无钥匙启动系统、车载电视、氙气大灯、日间行车灯、大灯高度可调、自动头灯、大灯清洗装置、后排隐私玻璃、电动后视镜、后视镜加热、后视镜电动折叠、车内后视镜自动防眩目、自动空调、后排出风口、温度分区控制。这样详尽的配置使得比亚迪唐在相同价位的车型中性价比突出。

三、紧凑型新能源 SUV 分析

本节选择荣威 eRX5 作为紧凑型新能源 SUV 的代表，对其进行分析。

1．动力

动力系统方面，荣威 eRX5 采用了 1.5T、直列四缸的涡轮增压式发动机，同时配备了两台永磁同步电机。发动机采用缸内直喷的供油方式，最大功率可达 119kW，最大扭矩可达 250N·m。前电机最大输出功率 56kW，最大扭矩 318N·m。电池容量为 39kWh，其综合最大续航里程为 150km，等速巡航最大续航里程为 210km。

2．外观

外观方面，荣威 eRX5 与荣威 RX5 基本保持一致，时尚大方的前脸造型、丰富的腰线以及配有车窗的镀铬饰条增添了整车的时尚感。充电呼吸灯、矩阵式全 LED 大灯（高度智能多段可调）、LED 日间行车灯、LED 高位刹车灯、LED 尾灯也给整车增添了不少现代感。

3．底盘

底盘方面，荣威 eRX5 采用的是前麦弗逊独立悬挂，后多连杆式独立悬挂。同时为了更好地保护电池组，前副车架后端安装了一根横杆，除了增加车身刚性外，还能够在一定程度上保护电池组。与很多 SUV 相同，荣威 eRX5 的前副车架采用全框结构，相对来说，全框式副车架能使车身的整体性更强，刚性更好。

4．变速器

变速器采用两挡自动变速器，搭载 EDS 电驱动系统，能够在电机更大的范围内实现高效率运转，更加节能。

5．高科技配置

配置方面，采用电动 6 向座椅，可开启式全景天窗，配有一键启停功能、智能无钥匙进入功能、电动调节外后视镜，搭载 ABS（防抱死系统）、CCS（定速巡航系统）、EBD（电子制动力分配）、EPS（电子稳定程序）、ARP（车辆主动防翻滚系统）、HDC（陡坡缓降系统）以及 EPB（电子手刹）等系统以及完善的多媒体功能。

四、小型新能源 SUV 分析

小型新能源 SUV 中，北汽新能源 EX3 比较具有代表性，北汽新能源 EX3 作为北汽新能源 EX360 的升级版，将续航里程提高了 200km 左右，外观更加时尚且具有冲击力，层次感比较强，悬浮式车顶和分体式大灯的设计成为一大亮点。

1. 动力和续航

动力方面，北汽新能源 EX3 搭载了自主研发的新一代永磁同步电机，能量效率可高达 96.7%，在 EMD3.0 智能电控指挥下，动力性能媲美 2.0T 发动机。最大扭矩 300N·m，峰值转速 11000rmp，百公里加速仅需 7.9s，最大输出功率 160kW，最高安全车速 150km/h。EMD3.0 智能电控，不仅能降低能耗、提高能效，更融入 One Pedal 单踏板能量回收功能，将回收效率提高到 22%~25%。结合仿生恒温电池和博格华纳电驱系统，使 EX3 达到了 NEDC 工况续航 501km、最高等速续航 630km。

2. 外观

外观方面，北汽新能源 EX3 的设计理念十分前沿，受到广大年轻消费者的青睐。其中大灯的设计格外亮眼，钻石灯阵如 391 道钻石切面，夺目惊艳，大灯的设计从钻石切割中汲取灵感，全车共 391 颗 LED 灯阵，如钻石的 391 道切面，闪耀惊艳。晶钻式前后 LED 发光格栅可显示停车防盗报警、开锁提示、落锁提示、落锁异常、慢充电状态、快充电状态和 APP 寻车指示 7 大交互场景，独树一帜、显目便捷。

3. 底盘

底盘部分，EX3 采用前麦弗逊独立悬架，后扭力梁式非独立悬架，后扭力梁的非独立式悬架缺点是舒适性不佳，而且两侧轮子不能独立地跳动，会有拖曳感产生。而扭力梁悬架的优点就是空间尺寸小，能够节省更多的车内空间，方便电池组的布置。EX3 的悬架调校偏舒适，在急加速和紧急制动的情况发生时，整个车身的俯仰变化较小。

4. 变速器

北汽新能源 EX3 采用的是电动汽车较为成熟的解决方案，搭载了一款博格华纳减速器，即固定齿比的变速器。

5. 高科技配置

（1）智能电控。

体积更小、重量更轻、能耗更低、安全级别更高的 EMD3.0 智能电控，时刻全面监测整车近 600 个芯片、260 个电子部件数据，如同超级电脑配备的超强CPU：智能管理电池，使续航更长；智能优化电机，使加速更快；智能调校整车，使操控更精准。

（2）智能驾驶。

10 项 ADAS 智能驾驶辅助系统，配合 EMD3.0 智能电控，从容应对各种复杂路况。自适应巡航、车道偏离预警、前碰撞预警、主动紧急制动等十项先进的主动安全技术，实时监测、警示、辅助应对行车中的各种风险。

（3）智能网联。

可通过带独立网关的 OTA 空中升级功能，使固件、软件定期自动升级。

（4）仿生电池。

配备先进的全气候电池温控技术，通过电池管理系统全时监控并调校电池、电芯和冷却液温度，让动力电池在工作时也能像人一样保持"恒定体温"，确保各种气候条件下充电更快、电量更足、放电更安全。–7℃ 环境中电量从 30% 快充至 80% 仅需 45 分钟，充电更快速，高温天气可将电池温度控制在 45℃ 以内，电池更安全。

第五节　新能源 SUV 与传统内燃机 SUV 对比

为了对比新能源 SUV 与传统 SUV，更清楚地找到新能源 SUV 的特点，本节将对传统 SUV 与新能源 SUV 做一个对比。

一、插电式混合动力 SUV 对比传统 SUV

为了让读者更具体地结合车型了解参数配置及性能技术情况，本书以 2018 年插电式新能源 SUV 中最具有代表性的比亚迪唐和同价位同级别的传统中型SUV 中的昂科威为例，对相关技术进行简要分析。

表 5-8 简单对比亚迪唐和昂科威两个典型车型主要参数和配置进行了对比。

表 5-8   比亚迪唐与别克昂科威参数对比

车型信息			唐 2019EV600D 四驱智联创睿型	昂科威 28T 四驱全能运动旗舰型
厂商报价			28.99 万元	30.09 万元
发动机		基本参数	2.0T 191 马力 L4	2.0T 260 马力 L4
		最高车速（km/h）	—	210
		官方 0~100km/h 加速（s）	4.5	8.2
		工信部综合油耗（L/100km）	2	8.8
		配气机构	DOHC	DOHC
		最大马力（Ps）	191	260
		最大功率（kW）	141	191
		最大功率转速（rpm）	5500	5500
		最大扭矩（N·m）	320	400
		最大扭矩转速（rpm）	1750~4500	3000~4000
		电机最大功率（kW）	110/180	—
		电机最大扭矩（N·m）	250/380	—
		供油方式	直喷	直喷
空间尺寸		长×宽×高（mm）	4870×1950×1725	4667×1839×1694
		行李厢容积（L）	940~1655	422~1550
传动系统		变速器	6 挡自动变速器	9 挡自动变速器
底盘转向		驱动方式	全时四驱	适时四驱
		四驱形式	全时四驱	—
		前悬架类型	麦弗逊式独立悬架	麦弗逊式独立悬架
		后悬架类型	多连杆独立悬架	多连杆独立悬架
		助力类型	电动助力	电动助力
车轮制动		前制动器类型	通风盘式	通风盘式
		后制动器类型	盘式	盘式
		驻车制动类型	电子驻车	电子驻车

车型信息		唐 2019EV600D 四驱智联创睿型	昂科威 28T 四驱全能运动旗舰型
安全 装备	主/副驾驶座安全气囊	主√ / 副√	主√ / 副√
	前/后排侧气囊	前√ / 后—	前√ / 后—
	前/后排头部气囊（气帘）	前√ / 后√	前√ / 后√
	胎压监测装置	√	√
	无钥匙启动系统	√	√
	无钥匙进入系统	√	√
操纵 配置	ABS 防抱死	√	√
	制动力分配（EBD/CBC 等）	√	√
	刹车辅助（EBA/BAS/BA 等）	√	√
	牵引力控制（ASR/TCS/TRC 等）	√	√
	车身稳定控制（ESC/ESP/DSC 等）	√	√
	上坡辅助	√	√
	自动驻车	—	√
	陡坡缓降	√	√
	可变悬架	—	—
	后桥限滑差速器/差速锁	—	—
高科技 配置	自动泊车入位	√	√
	发动机启停技术	√	√
	并线辅助	√	√
	车道偏离预警系统	√	√
	主动刹车/主动安全系统	√	√
	自适应巡航	√	√
	全景摄像头	√	√

从车型空间尺寸来看，比亚迪唐稍大于同价位的昂科威，但比亚迪唐的行李厢容积为 940～1655L，远大于正常情况下昂科威的 422～1550L，在实用性方面，比亚迪唐比昂科威略胜一筹。

动力总成部分，比亚迪唐由一台 2.0T 涡轮增压发动机与前后两台电机组成，混动模式下，由一台引擎、两台电动机同时发力，比亚迪唐最大综合功率为 431kW，最大综合扭矩为 950N·m；而别克昂科威的 2.0T 涡轮增压发动机的最大功率为 191kW，最大扭矩为 400N·m。从动力方面来说，搭载电动机的新能源 SUV 远远优于传统 SUV，强劲的动力使比亚迪唐的百公里加速时间远优于别克昂科威。

从传动方面来看，比亚迪唐搭载了 6 挡自动变速器，采用全时四驱的驱动方式；别克昂科威搭载了 7 挡双离合离合器，采用适时四驱的驱动方式。从车主反馈的换挡的平顺性评价来看，二者的传动表现不分伯仲。但由于比亚迪唐配备了包括 ATS 全地形模式（普通、沙地、泥地、雪地）、驾驶模式（ECO、SPORT）以及动力切换（EV、HEV）在内的不同调校，因此，对复杂的路况比亚迪唐可以提供更加充沛的动力和更加舒适的驾驶体验。

从底盘上来看，二者都采用了前麦弗逊式独立悬架加后连杆式独立悬架，但由于比亚迪唐后轴上的电动机可单独驱动后轮，所以去掉了普通四驱系统中的传动轴和分动箱，并且下控制臂采用铝合金材质，质量轻、惯量小，响应速度更快。比亚迪唐的全时电四驱的响应时间仅为 20 毫秒，响应所需时间仅为机械四驱的 1/10。

经济性方面，由于比亚迪唐的插电式混动 SUV 基因，加上其优秀的动力、传动及底盘等方面的表现，其 1.6L 的百公里油耗远远优于传统中型 SUV 昂科威 7.4L 的油耗。

安全性能方面，合资品牌往往更受到国内消费者的认可，这与合资品牌丰厚的技术积淀和品牌效应密不可分，然而近年来自主品牌在提升自身竞争力的时候，也正在大力发展相关技术，可以看到两款典型车型在安全配置方面几乎相同。不过安全性能的提升还需要依靠车企不断的实验调试以及生产制造技术的发展才能得以实现。

至于高科技配置，自主品牌也有了长足进步。在几乎同等价位下，比亚迪唐与别克昂科威同时配备了自动泊车入位、自动启停、并线辅助、主动制动、车道偏离监控、自适应巡航等配置。比亚迪的自动驾驶系统达到了 L2 级别，使得车辆更加智能，行车更为安全。

综上所述，插电式新能源 SUV 相较于同等价位、同等分级的 SUV，从动力到经济性都有着不小的优势。

二、纯电式新能源 SUV 与传统 SUV 对比

纯电动 SUV 本节选取的是较有代表性的特斯拉 Model X，对比车型是奥迪 Q7。表 5-9 是 Model X 与价位及定位相近的奥迪 Q7 的对比，从表 5-9 中可以发现，100 万元级别的纯电动 SUV 和传统 SUV，主流的舒适性、智能性配置基本配置齐全。Model X 基本款的配置不及奥迪 Q7，但是经选装之后，配置水平可以比肩乃至超越奥迪 Q7 的水平。

表 5-9 Model X 与奥迪 Q7 对比

车型	Model X Performance 高性能版	奥迪 Q7 2019 款 55TFSI 尊贵型
商家报价	107.92 万元	96.28 万元
排量（L）	0	3
变速器	电动车单速变速器	8 挡 手自一体
综合工况油耗（L/100km）	—	9.2
官方 0~100km 加速时间（s）	5	6.2
最高车速（km/h）	250	250
乘员人数（区间）（个）	7	5
车长（mm）	5036	5086
车宽（mm）	2070	1968
车高（mm）	1684	1716
轴距（mm）	2965	3001
前轮距（mm）	1661	1668
后轮距（mm）	1699	1693
整备质量（kg）	2391	2220
最小离地间隙（mm）	151	201
行李厢盖开合方式	电动	电动
行李厢打开方式	掀背	掀背
车门数（个）	5	5

续表

车型	Model X Performance 高性能版	奥迪 Q7 2019 款　55TFSI 尊贵型
发动机位置	—	前置
排量（L）	—	3
排量（mL）	—	2995
进气形式	—	机械增压
气缸排列形式	—	V 型
气缸数（个）	—	6
每缸气门数（个）	—	4
气门结构	—	双顶置凸轮（DOHC）
最大马力（Ps）	525	333
最大功率（kW）	386	245
最大功率转速（rpm）	—	5500~6500
最大扭矩（N·m）	—	440
最大扭矩转速（rpm）	—	2900~5300
燃料类型	电力	汽油
新能源类型	纯电式	—
燃油标号	—	95 号
供油方式	—	直喷
燃油箱容积（L）	—	85
缸盖材料	—	铝合金
缸体材料	—	铝合金
环保标准	—	国 5
电池容量（kWh）	90	—
电池类型	锂电池	—
纯电最高续航里程（km）	542	—
变速器	电动车单速变速器	8 挡 手自一体
车体结构	承载式	承载式

续表

车型	Model X Performance 高性能版	奥迪 Q7 2019 款　55TFSI 尊贵型
最小转弯半径（m）	—	6.2
转向助力	电子	电子
前制动类型	通风盘	通风盘
后制动类型	通风盘	通风盘
驻车制动类型	电子驻车制动	电子驻车制动
驱动方式	全时四驱	全时四驱
空气悬挂	○	●
可调悬挂	●	●
前悬挂类型	双叉臂式独立悬架	多连杆式独立悬挂
后悬挂类型	多连杆独立悬架	多连杆式独立悬挂
中央差速器锁	—	●
胎压监测装置	●	●
零压续行（零胎压继续行驶）	—	—
中控门锁	●	●
儿童锁	●	●
遥控钥匙	●	●
无钥匙进入系统	●	●
无钥匙启动系统	●	●
发动机电子防盗	—	●
刹车防抱死（ABS）	●	●
电子制动力分配系统（EBD）	●	●
刹车辅助（EBA/BAS/BA/EVA 等）	●	●
牵引力控制（ASR/TCS/TRC/ATC 等）	●	●
动态稳定控制系统（ESP）	●	●
自动驻车	●	●
上坡辅助	●	●

车型	Model X Performance 高性能版	奥迪 Q7 2019 款　55TFSI 尊贵型
陡坡缓降	●	●
泊车雷达（车前）	●	●
倒车雷达（车后）	●	●
倒车影像	●	●
全景摄像头	●	●
定速巡航	●	●
自适应巡航	●	●
GPS 导航系统	●	●
自动泊车入位	●	●
车道偏离预警系统	●	●
主动刹车/主动安全系统	●	●
整体主动转向系统	—	○
夜视系统	—	○
盲点检测	●	●

　　Model X 和 Q7 的主要区别在于动力系统以及动力传递系统，底盘系统以及电子系统基本相同，而由于纯电动 SUV 的电机以及电池组成本较高，因此在相同配置的情况下，Model X 的售价要高于奥迪 Q7 的售价。

　　得益于功率较大的电机，Model X 的加速性能较 Q7 要好，而且双电机全轮驱动较奥迪的全时四驱也更有优势，但是纯电动汽车的续航性能是限制其发展的一个因素，Model X 的 542km 的续航虽说要好于普通的纯电动汽车，但是我国目前充电基础设施的不完备使得 Model X 长距离行驶的能力还是弱于 Q7。

　　Model X 延续了特斯拉家族一贯的风格，将传统中控完全集成于一块大屏幕中，奥迪 Q7 采用的是传统的中控模式，其豪华程度相比 Model X 要高，用料更加细腻。在相同指导价格的情况下，Q7 比 Model X 的车内环境更佳，并且奥迪 Q7 有着销售终端约 17 万元的优惠，实际的裸车价格为 78.95 万元，相比 Model X 更具备性价比。二者终端价格差距如此之大，主要原因是目前电动汽车的电机以及电池系统的成本居高不下。

第六节　发展现状与前景预测

一、新能源 SUV 发展现状

从历年新能源汽车发展情况来看，新能源汽车的生产量和销售量受国家政策影响较大，随着国家政策扶持力度的改变，新能源汽车的市场占有率逐年上升，但所占市场份额依然较低。随着近几年中国 SUV 市场的雄起，新能源 SUV 渐渐成为新能源汽车的主流产品。众多自主和合资车企对销量较高的 SUV 车型推出了新能源版本，但其销量与传统动力的版本相比差距依然悬殊，原因主要在于新能源版本的价格较同车型传统动力版本要高出很多，而 2019 年国家对新能源汽车的补贴有所下降，市场竞争力不足；新能源车型虽然动力性、经济性、舒适性等方面优于传统动力汽车，但在充电速度、续航里程、可靠性等方面仍未得到大多数消费者的认可。由于 SUV 的燃油经济性在城市工况下不如轿车，大多数选择 SUV 的消费者倾向于其适合长途旅行的舒适性和宽敞的空间，新能源 SUV 发展到今天虽续航里程已经达到了可观的程度，但充电速度慢仍然是制约其长途行驶的因素，所以新能源 SUV 还需要对产品进行进一步升级，攻克技术上的难题，降低成本，提高市场竞争力。

二、中国新能源 SUV 前景预测

新能源 SUV 在中国市场经历了多年的发展，2018 年新能源车型增多，自主品牌新能源汽车的质量正在逐步提升，以比亚迪唐 DM、帝豪 GSe、荣威 Marval X 为代表的新生代自主品牌新能源 SUV 逐步推向市场，使得自主品牌的新能源 SUV 质量不断提升。2019 年，自主品牌在新能源市场上持续发力，造型更时尚、续航里程更多的 SUV 陆续推向市场，如广汽 Aion LX、星越 EV、全新唐 DM。此外，国外品牌也将自己的新能源 SUV 推向市场，如宝马 X1 PHEV、卡宴 E-Hybrid，更加丰富了国内新能源 SUV 的选择空间。预计在 2020 年，新能源车型数量将会继续增长，受补贴退出的影响，如果没有续接的扶持政策，新能源 SUV 的销量会受到很大的影响。总体上，新能源汽车仍然是一个政策市场。

第六章　关于 SUV 市场的调查报告

　　为了对 SUV 各细分市场有更加全面、深入的了解，我们设计了一份调查问卷，以网上自由填写的形式发放了 1846 份，经检查有效问卷数为 1846 份。

　　为了使调研能够较全面地反映实际情况，我们采取在不同级别城市中抽取若干城市的形式进行实地调研，主要包括北京、上海、广州、武汉、长沙、太原、哈尔滨、成都、淮安、运城、南充、临汾、益阳、锦州、牡丹江、双鸭山、长治、淮北、濮阳等。此外，还通过某知名问卷调查网站设计问卷并在网上投放，以获取更多相关信息。

第一节　基本情况

　　如图 6-1 所示，在本次的问卷受访对象中，男女比例分别为 58% 和 42%，这样的比例较合理。

　　在 2420 名受访者中，25 岁以下的受访者共计 625 人，占总数的 33.86%；25~35 岁的共计 379 人，占总数的 20.53%；36~45 岁的共计 337 人，占总数的 18.26%；46~55 岁的共计 419 人，占总数的 22.7%；55 岁以上的共计 86 人，占总数的 4.66%。

　　此次参加调查的有车人群中，轿车车主占比最大，达 30%；SUV 车主约占比 17%，MPV 车主占比 2%，跑车车主占比 1%。此外，无车受访者占比约 49%（见图 6-2）。

　　从以上受访者的基本情况来看，此次问卷调查的受访者的结构合理，这也为问卷调查的合理性奠定了基础。

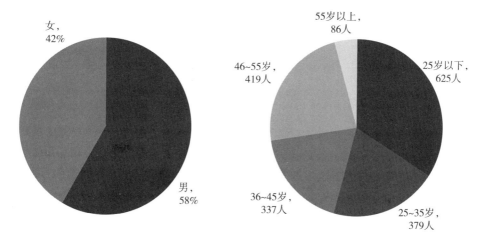

图6-1　受访者基本情况分布

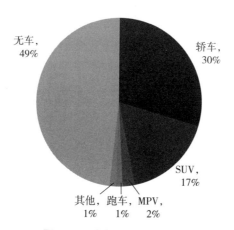

图6-2　受访者购车情况分布

第二节　调查结果分析

一、SUV成为多数消费者二次购车的首选

从我国汽车市场消费结构以及调研结果得知，目前我国大多数消费者的首选

车辆仍是轿车，但对于打算二次购车的消费者而言，SUV 是主要考虑的购买车型。调查结果显示，在已购买 SUV 的消费者中有超过 59.87% 的用户表示，若再次购买汽车，首选仍是 SUV （见图 6-3），这也在一定程度上反映了 SUV 消费人群的较高忠诚度，而这种忠诚度也体现出了目前 SUV 使用者的满意程度，即多数 SUV 使用者因 SUV 的出色性能而对 SUV 再度认可，但是相较往年这一比例有所下降，所以，仍需引起车企的重视。

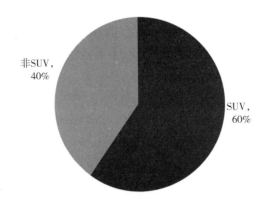

图 6-3　已购买 SUV 的消费者在二次购车时的期望车型对比

此外，首次购买非 SUV 车型的消费者中有约 53% 的受访人群表示在二次购车时有意愿购买 SUV，约 47% 的人群选择非 SUV （见图 6-4），由此可知，SUV 在新用户购买需求方面仍具有较大优势。

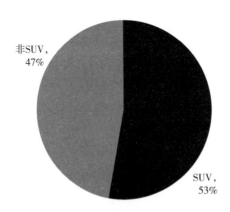

图 6-4　首次购买非 SUV 的消费者在二次购车时的期望车型对比

对以上两类消费者的调查结果具有高度的一致性，两类消费者中都有50%以上的人群愿意购买SUV，相较于往年而言比例有所下降，这也体现了当下SUV的发展压力，但是也为SUV市场提供了信心。

SUV对消费者的吸引力与其本身的一些天然优势有很大关系：

（1）通过性。SUV相对于轿车而言，有较好的通过性，这恰好符合消费者的需求。高底盘的SUV不仅能够适应市内、郊区、乡村等各种类型的路面，而且可以应对山野、路肩、坑洼等复杂的路面状况。在多雨的季节，城市积水严重，通过性较好的SUV能轻松通过涉水路面。另外，SUV普遍配备了适时驱动或者全时驱动系统，使SUV的性能提升了一个档次。

（2）空间灵活性。相对于轿车而言，SUV的另一个较大优势在于超大的后备厢，这对于现如今越来越多开车出行的消费者来说非常实用，而且在不装备太多物品的情况下，不会非常耗油。

（3）视野。SUV驾驶者拥有较高的坐姿，因此视野好，容易看位。

此外，近年来各大汽车厂商在SUV方面不断加大研发力度，推出了形式多样的新款SUV车型，这些车型在很大程度上满足了消费者的需求，尤其是城市型SUV，其外形时尚，驾乘舒适，具有较强的越野性能，满足了众多年轻、时尚人士的需求，获得了消费者的青睐。

在考虑多方面因素之后，SUV成为二次购车的首选，这也促进了SUV市场的快速发展。

但是目前SUV的发展也遇到了一些瓶颈，最主要的是市场趋于饱和，用户需求逐渐下降。另外，由于SUV油耗或耗电量比较大，为用户的使用加大了负担。

二、不同年龄段、不同性别消费者购置SUV考虑的侧重点不同

图6-5为不同年龄段的消费者在购买SUV时考虑因素的百分比分布，由此可以得到以下结论：

品牌、价格在各年龄段中的占比都很大，为最主要考虑的两个因素，其中品牌因素始终为第一考虑因素。对品牌关注度最高的是45~55岁的人群，而35岁以下人群都在50%左右，35岁以上人群接近60%。随着年龄的增长，消费者对价格的关注度总体上不变，但到了55岁以上急剧增大为61%。这对SUV厂商在成本、定价控制方面有一定的指导意义。

其他方面的因素因年龄段不同差异较大：25岁以下的消费者考虑因素主要

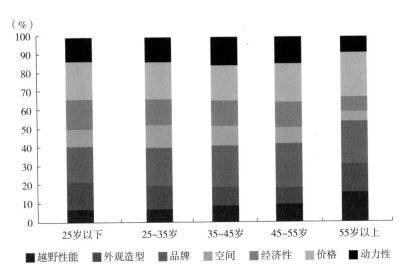

图 6-5　不同年龄段消费者在购置 SUV 时考虑的因素对比

侧重于动力性和外观造型；25~35 岁的消费者则不太注重越野性能，更多注重经济性和动力性，并且该年龄段的消费者对 SUV 品牌的关注度最高；36~45 岁的消费者考虑因素的侧重点基本与 25~35 岁的消费者保持一致；46~55 岁的消费者则不太注重空间和外部造型，更多侧重于 SUV 的动力性和经济性；对于 55 岁以上的消费者而言，越野性能更加重要。

　　如图 6-6 所示，通过对不同性别消费者购买 SUV 时考虑因素侧重点的分析调查发现，女性在越野性能和经济性上的关注度超过男性，而男性在品牌和动力性上的关注度超过女性，男女对价格、外观造型和空间上的重视程度基本相同。通过调查还发现，女性购买 SUV 的数量在不断上升，这也是现阶段女性频繁参与社会活动的直接表现之一。

三、不同价位 SUV 在不同级别城市有着不同的接受度

　　对于购买 SUV，不同地区的消费者的心理价位是不同的。如图 6-7 所示，四线和五线城市的消费者对于 15 万元以下的 SUV 接受程度较高，均在 50% 以上；三线城市消费者对于 15 万元以下的价位接受度要小于四线城市和五线城市；二线城市则对于 15 万元以上的 SUV 接受度较高，接近 60%；30 万元以上的 SUV 在一线城市的接受程度明显高于其他城市。这些调查结果均与不同级别城市的经

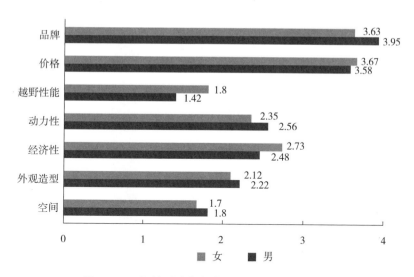

图 6-6 不同性别消费者购买 SUV 考虑因素对比

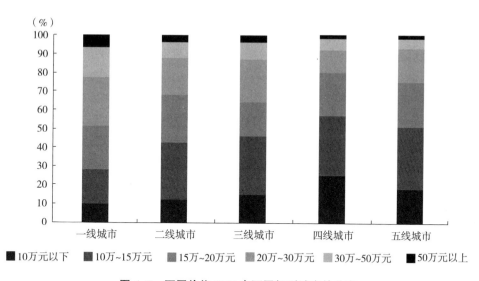

图 6-7 不同价位 SUV 在不同级别城市的分布

济发展水平和人们的收入有着直接的关系。

将图 6-7 与 SUV 各品牌销量进行综合分析发现：自主品牌 SUV 的销量在近年来发展趋势良好，且 15 万元以下 SUV 绝大部分属于自主品牌，可见在四线、五线城市中自主品牌 SUV 具有绝对的优势。而在 15 万~20 万元的 SUV 市场，自主品牌 SUV 的销量占比也逐渐增大。由于该区间段的市场在各城市级别中都占有较大的比例，所以我国自主品牌 SUV 应努力争取该部分市场。对于 30 万元以上的 SUV 市场，国外品牌则占有明显的优势，而一线、二线城市对于高价位 SUV 的需求较大，这也说明国外品牌 SUV 在一线、二线城市有着较大的优势。因此对于各类品牌，找准定位并努力发展相关技术、拓宽市场是至关重要的。

四、自主品牌 SUV 与国外品牌 SUV 相对比，消费者选择偏向明显

如图 6-8 所示，调查结果显示，有 61.11% 的消费者表示，在有购置 SUV 的需求时，会优先考虑选择国外品牌的 SUV；38.89% 的消费者则表示会优先考虑选择自主品牌的 SUV。这一调查结果说明，虽然从这几年 SUV 的销售情况来看，自主品牌 SUV 的市场销售成绩比较乐观，但相比于国外品牌 SUV，自主品牌 SUV 需要改进的方面还有很多，如过分追求抢占低价 SUV 市场而忽略车身整体设计、操作和质量可靠性整体较弱、驾驶体验较差以及综合性能表现不均衡等。由此可以看出，在我国的 SUV 市场中，消费者更偏向选择国外品牌的 SUV，自主品牌 SUV 面临着国外品牌 SUV 带来的巨大竞争压力。

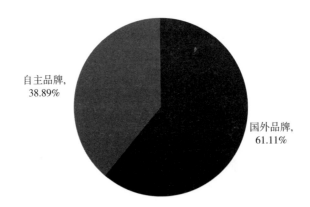

自主品牌,
38.89%

国外品牌,
61.11%

图 6-8 自主品牌 SUV 与国外品牌 SUV 消费者选择偏向对比

五、国外品牌 SUV 中，德系车优势较大

图 6-9 为消费者对于不同车系的国外品牌 SUV 的认可度分布。调查显示，

消费者对德系 SUV 的认可度很高，比例达到 55.85%；对日系和美系 SUV 的认可度分别达到 25.24% 和 9.7%，相对也较高；而对欧系（德法之外）SUV 的认可度仅为 1.84%，其他车系（包括法系、韩系）为 7.37%。

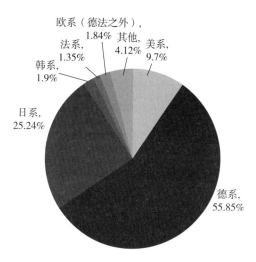

图 6-9　消费者对各车系 SUV 认可度

　　对于最早进入中国市场的德系车而言，消费者对其认可度高不足为奇。德国人严谨认真的行事风格早已深入人心，这种态度直接融入了他们的汽车设计观念，塑造了德系车坚实可靠的形象，德系车自然也就获得了比较高的认可度。德系车近年来加大了对其核心技术的宣传力度，其本身在性能、油耗及安全性方面相对均衡，且欧洲的安全测试采用的是世界上最为严格的标准，种种突出的优势使德系 SUV 备受青睐。

　　日系 SUV 近年来凭借时尚的外形和良好的燃油经济性备受市场认可。2019 年是日系 SUV 品牌继续拓展疆域的一年，日系车企除了针对不同消费者群体推出不同类型的 SUV 外，还抓住消费者越来越理性的消费心理，更加注重对价格、质量以及油耗的综合考虑，这使日系 SUV 的市场份额持续上升，对一直领先的德系车造成了一定的冲击。

　　以作为 SUV 发源地的美国为依托，美系 SUV 在一阵低迷之后又经过较长一段时间的准备，其竞争实力也日益增强。相对于德系车而言，美系车更加大气，空间设计趋向于实用化，耐用程度高，但油耗普遍较大，同等级别的车辆价位也较高。近年来，随着消费者对全路况 SUV 的需求日益增强，美系 SUV 凭借其强悍的性能占据了较大的市场，在各个 SUV 车系中稳定地保持着自己的地位。

六、消费者对于自主品牌 SUV 的认知度

图 6-10 为被调查者对于自主 SUV 的一些品牌或车型的认知度排行。调查显示，长城哈弗稳居该榜榜首，约被 65.06% 的受访者所熟知；比亚迪排名第二，为39.49%；紧随其后的是广汽传祺和宝骏，分别为 34.99%、25.57%。认知度超过20% 的品牌或车型还有长安（22.59%）、荣威（21.45%）、奔腾（20.26%），认知度在 20% 以下的有众泰（12.57%）、瑞虎（12.41%）、博越（11.16%）、帝豪（10.18%）等。值得注意的是，2019 年 SUV 认知度最高的长城哈弗和比亚迪在本次 2018 年的同一类型调查中也居前两位，这说明二者在近两年自主 SUV 市场中表现抢眼。

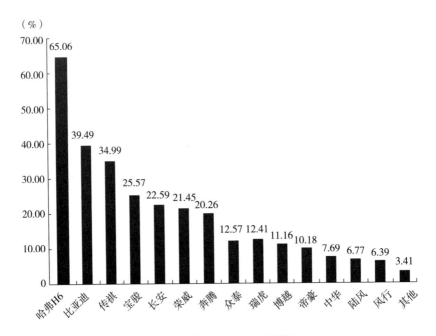

图 6-10 自主 SUV 认知度排行

七、对于现有 SUV，消费者期望改进的地方仍较多

消费者针对现有 SUV 存在的问题和需要改进的地方也提出了宝贵的意见和

建议。图 6-11 为消费者提出的建议分布情况：80.50% 的消费者提出了现有的 SUV 耗油量较大的问题；64.52% 的消费者认为 SUV 比同等级的轿车价格贵是他们不愿选择 SUV 的一大原因；53.63% 的消费者认为相较于 SUV，他们选择轿车就可以基本满足平时的使用需求；认为 SUV 的整体舒适性不如轿车的消费者占 49.57%。

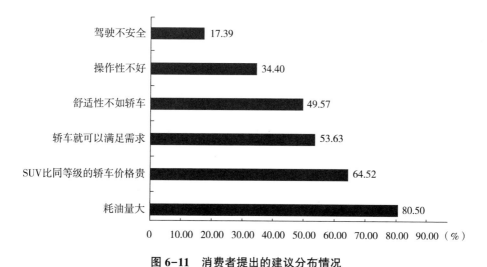

图 6-11 消费者提出的建议分布情况

（1）耗油量较大：SUV 车型油耗较大是一个不争的事实，也是一个不容忽视的问题。面对人们环保意识日益增强，以及燃油紧缺的现状，耗油量成为人们最关注的因素。

（2）SUV 比同等级的轿车价格贵：同等级别、同品牌的 SUV 的价格普遍比轿车高，这与 SUV 的性能、制造成本有一定的关系。因此在保证驾驶安全性的前提下，要降低价格，只有更广泛地运用新技术。

（3）相较于 SUV，选择轿车就可以基本满足需求：随着各项基础设施建设的逐渐完善，路网规模上调，综合交通体系不断完善，公路交通与其他交通方式的协调衔接不断加强，许多消费者选择轿车就可以基本满足日常的出行需求，所以，发掘 SUV 在城市道路上的使用优势也至关重要。

（4）SUV 的整体舒适性不如轿车：相较于同等级轿车，SUV 在车内噪声、座椅舒适性、悬挂舒适性和舒适性相关配置等方面的表现给一些消费者留下了整体舒适性较低的印象。因此，在 SUV 的设计过程中提高其乘坐舒适性也是一个关键的方面，可以从内饰材料选择和车内结构设计等角度完善消费者在乘坐 SUV

时的舒适性体验。

除此之外，在转弯时操控性和稳定性不理想，一些车型的视野不够开阔，目前车型以城市 SUV 为主，失去了 SUV 的越野性能，一些车型进口到中国后配置降低等问题还有待解决。

八、对于现有新能源 SUV，消费者期望改进的地方仍较多

汽车工业作为国民经济的支柱产业之一，不仅与人们的生活息息相关，更是社会经济发展的重要力量。当今时代，随着人们收入水平的提高，私家车的保有量越来越大，且汽车是交通运输行业的一大支柱，但是以石油为燃料的传统汽车工业的发展，在为人类提供便利、舒适的同时，对环境的污染也不容小觑，同时加剧了国民经济对化石能源的依赖，加深了能源生产的消耗和产品消费之间的矛盾。近年来，随着不可再生资源和环境污染的双重压力的持续增大，以及政府相关政策的大力扶持，新能源汽车也越来越多地出现在人们的视野中，受到人们和汽车企业的广泛关注，因此，新能源汽车的发展指引着未来汽车产业的发展方向。

现如今，新能源汽车的出现给了消费者新的选择，消费者对于新能源汽车的了解、认知程度也有所提升，但依然有一部分消费者对新能源汽车不太了解，对于是否购买新能源汽车作为乘用车的问题，我们通过调查问卷的形式进行了统计分析。

1. 不同级别城市消费者购买新能源 SUV 的意愿分布

调查显示，在一线至五线城市中，仅有三线城市中有意愿购买新能源 SUV 的消费者占比高于 50%（见图 6-12），三线、四线、五线城市有意愿购买新能源 SUV 的消费者占比较高，说明新能源 SUV 更能吸引三线、四线、五线城市的消费者。与 2016 年的调研数据相比，2019 年消费者对于新能源 SUV 的购买意愿整体有所降低，我们认为这与国家的补贴政策收紧有关。

2. 有意愿购买新能源 SUV 的消费者的价格接受度分布

调查显示，有意愿购买新能源 SUV 的消费者对于价格区间为 10 万~15 万元的新能源 SUV 接受度最高，占比为 38.41%；其次为价格区间为 15 万~20 万元的新能源 SUV，接受度占比为 25.47%；价格区间为 10 万元以下、20 万~30 万元以及 30 万元以上的新能源 SUV 的接受度占比分别为 13.57%、16.28% 和 6.26%。这一调查结果说明，消费者在考虑购买新能源 SUV 时，最能接受的价格区间是 10 万~20 万元，这是与消费者相应的收入水平和购车需求相关联的。消费者对

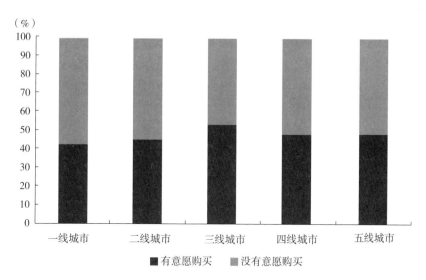

图 6-12　2019 年不同级别城市消费者购买新能源 SUV 的意愿分布

于新能源 SUV 价位的认识已经不再局限于低价位水平，而是能够将自己的购买力与一些性能需求进行综合考虑，选择出合适价位的新能源 SUV。同时新能源 SUV 能耗少，市区工况燃油消耗少，同时拥有较好的动力性能也吸引着不少购买者。所以，车企在扩展自己在新能源 SUV 领域的相关市场时，应该首先明确自己的价格定位以及所面对的消费人群，并努力提高汽车的整体性能（见图 6-13、图 6-14）。

3. 对于现有新能源 SUV 的使用，消费者期望改进的地方较多

调查显示，对于现有新能源 SUV 的使用情况，消费者期望改进的地方仍然较多。其中最受关注的是新能源 SUV 续航里程太短的问题，关注度占比达到 21%；其次是购买新能源 SUV 之后配套设施不完善的问题，关注度占比达到 17%；新能源 SUV 充电时间较长的问题也受到了较多的关注，达到 14%；认为新能源 SUV 质量不可靠以及维修保养费用高的消费者也较多，关注度占比均为 12%；还有一些问题也是消费者比较关注的，如新能源 SUV 的电池寿命衰减、电池安全性和动力性能不够，它们的消费者关注度占比分别为 9%、8% 和 7%（见图 6-15）。

此部分调查表明，消费者关注的新能源 SUV 的问题主要有以下几个：

（1）续航里程太短。目前新能源 SUV 的续航里程不足仍是消费者担心的首要问题。严寒和酷热等恶劣天气条件均会严重影响新能源 SUV 的续航里程。同时受到配套设施的制约，相比传统车消费者存在更大的"能源焦虑"的情况，

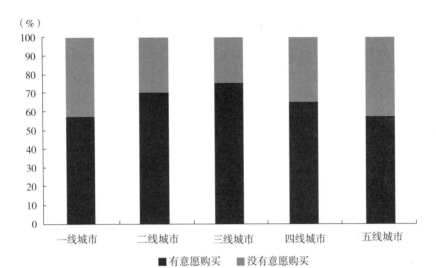

图 6-13　2016 年不同级别城市消费者购买新能源 SUV 的意愿分布

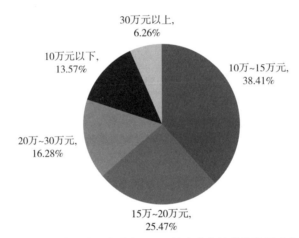

图 6-14　有意愿购买新能源 SUV 的消费者的价格接受度分布

从而放大了续航里程短带来的影响。如果新能源 SUV 能够凭借空间优势，放置更大的电池组，并在充电和行车过程中根据具体情况为电池使用加热或冷却系统，那么续航能力无疑会大大增加。

（2）配套设施不完善。虽然近年来我国新能源汽车的累计推广量已超百万辆，但"有车无桩""有桩没电""有电不同"等问题依然突出，成为推进新能源汽车发展的"绊脚石"。目前受车位、物业、配电网改造等多种因素的制约，有条件配备个人充电桩的消费者仍为少数。同时已提出的不同基础配套方案，如共享电池等均存在一定的不足，导致实际应用受到制约。所以加快配套设施建设

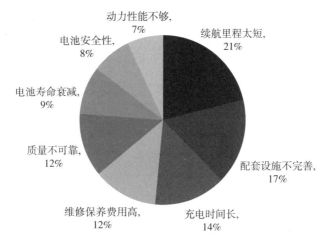

图 6-15　消费者期望改进的新能源 SUV 的问题关注度分布

是发掘新能源 SUV 市场潜力的一个关键因素。

（3）SUV 充电时间长。新能源 SUV 耗电量一般较大，电池包容量相应较大，使得消费者在充电时间方面存在担忧，如何加快充电速度，同时确保充电安全将会是接下来一段时间内电池的发展重点。

（4）质量不可靠以及维修保养费用高。近年来，一些新能源 SUV 购买者反馈的使用问题、新能源 SUV 售后服务体系的不健全以及对新能源 SUV 安全碰撞规范的不了解等因素导致许多消费者担心新能源 SUV 的质量是否真正过关。另外，目前针对新能源 SUV 的维修技术与保养流程仍不够完善，这就导致了其维修保养费用高，也难免使消费者在选择购买新能源 SUV 之前产生疑虑。同时相对传统车而言，新能源 SUV 发展时间较短，广大消费者对于其质量和售后服务仍存疑。

此外，新能源 SUV 动力性能不够、电池寿命衰减、电池安全性较差等也是消费者重点关注的几个问题。新能源 SUV 生产商只有依靠技术革新，积极改善目前存在的主要问题，才能为消费者的购买行为提供更多保障，从而优化新能源 SUV 的市场表现。

4. 大部分新能源 SUV 消费者更加希望享受购车补贴优惠

调查显示（见图 6-16），在考虑购买或已经购买新能源 SUV 的消费者中，有 41% 的消费者最希望在购买新能源 SUV 时享受购车补贴优惠，可见购车补贴在多数消费者的购车过程中占据了十分重要的地位；有 14% 的消费者更加希望在购买新能源 SUV 时享受免购置税的优惠，这说明购置税的收取也是影响消费者对新能源 SUV 的购买意愿的重要因素；另外，希望在购买新能源 SUV 时享受免费停车、上牌免摇号和免限号等政策的消费者分别占比 18%、16% 和 11%。由此得出，对于新能源 SUV 的市场发展来说，相关各项优惠举措的有效实施占据着举足轻重的地位。图 6-17 是 2016 年进行相同调研时的统计结果，对比两年的结果可以发现，消费者对于上牌免摇号、免限号、免费停车的需求增加，而对于购车补贴、免购置税的呼声有所减小。

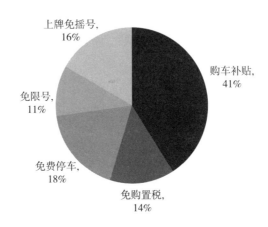

图 6-16　2019 年不同类型新能源 SUV 选取比例

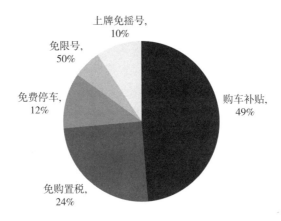

图 6-17　2016 年不同类型新能源 SUV 选取比例

九、影响消费者购买新能源汽车的最大因素

我们通过调查问卷的形式大体统计了消费者不愿购买新能源汽车的原因，如图 6-18 所示，其中 80.79% 的消费者认为充电不便是新能源汽车的一大缺陷，而 75.32% 的消费者担心新能源汽车的续航里程问题，35.75% 的消费者认为新能源汽车与传统燃油汽车相比存在安全隐患，补贴的减少、二手车的保值率和对传统燃油汽车的情怀成为影响约 25% 的消费者购买新能源汽车的因素。最近广受关注的新能源汽车补贴减少并没有成为影响消费者购买新能源汽车的主要因素，而电动车的充电、续航及安全问题仍是影响消费者购买新能源汽车的最大因素。

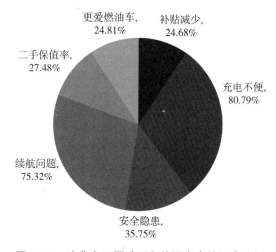

图 6-18　消费者不愿购买新能源汽车的因素比例

第三节　结论

本次调查在不同地区、不同年龄段、不同收入水平的消费者中展开，对消费者购买汽车车型的意愿、能接受的 SUV 价位、购买 SUV 时考虑的因素、购买国内外 SUV 品牌及车型的倾向、消费者购买新能源 SUV 汽车的意愿、车型、价位、关注因素以及担心 SUV 在使用中会遇到的问题等方面做了比较全面的问卷调查，该问卷调查仅为各大车企及制造商提供参考。

从我国目前汽车市场车型占比来看，轿车仍是我国乘用车消费的主要部分。然而随着近几年的发展，SUV 成为越来越多人喜欢的车型。与轿车的市场定位相比，SUV 凭借其空间大、性能高、功能多、动力性好等优点而广受大家的关注。近年来，汽车市场状况不佳，但 SUV 市场则较为稳定，因此我们对 SUV 市场进行深入调查，了解 SUV 的市场所需以及消费者的喜好，这对于我国 SUV 未来的发展具有很重要的意义。

首先，随着我国经济的快速增长，家庭收入稳步增加，人们对于生活质量的追求日益增高，SUV 越来越成为家庭用户喜欢的车型。超大空间、极具诱惑的性价比和一些完善性能使 SUV 在汽车市场上保持稳定。所以，车企应努力提高汽车的性能、控制其成本，才能在 SUV 领域获得很好的发展。同时，SUV 生产商应随时观察市场动态，了解消费者的需要以及问题反馈，并随时做出规划与调整。

其次，通过前文对 SUV 的市场分析可以发现，2018 年和 2019 年上半年三线、四线、五线城市的 SUV 市场表现良好，同时三线以下城市基数较大、消费潜力强，这将促使企业更加注重下级市场的开发，随着车企营销力度的增强，未来三线以下城市的市场增长潜力将得到进一步释放，这对于在四线、五线认可度较高的自主品牌 SUV 来说，是一个很好的契机。因此，自主品牌 SUV 应加大力度开发下级市场，持续推动渠道下沉，并结合自身优势，赢得市场。

再次，对于现有 SUV，消费者期望改进的地方仍较多，如现有的 SUV 耗油量较大、SUV 比同等级的轿车价格贵、SUV 舒适性不如轿车等，提出这些问题也代表了消费者期待未来的 SUV 具有更佳的性能，同时通过了解问题集中的方面，SUV 生产商也可以更有针对性地制定相关解决方案。

最后，调查显示一线至五线城市有意愿购买新能源 SUV 的消费者均超过半数，这说明经过近年来各项政策的推广以及新能源 SUV 的市场表现情况，消费者已经逐渐了解新能源 SUV，并对新能源 SUV 产生了一定的好感。同时，近几年新能源汽车市场发展态势良好，但同时消费者也对新能源 SUV 的各项性能有了更高的需求，这也为新能源 SUV 生产商提出了更高的要求，企业只有充分发挥各项技术开发能力，才能在新能源 SUV 市场上占据优势。

展望未来，各种先进汽车技术将会运用在 SUV 上，这将使 SUV 产品更加舒适、环保和安全，也更加符合购车者的要求。结合近年来新能源汽车市场的突破性发展，汽车将更加智能化、电动化、网联化、共享化。由于中国汽车市场逐渐趋于饱和，各大车企也面临着巨大的挑战，这时只有靠准确定位消费市场、不断创新、努力提高汽车的综合性能、控制成本、做好售后服务等，才能在汽车行业得到较好的发展。

第四部分

前景篇

第一章　存量市场状态对 SUV 竞争态势的影响

第一节　我国汽车市场已结束快速增长期

2010 年以来，随着我国汽车年销量登顶世界第一，汽车产业内部开始讨论我国如何从"汽车大国"向"汽车强国"转变，关于我国汽车市场销量峰值的讨论数次引起争议。

根据中国汽车工业协会的统计，2018 年我国汽车产销量分别为 2780.9 万辆和 2808.1 万辆，同比分别增长-4.16%和-2.76%。汽车市场规模出现了自 1990 年以来的第一次下滑。

分大类的统计数据显示，2018 年 1~12 月，我国乘用车产销量分别为2352.94 万辆和 2370.98 万辆，同比分别增长-5.15%和-4.08%；商用车产销量分别为 427.98 万辆和 437.08 万辆，同比分别增长 1.69%和 5.05%。显然，乘用车消费萎缩是导致整体市场下降的根本性因素。

那么，我国汽车市场在 2017 年实现的汽车总销量 2887.89 万辆和乘用车2471.8 万辆的纪录，会不会是我国汽车产业的顶峰呢？要回答这个问题，既要结合全球各国的经验，也要分析我国自身经济因素。

一、2001~2010 年，轿车驱动的汽车市场

进入 21 世纪以来，随着我国经济的发展，尤其是在我国加入世界贸易组织（WTO）后，我国汽车产销量规模出现了连续 10 年的高速增长，市场总量从2001 年的 237 万辆快速增加到 2010 年的 1806 万辆，年均复合增长率达到 24%（见图 1-1）。

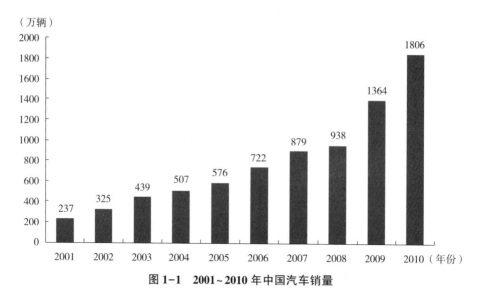

图 1-1　2001~2010 年中国汽车销量

在这一阶段，除 2008 年受全球金融危机影响，全年汽车产销量未实现两位数增长外，其余年份均实现超过 10% 的增长；增幅最高的 2009 年，在汽车下乡、购置税减按 5% 征收等一系列政策刺激下，实现了 46.1% 的超高速增长（见表 1-1）。2010 年汽车市场的增幅虽然低于前一年度，但单就销量增量的绝对值而言，442 万辆的增量较之前一年的 426 万辆要多。

表 1-1　2001~2010 年中国汽车销售增幅

年份	同比增幅
2001	14.1
2002	37.0
2003	35.2
2004	15.5
2005	13.5
2006	25.1
2007	21.8
2008	6.7
2009	46.1
2010	32.4

从表 1-1 中可以看出，经历了 2002 年、2003 年产销增幅超过 35% 的高速发展后，2004 年和 2005 年我国汽车市场增幅出现了一定的回落，但总体规模稳定在 500 万辆级。由于 2001~2004 年我国汽车市场总体规模相对较小，对总体走势的影响因子相对较小，故本章后续分析选择从 2005 年开始。

2005~2010 年，驱动乘用车市场增长的主要动力是轿车。统计数据显示，国内乘用车市场累计销量为 4621.3 万辆，轿车累计销量为 3332.3 万辆（见图 1-2），占比达到 72.1%。

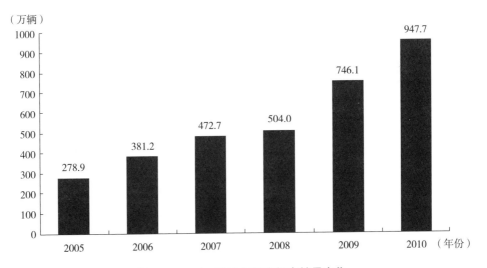

图 1-2　2005~2010 年国内轿车销量变化

与此同时，SUV 在这 6 年间的累计销量为 320.3 万辆，仅为同期轿车销量的零头，占比也只有 6.9%。这段时期，SUV 对整体市场的贡献率还排在交叉型乘用车之后，列第 3 位（见图 1-3）。

2011 年，此前为对冲全球金融危机而出台的多项鼓励和刺激汽车消费的政策全部退出，我国乘用车市场也在 2010 年底站上了 1375.8 万辆的历史新高度。但在这一年，由于激励政策全部退出，市场规模的高速增长正式画上了句号——当年乘用车增幅从前一年的 33.2% 大幅度下降到 5.2%。

也是在这一年，SUV 市场规模开始了快速增长，虽然轿车销量依然保持了较快的增长速度，但它对乘用车市场增量的贡献率开始快速下降。

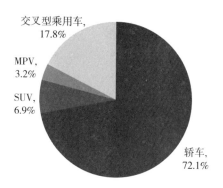

图 1-3　2005~2010 年国内乘用车市场分担率（分车型）

二、2011~2017 年，SUV 驱动的中速增长阶段

2011 年，我国轿车销量历史性地突破 1000 万辆整数关口，达到 1012.5 万辆，进而在 2013 年突破 1200 万辆。2014 年，轿车销量达到峰值，当年销量为 1237.4 万辆。此后，国内轿车市场增长呈现衰退迹象，徘徊在 1200 万辆上下。与此同时，SUV 销量却始终保持高速增长（见图 1-4）。

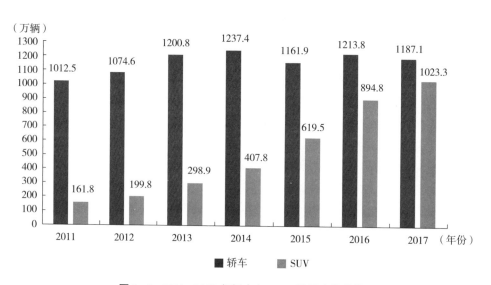

图 1-4　2011~2017 年轿车与 SUV 销量变化趋势

从图 1-4 中可以看出，国内 SUV 市场从 2011 年开始大爆发，市场规模从不足 200 万辆快速攀升，至 2017 年突破 1000 万辆。在这一阶段，SUV 成功地取代轿车，成为国内乘用车市场增长的主要动力，对乘用车销量增长的贡献度持续提升，由前一年的贡献度 23% 提升至当年的 30%。

到 2014 年，SUV 对当年乘用车市场增长的贡献率超过 50%，达到 53%，与轿车增量的差距也由前一年的 137 万辆缩小至 2011 年的 33 万辆，开始逐步接过轿车的大旗。2014 年 SUV 对乘用车增长的贡献度达 53%，真正完成车市增长动力由轿车到 SUV 的切换。

2016 年，在国内乘用车市场的发展历史上是有里程碑意义的一年。

2016 年，国内轿车销量增长 3.44% 至 1213.8 万辆，但其占乘用车总销量的比重首次跌破 50%，为 49.54%，比 2015 年下降 5.88 个百分点。导致轿车占比下降的根本原因是 SUV 销量的持续高涨。

2017 年，受之前一年购置税政策调整导致的透支等因素的影响，国内乘用车市场全年产销 2471.8 万辆，同比增速低至 1.4%，这是之前 20 年中未遇到的局面。

数据显示，当年 SUV 销量历史性地突破 1000 万辆，达到 1023.3 万辆，同比增长 13.3%；而除 SUV 外，其他 3 大类乘用车全部负增长。在车市初现不景气苗头的大背景下，SUV 车型以一己之力带领乘用车市场增长。

2010~2017 年的 SUV 市场上，自主品牌企业成为 SUV 市场高涨的最大赢家。自主品牌 SUV 企业 2016 年共实现销量 526.75 万辆，同比增长 57.57%，占 SUV 总销量的比重也较上一年度增加 4.8 个百分点至 58.2%。2016 年销量排名前 10 位的车型中，有 5 款自主品牌。

三、2018 年开始的汽车市场销量下滑

进入 2018 年后，汽车市场此前的不景气局面并没有得到好转，反倒更加糟糕。全年乘用车销量减少 100.8 万辆，同比下降 4.1%。SUV 市场也未能独善其身，全年销量跌破 1000 万辆，同比下降 2.5%。

市场状况在 2019 年并未得到好转，上半年产销整体处于低位运行，且降幅大大高于行业组织年初的预测。中国汽车工业协会的统计显示，2019 年前 6 个月乘用车销量下降 14.0%，降到 1012.7 万辆。其中，SUV 销量为 430.1 万辆，同比下滑 13.4%，净下降 66.4 万辆，市场占有率为 42.3%（见图 1-5）。

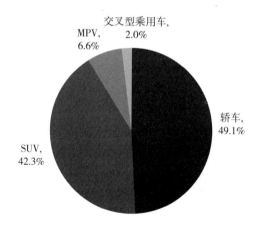

图 1-5　2019 年上半年国内乘用车市场分担率（分车型）

市场规模连续两年的下降，可以预判肇始于 2001 年的汽车消费快速增长的局面，在持续了近 20 年后终于告一段落。后续随着国民经济的发展和人们生活水平的提高，汽车消费势必会走出这两年的低谷，但届时汽车消费的结构会与之前完全不同。

第二节　换购逐渐成为车市主推动力

一、换购消费者占比研究

根据消费者在购车时是否已拥有车辆，可以将汽车消费者分为首次购车、换购（卖旧买新）和增购三大类。从总体汽车市场的角度看，首次购车和增购是车市的增量，而换购并不会显著增加既有的汽车保有量，可视为总体市场的存量。

关于我国首次购车、换购和增购用户的比例，各界有不同的解读，得出的数据之间的差距很大。

国家信息中心在 2018 年时曾有过统计。数据显示，2011～2017 年，换购人群在我国汽车消费中的比例持续增加，截至 2017 年底，我国通过卖旧换新这种方式实现换购的用户占用户总量的比例约为 26%，而首次购买车辆的用户的占比为 66.2%，增购人群占比为 7.8%。

按照国家信息中心的调研分析，截至 2017 年，汽车消费主要依靠增量市场驱动；预计要到 2021 年，我国首次购车者占总购车人群的比例才会低于 50%，届时车市将进入存量驱动状态（见图 1-6）。

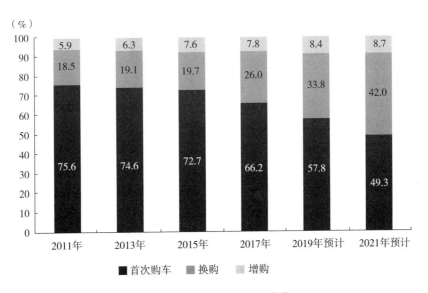

图 1-6 我国购车人群占比变化

资料来源：国家信息中心。

与此相对应的，财富证券汽车分析师团队曾搭建过一个分析我国汽车消费中存量替换用户数量和占比的分析模型。该分析模型假定：

（1）被替换车源的流向为报废和二手车销售，将两者叠加可粗略统计存量替换需求占每年新车销量比例。

（2）我国汽车使用周期＝年度汽车总保有量÷年度存量替换汽车数量。

基于这一理论框架，通过使用公安部等部门发布的每年报废汽车数量和二手车交易量，可以大致推算出当年有多少用户在处理掉手头的汽车后，产生了新的购车需求。

根据财富证券的相关研究，2011 年以后，随着报废车数量占存量替换比例的不断下降，作为汽车市场基本盘的存量需求波动正逐渐增加。增量弹性叠加基盘弹性，造成了中国汽车销量波动。该公司同时研究发现，新增需求的影响权重在 2015 年开始明显落后于存量替换，进而得出了我国汽车消费在 2015 年迎来存量替换的新阶段的推论（见图 1-7）。

图 1-7　2011~2018 年存量替换需求占比变化

和国家信息中心的调研结果正好相反，该公司这一模型得出的 2017 年有超过七成的用户是换购的推论又大大高于我们的直观感受。这或许是因为该公司的模型中，笼统地将旧车交易量视为"二手车"，而忽视了在二手车交易市场流通的旧车，可能被专卖不止一次，即还会有"三手车""四手车"等多次交易的旧车。这一因素应该是上述模型高估了存量替换需求的根本原因。

同时，也有汽车类媒体基于在自家网站上注册用户的大数据，得出了与上述两家机构不一样的数据。例如，易车研究院曾对外宣布，2018 年中国乘用车再购用户占比升至 49.55%；推动再购用户占比增长的原因，包括更能刺激首购用户消费的购置税优惠政策于 2017 年底到期，2018 年下半年快速下滑的经济走势更易冲击首购为主的年轻用户等。

总体上，从 2019 年起，我们可以将汽车市场的竞争定性为开始从增量市场的竞争转向存量市场的竞争，即近半数的新购车用户在此前已经买过至少一辆汽车。他们对车辆的认识、要求，以及拥有车辆的价值的判断，与第一次购车人群有着很大的，甚至是根本性的区别。

二、存量替换时期的特点

无论我国汽车消费目前的状况是已经进入存量替换时代，还是尚未进入但正在转型进入存量替换时代，我们都需要关注它会对汽车消费习惯带来的影响，以及由此带来的变化。

根据我们在编写过程中对业内专家的调研，并结合部分机构的研究结果，我们总结了存量替换时代的汽车消费特点：

第一，已购车用户的换购需求相对固定。作为商品的汽车，相对于食品、日用品等，属于非必需消费品，即从理论上来说，汽车并非人们在日常生活中所必须要用到的产品。但实际上，对于已经拥有过汽车的消费者而言，在习惯了使用私家车出行带来的便利后，公共出行工具相对的低效率可能会让他们非常不适应，或降低他们生活的舒适性。因此，总体上看，已购车用户的换购需求是可以确定的，汽车所有者在出售或报废原有车辆后，会继续购买车辆以满足使用需求。影响这部分存量用户转化为新车购买者的比例的因素有两个：一是经济形势不好或购买力下降时，这部分用户会推迟购车；二是原先的低端品牌汽车用户可能会换购中高端品牌的二手车而非新车。

第二，换车和增购用户购买车辆的档次基本上是升高的。私家车消费兴起之初，受用户自身购买力、市场上车型供给有限，以及竞争压力不足而导致车辆定价偏高等因素的共同影响，有大量消费者购买价位相对较低的中低端车型。而在换购和增购时，用户相对前一次购车时会更关注品牌、品质，价格偏好的重要性有明显下降。

中国汽车工业协会的统计数据显示，排量不足 1.0L 的乘用车的市场占有率在 2015 年 2 月曾高达 35.7%，随后一路下滑，在 2007 年 7 月首度跌破 10%，为 8.4%。到 2012 年 4 月，这一细分市场占总销量的份额最后一次超过 10%，到 2018 年 2 月达到最低值，仅为 0.15%。而与此同时，豪华车市场的销量与市场占有率却在持续增长，即便是在 2018 年后整体市场不断萎缩的大环境下，其销量和市场份额也在连续地逆势增长。

此外，在我国汽车购置税征收的情况下，在 2018 年汽车销量下滑时，购置税总额不降反升，说明乘用车销售单价较之前是增加的。

上述此消彼长的态势印证了我们的观察，即换购人群存在改善需求或消费升级的特点。

第三节　存量市场状态下的 SUV 竞争格局

虽然从总体上看我国乘用车消费的增长空间依然存在，但企业和行业都得清醒地认识到，粗放型增长已不可持续，下一阶段的竞争将从增量市场转变为存量市场的竞争，体系能力将重新成为竞争的核心要素。

而从过去 10 年间各不同企业主体参与竞争的历史看，当 SUV 市场增长放缓乃至下降后，存量市场会对自主品牌企业和自主品牌 SUV 带来更大的挑战。

更进一步说，就是在今后 2~5 年的市场竞争中，自主品牌厂商在 SUV 这一细分市场的表现，是否会重蹈之前轿车市场"先兴起，后衰败"的覆辙？

一、自主品牌企业在轿车市场的溃败

2013 年 9 月至 2014 年 8 月，自主品牌汽车厂商的市场份额曾经连续 12 个下降，这引发业界对自主品牌企业发展前景的担心；但得益于 SUV 市场的连续增大，以及自主品牌主流企业快速将市场营销重点转向 SUV 市场，才遏制住了自主品牌乘用车销量与市场占有率持续下降的态势。

分析自主品牌汽车厂商在轿车市场的发展可以看出，其在这一细分市场的兴衰与轿车市场是否保持增长态势有着直接联系。

2010 年之前，自主品牌厂商的轿车销量及其市场占有率一度持续增加。2005~2010 年，轿车市场规模持续快速增长，从 2005 年的 278.8 万辆左右增加到 2010 年的近 947.74 万辆。

伴随着市场总体规模的扩大，自主品牌产销规模也从约 84 万辆增加到近 340 万辆，市场占有率也在 2010 年 1 月达到 34.7% 的历史峰值。

但 2010~2014 年，国内轿车市场规模持续扩大的趋势发生了变化，轿车销量的增长速度大大降低。

如图 1-8 所示，2011~2013 年，国内轿车市场规模增加了近 200 万辆，3 年间增长近 20%，但增幅放缓趋势已经非常确定。

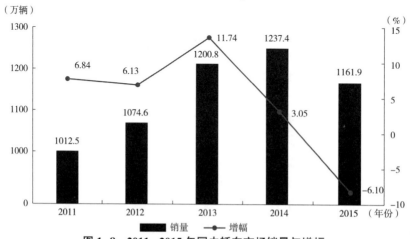

图 1-8 2011~2015 年国内轿车市场销量与增幅

主流合资汽车厂商在2005~2016年共推出73款轿车新车型（见图1-9）。面对合资品牌强势攻击，2010年之后自主品牌在轿车领域依然推出了不少新车型，然而却躲不过市场份额丢失的命运。

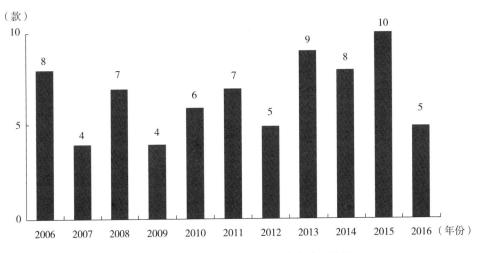

图1-9　2006~2016年合资厂商全新车型数量

作为一个整体，自主品牌厂商在轿车市场的份额开始缓慢且持续地下降，于2014年7月触底，当月市场占有率只有17.65%。自主品牌轿车的总销量从340万辆下降到约240万辆，绝对值减少近100万辆。市场份额持续下降的局面一直到2017~2018年才有所改善。

回顾自主品牌企业在2005~2014年轿车市场的发展兴衰过程，我们可以得出以下结论：

（1）自主品牌厂商在轿车市场兴起之初，通过快速投放车型，并聚焦于低端市场，成功地满足了一部分国内消费者对基本代步工具的需求。这部分消费者买第一辆车时，属于价格敏感型用户，对产品品质、品牌和性能的要求远低于对价格的要求。

（2）当市场增长放缓后，自主品牌企业开始遭遇两面夹击：一是合资厂商开始推出更多的车型，尤其是低价位车型，以抢占更大的市场。二是此时潜在的轿车用户对车辆的品牌和品质要求已较前几年有了较大提高，这使自主品牌厂商及其投放的轿车车型在品牌力和产品力上的不足被放大。在这两个因素的共同作用下，自主品牌轿车的销量和占有率出现下降，也在情理之中。

二、自主品牌企业在轿车市场的应对策略

面对轿车市场的颓势，自主品牌汽车厂商的应对策略或是战略性放弃轿车市场，或是虽然坚持产销轿车但战略重心逐渐转移到 SUV 领域。

前者的代表性企业是长城汽车。长城汽车的轿车业务始于 2008 年，该公司从当年开始陆续推出了绚丽、精灵、凌傲和酷熊等车型，但销量均未实现公司设定的目标。为了更好地发展轿车业务，该公司在 2010 年的北京车展上推出专门的轿车品牌"腾翼"，继而向市场投放了腾翼 C30 和腾翼 C50 两款轿车。腾翼 C30 在 2012 年时曾一度连续数月月销过万辆。但进入 2014 年后，随着市场竞争的加剧，该公司轿车车型销量开始下滑；再加上长城汽车未能保证其轿车新产品更新速度，导致腾翼品牌在市场上步履维艰。最终，在 2014 年 9 月，长城汽车董事长魏建军宣布该公司暂时放弃轿车业务，集中资源发展 SUV 业务。公开宣布放弃轿车市场的企业，只有长城汽车一家，绝大多数自主品牌企业的策略是将重心放到发展 SUV 上。

根据中国汽车工业协会的数据统计，2014 年后依然能保持轿车产销量在 20 万辆级别的自主品牌企业，只有 5 家，分别是吉利汽车、奇瑞汽车、长安汽车、上汽乘用车和上汽通用五菱。

奇瑞和吉利都曾经是轿车自主品牌领先者，在 2005 年前就进入市场，2014 年后，面对轿车市场消费格局的改变，两家公司并未放弃。不过奇瑞汽车轿车品类车型的产销规模逐步从 50 万辆缩小到 20 万辆，吉利汽车则成功地站稳脚跟并于 2018 年创下了轿车产销的 60 万辆的成绩。

长安汽车在轿车市场的起步晚于吉利和奇瑞，该公司一度借助 2009~2014 年新车周期，依靠多款全新车型覆盖不同市场，将轿车的产销规模提升到 40 万辆级别；但在 2015 年后，该公司轿车业务产销量逐步萎缩至 20 万辆。

2015~2018 年，上汽乘用车依靠投放的新车型，将公司轿车产销规模逐步做到 30 万辆。上汽通用五菱则依靠宝骏系列轿车，通过转化原来的微面用户，成功地将宝骏的产销规模达到 20 万辆级别。

除了这几家企业外，其他自主品牌厂商的轿车销量都远低于旗下 SUV 销量。在将重心转移到 SUV 市场后，自主品牌厂商的总体销量开始一路走高，到 2017 年时一度接近 45%。

三、自主品牌SUV会不会重蹈轿车市场的覆辙

从2018~2019年的情况看，SUV市场的增长即便不是已达到峰值并下降，也至少是出现了暂时性的放缓或下降趋势。而自主品牌和合资厂商在SUV市场的表现，与轿车市场之前的情况非常相似。

一是合资厂商大规模投放SUV产品。根据本书企业篇中对各主流合资汽车厂商的分析，它们在2017~2020年将投放超过30款SUV，涵盖小型SUV、紧凑型SUV和中大型SUV市场，以及新能源汽车市场。

二是自主品牌SUV的销量与市场份额快速下滑。2018年，除了乘用车市场的总体份额在下降外，高歌猛进了近10年的自主品牌SUV在市场竞争遭遇了前所未有的挫折，销量与市场占有率都出现了很明显的下降。

根据中国汽车工业协会的统计，2017年全年，自主品牌乘用车总销量为1084.7万辆，占乘用车市场总量的43.9%。其中，自主品牌SUV当年总销量为621.7万辆，占当年SUV市场总量的60.6%，较前1年增加2.4个百分点；占自主品牌乘用车总销量的57.3%。这一年，自主品牌轿车总销量只有235.4万辆，占轿车市场的份额为19.9%。

如图1-10所示，自主品牌SUV的市场颓势在2018年上半年就已初步显现，在下半年则更加明显。

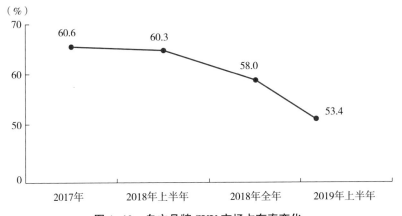

图1-10 自主品牌SUV市场占有率变化

2018年1~6月，自主品牌乘用车总销量为510.9万辆，占乘用车市场总量的43.4%。其中，自主品牌SUV当期销量为299.4万辆，虽然较上年同期有一

定增加，但市场份额较 2017 年全年减少 0.3 个百分点，为 60.3%。

2018 年全年，自主品牌乘用车总销量为 998 万辆，占乘用车市场总量的比重降低到 42.1%。其中，自主品牌 SUV 当年总销量为 580 万辆，同比下降 6.7%，占当年 SUV 市场总量的比重降低到 58%；但它对自主品牌乘用车总销量的重要性却较 2017 年更大，其销量贡献率达到 58.1%。这一年，得益于新能源汽车市场的快速扩大，自主品牌轿车总销量不降反升，达到 239.9 万辆。

进入 2019 年后，这种下滑的趋势并没有得到改善，反倒越发严重。2019 年 1~6 月自主品牌乘用车总销量为 399.8 万辆，占乘用车市场总量的 39.5%。其中，自主品牌 SUV 当期销量为 229.5 万辆，市场份额急剧减少 6.9 个百分点，降至 53.4%，预计全年将跌破 50%。

我们预计，如果我国汽车市场总量在 2020 年不出现大规模反弹，国内 SUV 市场的总体竞争格局将重复 2012~2015 年轿车市场的走势，自主品牌 SUV 销量和市场占有率将被合资厂商或蚕食或鲸吞。

对自主品牌厂商来说，SUV 市场真正的淘汰赛将在 2020~2023 年展开。如果以销量来衡量的话，多数厂商会在这几年内被边缘化，失去竞争力，只有少数 3~5 家企业能够在 SUV 市场中站稳脚跟，进而应对后续更大的挑战。

第二章 双积分政策有助于 SUV 销售

第一节 "双积分政策"简介

一、"双积分政策"基本情况

2017年9月27日,工业和信息化部、财政部、商务部、海关总署和当时的质检总局(现国家市场监管总局)联合公布了《乘用车企业平均燃料消耗量与新能源汽车积分并行管理办法》(以下简称双积分政策或《办法》)。

工信部政策法规司相关负责人表示,为了进一步推动节能与新能源汽车产业发展,借鉴美欧等国家汽车企业平均燃料消耗量和新能源汽车管理法规的立法经验和做法,结合我国汽车产业实际,该部会同其他部门制定了"双积分政策",以规范和加强乘用车企业平均燃料消耗量与新能源汽车积分管理。

《办法》的主要内容有以下六项:

(1)建立积分核算制度和积分管理平台。

境内各乘用车生产企业、各进口乘用车供应企业都作为平均燃料消耗量积分与新能源汽车积分的核算主体,单独实施核算。建立汽车燃料消耗量与新能源汽车积分管理平台,统筹推进积分公示、转让、交易等,企业通过该平台开展积分转让或者交易。

(2)明确积分核算方法。

《办法》规定了乘用车企业平均燃料消耗量积分和新能源汽车积分核算方法,明确了与积分核算相关的实际值、达标值、目标值等指标的核算方式。

(3)有条件地放宽小规模企业的燃料消耗量达标要求。

鉴于小规模企业不具备规模优势、降低油耗难度大,结合我国实际及国外经验，《办法》对年度生产量 2000 辆以下并且生产、研发和运营保持独立的乘用车生产企业，年度进口量 2000 辆以下的获境外生产企业授权的进口乘用车供应企业，以及未获授权的进口乘用车供应企业，放宽其平均燃料消耗量积分的达标要求。其中，对年度进口量 2000 辆以下的未获授权的进口乘用车供应企业，暂不实施积分核算。

（4）设立新能源汽车积分比例要求的门槛。

新能源汽车积分比例要求是核算新能源汽车积分达标值的重要参数。《办法》对传统能源乘用车年度生产量或者进口量不满 3 万辆的乘用车企业，不设定新能源汽车积分比例要求；达到 3 万辆以上的，从 2019 年开始设定积分比例要求，其中，2019 年、2020 年的积分比例要求分别为 10%、12%，2021 年及以后年度的积分比例要求另行公布。

（5）实行积分并行管理。

一是企业平均燃料消耗量积分中，正积分可以按照 80% 或者 90% 的比例结转后续年度使用，也可以在关联企业间转让；负积分抵偿归零的方式包括使用本企业结转或者受让的平均燃料消耗量正积分以及使用本企业产生或者购买的新能源汽车正积分。二是新能源汽车积分中，正积分可以自由交易，但不得结转（2019年度的正积分可以等额结转一年）；负积分可以采取购买新能源汽车正积分的方式抵偿归零。三是负积分抵偿方面，应当在工业和信息化部发布积分核算情况报告后 90 日内完成负积分抵偿归零；新能源汽车正积分可以抵扣同等数量的平均燃料消耗量负积分。

（6）完善监督管理制度。

工业和信息化部会同财政、商务、海关、质检等部门对积分进行核查，并发布积分核算情况年度报告。建立乘用车企业信用管理制度，要求企业提交信用承诺书并向社会公示；企业未按规定报送数据、提交积分报告，情节严重的，作为失信企业进行通报。同时，明确工业和信息化部会同有关部门依据国家有关规定，完善积分管理的经济措施。

按规定，"双积分政策"从 2018 年 4 月 1 日正式实行，并自 2019 年起实施企业平均燃料消耗量积分核算（见图 2-1）。

此后，工信部在 2018 年 7 月表示，企业可通过乘用车企业平均燃料消耗量与新能源汽车积分管理平台开展平均燃料消耗量积分转/受让、新能源汽车积分交易、提交平均燃料消耗量负积分抵偿报告等工作，意味着新能源积分开始真正意义上的交易。

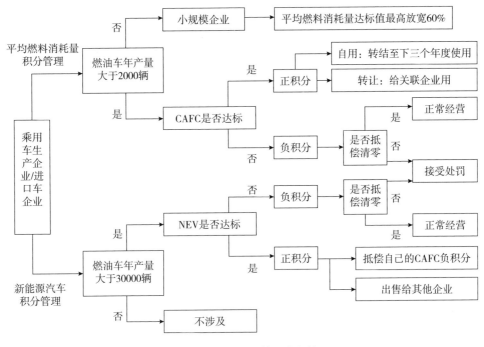

图 2-1　双积分政策制度架构

二、"双积分政策"计算规则

《办法》规定，政府将对乘用车企业分别考核"乘用车企业平均燃料消耗量积分"（以下简称 CAFC 积分）和"新能源汽车积分"（以下简称 NEV 积分）。双积分政策的考核对象是汽车厂商，计算思路都是差值考核，即计算该汽车企业的实际值与目标值的差距，超出标准越多越能形成正积分；具体考核逻辑是先计算具体某一款车型的分值，再加总计算每个厂商的积分分值。在"双积分政策"实施后，每家企业必须满足每年自身的 CAFC 积分≥0 且 NEV 积分≥0，否则视为未达标，将被实施惩罚。

1. CAFC 积分计算方法

按照《办法》给出的计算思路，企业某一具体燃油车车型的燃料消耗量（即油耗）的实际值是由按 GB/T 19233 给出的检测方法测定，其目标值则是由 GB 27999—2014 确定，按座椅数、整车整备质量划分出了若干不同的分类档位。2020 年以前，企业生产的新能源汽车的电能消耗量不需要转换为油耗，即 BEV

311

的电耗为 0L/100km，PHEV 只考察其实际油耗。

计算方法上，汽车厂商的 CAFC 目标值是将各车型的目标值按销量加权平均算出，其 CAFC 实际值在此基础上还纳入了新能源车型的倍数计算，即在加权平均计算分母总产量时，1 辆合格的新能源车可当作 5 辆（2016~2017 年）、3 辆（2018~2019 年）、2 辆（2020 年）来计算，由此可拉低 CAFC 实际值。

汽车厂商 CAFC 实际值计算公式：

$$CAFC = \frac{\sum_{i=1}^{N} FC_i \times V_i}{\sum_{i=1}^{N} V_i \times W_i}$$

其中，i 表示乘用车车型序号；FC_i 表示第 i 个车型的燃料消耗值；V_i 表示第 i 个车型的年度生产或进口量；W_i 表示第 i 个车型对应的倍数。

汽车厂商 CAFC 达标值计算公式：

$$T_{CAFC} = \frac{\sum_{i=1}^{N} T_i \times V_i}{\sum_{i=1}^{N} V_i}$$

其中，i 表示乘用车车型序号；FC_i 表示第 i 个车型的燃料消耗值；V_i 表示第 i 个车型的年度生产或进口量；T_{CAFC} 表示企业平均燃料消耗量目标值。

在分别算出汽车厂商的 CAFC 达标值和 CAFC 实际值之后，将后者减去前者所得的差乘以厂家的乘用车产量，所得的乘积（计算结果按四舍五入原则保留整数）实际值低于达标值产生的积分为正积分，高于达标值产生的积分为负积分。

2. NEV 积分计算方法

与 CAFC 积分的计算方法相同，也是要先确定厂商生产的每一款新能源汽车型的单车标准车型积分，对于部分符合条件的车型，将在标准车型积分的基础上，额外多获得 20% 的积分奖励；但对于不符合条件的车型，也会有对应的抵扣处罚措施（见图 2-2）。

纯电动汽车的标准车型积分，由其续驶里程、整车整备质量与电能消耗量综合确定：

（1）车型需要满足 30min 最高车速不低于 100km/h，纯电动模式下续驶里程不低于 100km。

（2）标准积分计算公式为：0.012×续驶里程（综合工况）+0.8，最高为 5 分。

（3）实际车型积分在标准车型积分的基础上可以按 0.5 倍、1 倍、1.2 倍计算，按 m 与 Y 的关系来确定：

1）0.5 倍，且积分仅限自身使用：不满足该条件——m≤1000kg 时，Y≤0.014×m+0.5；1000＜m≤1600kg 时，Y≤0.012×m+2.5；m＞1600kg 时，Y≤0.005×m+13.7。

2）1.2 倍：满足该条件——m≤1000kg 时，Y≤0.0098×m+0.35；1000＜m≤1600kg 时，Y≤0.0084×m+1.75；m＞1600kg 时，Y≤0.0035×m+9.59。

3）1 倍：其他情况。

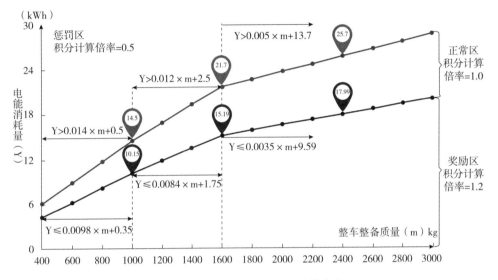

图 2-2 BEV 标准车型积分计算办法

插电式混合动力汽车的标准车型积分计算，按照下列原则进行：

（1）车型需要满足在纯电动模式下续驶里程不低于 50km。

（2）纯电动模式下续驶里程在 80km 以下的，其条件 2）试验中燃料消耗量（不含电能转化的燃料消耗量）与 GB19578 中车型对应的燃料消耗量限值相比应当小于 70%；比例不小于 70% 的，车型积分按照标准车型积分的 0.5 倍计算，并且积分仅限企业自身使用。

（3）纯电动模式下续驶里程在 80km（含）以上的，其条件 1）试验中电能消耗量应当满足 BEV 单车积分 1 倍及以上时对整车整备质量（m）与电能消耗量（Y）的要求；不满足的，车型积分按照标准车型积分的 0.5 倍计算，并且积分仅限企业自身使用。

氢燃料电池汽车的计算原则如下：

（1）车辆续驶里程不低于300km，燃料电池系统额定功率不低于驱动电机额定功率的30%，并且不小于10kW的，车型积分按照标准车型积分的1倍计算。

（2）对于不满足上述条件的其余燃料电池车型，其车型积分按照标准车型积分的0.5倍计算，并且积分仅限本企业使用。

企业的NEV积分实际值等于其每一款车型的NEV积分乘以车型对应的产量后求和；其目标值是该企业当年所有乘用车的总产量与NEV积分比例要求的乘积。其中，2019~2020年，年产量/进口量在3万辆以上的汽车企业NEV积分比例要求分别为10%、12%；后续年份的比例要求由工信部等适时公布。

3. 双积分考核原则

《办法》规定，每一个乘用车生产企业或进口企业都要满足当年CAFC积分≥0且NEV积分≥0的目标，才能算是达标。

如果企业当年的CAFC积分为正，则可以按照比例（结转值2018年及以前年度的正积分按照80%计算，2019年及以后按90%计算）结转到以后年度使用，或者转让给关联公司。

如果企业当年的CAFC积分为负，有三种方式将其抵偿清零：使用以前年度结转积分，使用关联公司获取的积分，或购买新能源车积分，按照1:1比例抵偿。

如果企业当年的NEV积分为负分，则只能购买新能源汽车正积分来抵平。如果NEV积分为正，可以将正积分（按照1:1）卖给负积分企业。

从上述要求中可以看出CAFC积分与NEV积分考核区别在于以下两点：

（1）新能源汽车的积分NEV可以进入市场自由交易和抵偿燃料消耗量负积分，但是不能结转（2019年度产生的新能源汽车正积分可以等额结转一年）。

（2）燃料消耗量积分CAFC只能进行年度结转和关联企业内转化。

4. 未达标企业的惩处

虽然受限于《行政处罚法》，《办法》无法对企业进行高额罚款，但它还规定了三种对未达标企业的行政处罚措施。

第一，制定了信用承诺制度，规定企业不得提交不实数据，如有违反，要将其作为失信乘用车企业进行通报，并录入车辆生产企业信用信息管理平台。

第二，对于CAFC负积分和NEV负积分未能抵偿清零的厂商，向工信部提交其本年度乘用车生产或进口调整计划，使本年度预期产生的负积分能够抵偿其尚未抵偿的负积分。

对不提交调整计划的企业，在其负积分抵偿归零前，对其燃料消耗量达不到目标值的新产品，不予列入《道路机动车辆生产企业及产品公告》或者不予核发强制性产品认证证书，并可以依照《汽车产业发展政策》《强制性产品认证管理规定》等有关规定处罚。

第三，对于企业作假等行为，工信部等将对其实施通报，按核查值计算年度企业平均燃料消耗量或新能源汽车积分，以及作为失信乘用车企业进行通报，并录入车辆生产企业信用信息管理平台等处罚。

第二节 "双积分政策"有助于 SUV 发展

2017 年 9 月，"双积分政策"终于落地，与购置补贴政策一起，形成了国家促进新能源汽车发展的政策组合拳。

如工信部在发布《办法》时对外宣布的那样，"双积分政策"的目的是同时规范和加强乘用车企业平均燃料消耗量与新能源汽车积分管理。"双积分政策"的推出，标志着国家对于新能源汽车行业发展政策从"弱驱动"走向"强规定"的变化，将高额补贴压力转嫁到市场中，规定汽车企业必须满足燃料消耗积分和新能源汽车积分要求，且给积分交易一定自由度，让落后企业为积分买单。组合拳的出手能够有效使汽车企业摆脱高额补贴依赖，倒逼汽车企业降成本、提技术，从政策驱动走向市场化，从而引导行业健康发展。

但是"双积分政策"能否顺利实施，并取代政府购置补贴政策，成为新能源汽车市场下一阶段主要驱动力量的实施关键在于，在该制度框架下，国内汽车厂商作为一个整体，存在巨大的 CAFC 负积分缺口，需要通过对外购买新能源正积分进行填补。而由此，可以鼓励汽车生产企业多生产新能源汽车，尽可能多地创造 NEV 正积分。

然而在实际执行过程中，由于 NEV 正积分的作用显著大于 CAFC 正积分，使得"双积分政策"在事实上是鼓励企业优先生产新能源汽车，而在它的产量足够大的时候，又可以降低对燃油车燃油消耗量限值的考核要求。

一、行业双积分情况概览

在《办法》发布两个月后，工信部等部委在 2017 年 11 月发布了《关于2016 年度、2017 年度乘用车企业平均燃料消耗量管理有关工作的通知》，将企业

2016 年和 2017 年的燃料消耗量积分纳入双积分管理。

1. 2016 年行业双积分总体情况

2016 年，共有 124 家乘用车企业被纳入考核。这些企业在 2016 年共生产及进口乘用车 2449.47 万辆，行业平均整车整备质量为 1410 公斤，平均燃料消耗量实际值为 6.43 升/100 公里，燃料消耗量正积分为 1174.86 万分，燃料消耗量负积分为 142.99 万分，新能源汽车正积分为 8.95 万分。

其中，境内乘用车生产企业共 96 家，累计生产乘用车 2358.96 万辆，平均燃料消耗量为 6.39 升/100 公里，产生燃料消耗量正积分 1135.11 万分，产生燃料消耗量负积分 124.47 万分，新能源正积分 92.89 万分。

进口乘用车供应企业 28 家，共计进口乘用车 90.51 万辆，平均燃料消耗量为 7.52 升/100 公里，产生燃料消耗量正积分 39.75 万分，产生燃料消耗量负积分 18.52 万分，新能源正积分 6.06 万分。

96 家境内乘用车生产企业中有 28 家企业平均燃料消耗量未达标，达标率为 70.8%；28 家进口汽车企业中有 15 家企业未达标，达标率为 46.4%。

2. 2017 年行业双积分总体情况

2017 年，共有 130 家乘用车企业被纳入考核。这些企业在 2016 年共生产及进口乘用车 2469.29 万辆，行业平均整车整备质量为 1438 公斤，平均燃料消耗量实际值为 6.05 升/100 公里，燃料消耗量正积分为 1238.14 万分，燃料消耗量负积分为 168.90 万分，新能源汽车正积分为 179.32 万分。

其中，101 家境内乘用车生产企业累计生产乘用车 2367.46 万辆，平均整车整备质量为 1419 公斤，平均燃料消耗量实际值为 6.00 升/100 公里，燃料消耗量正积分为 1200.91 万分，燃料消耗量负积分为 149.02 万分，新能源汽车正积分为 168.69 万分。

29 家进口乘用车供应企业进口乘用车 101.83 万辆，平均整车整备质量为 1875 公斤，平均燃料消耗量实际值为 7.13 升/100 公里，燃料消耗量正积分为 37.23 万分，燃料消耗量负积分为 19.88 万分，新能源汽车正积分为 10.63 万分。

101 家境内乘用车生产企业中有 39 家企业平均燃料消耗量未达标，达标率为 61.4%；29 家进口汽车企业中有 17 家企业未达标，达标率为 41.3%。

3. 2018 年行业双积分总体情况

2018 年，共有 141 家乘用车企业被纳入考核。这些企业在 2018 年共生产及进口乘用车 2313.91 万辆，行业平均整车整备质量为 1456 公斤，平均燃料消耗量实际值为 5.80 升/100 公里，燃料消耗量正积分为 992.99 万分，燃料消耗量负积分为 295.13 万分，新能源汽车正积分为 403.53 万分。

其中，112 家境内乘用车生产企业累计生产乘用车 2219.61 万辆，平均整车整备质量为 1438 公斤，平均燃料消耗量实际值为 5.74 升/100 公里，燃料消耗量正积分为 979.52 万分，燃料消耗量负积分为 262.22 万分，新能源汽车正积分为 393.74 万分。

29 家进口乘用车供应企业进口乘用车 94.30 万辆，平均整车整备质量为 1872 公斤，平均燃料消耗量实际值为 7.26 升/100 公里，燃料消耗量正积分为 13.47 万分，燃料消耗量负积分为 32.91 万分，新能源汽车正积分为 9.79 万分。

112 家境内乘用车生产企业中有 47 家企业平均燃料消耗量未达标，达标率为 58.04%；28 家进口汽车企业中有 15 家企业未达标，达标率为 24.14%。

从 2016~2019 年的积分情况看，CAFC 正积分远远高于 CAFC 负积分，这种情况使 NEV 正积分的销售价格持续低迷。根据工业和信息化部发布的数据，2017 年 118 家企业共进行了 107 笔交易，金额不足 8 亿元。

因此，2016~2018 年，"双积分政策"并没有起到政策制定时预计要达到的效果。

二、"双积分政策"的"彩蛋"：能促进 SUV 销售

造成这种局面的原因，并非国家政策判断失误，而是因为从 2016 年起，我国开始实施第四阶段燃料消耗量限值规定，初期的限值要求相对较高，企业的合规压力小。再加上未考核乘用车企业的 NEV 负积分要求，导致全行业积分供过于求，供需比超过 3。

在"双积分政策"实施之前，单纯考虑技术问题，能够降低油耗的技术路线包括发动机小型化、车身轻量化、改善车辆外形以优化其空气动力学特性，以及混合动力技术等。但是在"双积分政策"实施后，企业又多了一条新的达标路径——通过生产新能源汽车获得，或者直接购买 NEV 正积分，以此抵偿 CAFC 负积分。从投资收益的角度看，只要购买 NEV 正积分的成本，能够低于由此而得以多产销的燃油车获得的收益，这条路径就是可行的。

而从 2016~2018 年的考核结果看，"双积分政策"也客观上放松了对燃油车总体油耗的考核。

具体表现之一是乘用车平均整备质量逐年增加。

根据工信部公布的数据，2016 年全行业平均整备质量为 1410kg，其中国产车为 1392kg，进口车为 1875kg。此后两年，进口车的平均整备质量基本维持不变，但国产车的平均整备质量相继提高到 1419kg 和 1438kg，进而推动全行业的

平均整备质量提高到 1438kg 和 1456kg（见图 2-3）。

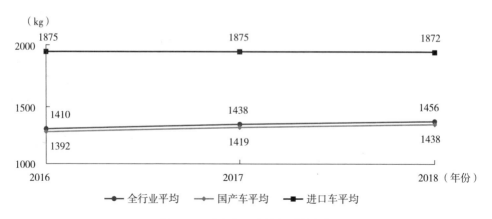

图 2-3　乘用车平均整备质量变化

按照 GB 27999—2014 的规定，更高的整备质量意味着油耗限值的提高，也意味着有可能出现一种较为尴尬的局面：到 2020 年，行业总体燃油消耗量限值满足 GB 27999—2014 的规定，但行业平均限值却高于政府 5.0L。

具体表现之二是进口车平均油耗提高。

按照工信部公布的数据，2017~2018 年，进口车的平均整备质量下降了 3kg，但其平均油耗却增加了 0.13L/100km，如图 2-4 所示。究其原因，我们认为是由于"双积分政策"前期的要求较为宽松，CAFC 负积分的缺口可以通过购买 NEV 积分来抵偿，因而在短时间内无须改变产品导入策略，而将更低油耗但可能利润

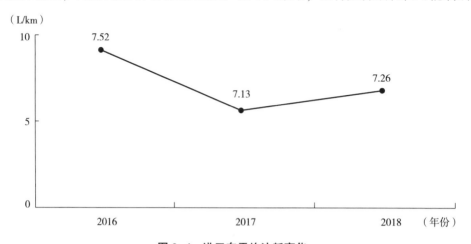

图 2-4　进口车平均油耗变化

也相对较低的车型引入中国市场。

　　综上所述，在现有政策基础上，容易出现企业通过多生产新能源汽车或购买
NEV 正积分的手段，确保自己能够多生产油耗相对更高的车型的现象。从短期
看，这种局面对平均油耗相对更高的 SUV 车型而言，是更加有利的。但从中长
期看，这种局面有可能让企业忽视甚至搁置量产更先进的技术，造成后续发展乏
力的不利影响。

第三章 "一带一路"给企业带来的发展机遇

虽然我国汽车产业和汽车市场规模在过去 10 余年中取得了令人惊叹的进步，我国汽车产量占全球总产量的比例已接近 30%，但长期以来，我国汽车出口数量及规模与汽车大国的地位严重不匹配。

随着"一带一路"建设的深入推进，以及我国汽车企业国际化程度的日益提高，已经有自主品牌企业抓住这一宝贵机遇，实现了在海外市场的快速发展。

第一节 差强人意的我国汽车出口业务

根据全球汽车组织（OICA）的统计，2017 年我国汽车市场规模约占当年全球汽车总销量的 30%；但就产销规模而言，我国汽车市场规模相当于世界第 2~5 大市场美国、日本、印度和德国的总和，也相当于第 6~27 位的 22 个国家的规模之和，如图 3-1 所示。

但与我国庞大的内需市场相比，我国汽车的年出口量虽一度突破 100 万辆，但仍只占总量的很小一部分，和我国汽车大国的地位不匹配。

根据中国汽车工业协会的统计，在过去 10 年中，我国汽车出口量曾于 2012 年突破 100 万辆整数关口，但此后几年一路下滑，直到 2018 年才又重新突破 100 万辆。

2018 年全年，我国实现汽车出口 104.1 万辆，汽车出口金额为 147.7 亿美元。其中，乘用车出口 75.8 万辆，占总量的 72.8%；实现商用车出口 28.3 万辆，占总量的 27.2%。

来自海关的统计数据表明，小轿车是我国汽车整车出口的第一大出口车型。由于海关的出口统计口径与我们常用的乘用车分类口径不一致，这里提到的小轿车与包括轿车、SUV、MPV 等在内的狭义乘用车的概念大致重合。

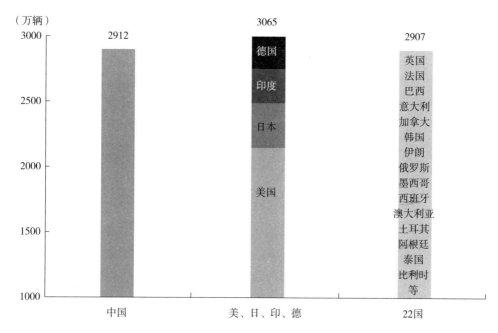

图 3-1　全球主要汽车市场规模对比

与 2012 年汽车出口量首次突破 100 万辆时相比，2018 年的出口量中，合资汽车厂商出口到海外市场的汽车数量有了较大增加。海关的数据显示，受上汽通用出口的影响，2018 年墨西哥是我国第二大出口目的地国（见表 3-1）。

表 3-1　2018 年整车出口前十大目的地国

出口目的地国	出口量（万辆）	同比增幅（%）
伊朗	16.7	-24.7
墨西哥	9.2	126.8
智利	7.1	23.8
美国	6.7	31.3
厄瓜多尔	3.1	28.8
泰国	3.1	165.0
埃及	2.8	123.9
巴西	2.4	88.4

续表

出口目的地国	出口量（万辆）	同比增幅（%）
秘鲁	2.3	1.7
俄罗斯	2.1	-37.4

伊朗仍是我国汽车业在海外的第一大市场，由于受美国对伊朗制裁的影响，2018年中国汽车对伊朗的出口量同比下降24.7%，对在俄罗斯市场的出口量也同比减少37.4%。

第二节 我国汽车产业国际化发展概况

我国自主品牌企业开发海外市场已有十几年时间，最初以价格优势打开市场，现阶段已有汽车厂商将出口业务升级为国际化业务，试图塑造品牌，谋求长期可持续发展。加入世界贸易组织后的第二年，我国汽车企业就实现2.2万辆整车出口，但绝大部分是商用车。此后，随着奇瑞、吉利等自主品牌厂商纷纷走向海外，乘用车迅速取代商用车，成为我国汽车出口量增长（见图3-2）的核心驱动力。

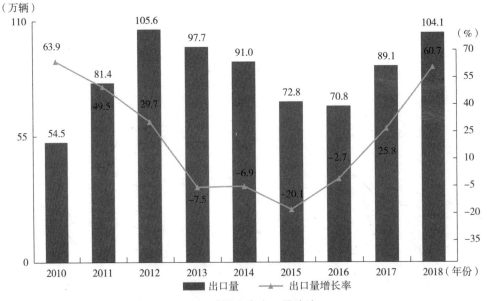

图 3-2 我国汽车出口量统计

根据《瞭望》新闻周刊记者在拉美、中东、非洲等中国汽车主要海外市场的采访，自主品牌的问题普遍集中在产品质量不及欧美日韩、售后服务滞后等方面，中国汽车始终存在"低质低价"的市场形象。

造成这种局面一方面是因为 2012 年之前，我国汽车的技术水平与跨国公司仍有相当大的差距，但在价格方面也有一定优势，因此在发展中国家还是有一定市场空间。这一阶段，我国自主品牌完全要通过低廉的价格抢占各个市场。中国汽车工业协会数据显示，中国出口汽车平均单价一直在 1.5 万美元左右，明显低于其他汽车大国。另一方面，由于中国自主品牌厂商起步较晚，缺乏支持汽车出口业务的人力资源储备和管理经验，导致绝大多数企业的市场拓展战略全面以销售为导向，没有同步建立起健全的管理和售后服务体系，导致售后服务严重缺失。用户不满意不仅会导致单一企业的品牌受影响，更会影响所有中国制造汽车的信誉。这也是导致我国汽车出口在 2012 年突破 100 万辆后连续数年销量下滑的主要原因。

我们观察到，从 2017 年开始，自主品牌的头部企业开始重视海外市场，重新加大了对于品牌、售后、质量的资源倾斜。

2017 年 11 月，奇瑞汽车启动新的海外发展战略"WWW+计划"。该公司表示，在 2020 年前，奇瑞将"走进去"，积极布局新兴市场，实施主动的规划和管理，促进营销能力提升，推动品牌建设；2020 年以后，奇瑞将"走上去"，完成全球布局，全面实施品牌战略，成为具备全球竞争力的国际一流品牌。

2018 年，上汽乘用车将公司对汽车行业发展变化趋势的理解即"新四化"从原先的"电动化""智能化""网联化"和"共享化"，调整为"电动化""智能网联化""共享化"和"国际化"。时任上汽集团副总裁、上汽乘用车总经理王晓秋则明确表示，"2018 年是上汽乘用车的出口元年。"

同年 3 月，吉利汽车表示，其海外策略已开始出现根本性变化。吉利控股总裁兼吉利汽车执行董事安聪慧公开表示，从 2018 年起该公司在海外市场的发展模式将从以贸易出口形式为主转变为以产品、技术输出为主，通过本地化生产的模式进入市场。

根据不完全统计，截至 2018 年底，江淮、长城、吉利等 36 家自主品牌企业已经在伊朗、俄罗斯等 40 个国家建立了 145 个海外工厂，主要以技术合作形式进行散件出口并在当地组装。

第三节　中国汽车企业海外发展概况

与之前相比，从 2017 年起，国内自主品牌头部企业的海外市场策略已经从"广种薄收"转向选择重点市场长期经营，并更加注重品牌价值的打造。

一、上汽集团

上汽集团的国际化战略肇始于 2008 年，当时该公司将上汽乘用车公司荣威市场部海外业务科升级为海外业务部，可惜后续发展进展不算理想。

2014 年，上汽集团提出上汽的整体战略目标是要建设成为全球布局、跨国经营，具有国际竞争力和品牌影响力的世界著名汽车公司。此后一年，杨晓东出任上汽国际业务部总经理，该公司还是系统地进行海外布局和扩张。

公开信息显示，上汽集团分别在英国、美国和以色列建有创新研发基地，并在泰国、英国、印度和印度尼西亚设立了 4 个生产研发基地。经过数年努力，上汽集团在欧洲、北美、澳新、南美、中东等地建设了 11 个区域营销服务中心，以及 500 个海外营销服务网点。

截至 2018 年底，上汽集团在泰国、英国、印度尼西亚、智利、澳新和中东 6 个区域市场实现年销量过万辆。该公司还计划在东盟等地区打造"10 万量级"市场。

二、长安汽车

与上汽集团相比，长安汽车的海外策略则是布局"一带一路"沿线国家，紧随国家政策，扎实推进海外业务。

2018 年 5 月，长安汽车海外首家自营店在俄罗斯莫斯科开业。6 月底，该公司与玛斯特集团（Master Motors）在巴基斯坦卡拉奇联合签署合资合作框架协议，以合资合作的方式进入巴基斯坦市场；10 月，阿尔巴赫·长安展厅在约旦扎尔卡免税区开幕，成为长安出口伊拉克等中东国家的区域性枢纽。

三、吉利汽车

吉利汽车在战略入股马来西亚宝腾汽车后，将进军东南亚市场作为自己下一步的重点工作之一。2018 年 12 月，马来西亚宝腾汽车首款 SUV X70 在吉隆坡正式上市。这款车是吉利博越在当地本地化生产的版本。

在全面进入东南亚市场之前，吉利汽车还发布欧洲战略，宣布将领克导入欧洲市场。按计划，领克首款面向欧洲市场的车型"领克01"插电式混合动力轿车将在比利时根特工厂投产，并将于 2020 年上半年正式投放欧洲市场。领克在欧洲市场将采用线上销售为主，同时开设线下门店的运营方式。第一家欧洲线下门店将于 2019 年在阿姆斯特丹开业。按照规划，领克还将在巴塞罗那、柏林、布鲁塞尔、伦敦等地开设更多线下实体店，并逐步向欧洲其他主要城市进行推广。

四、长城汽车

长城汽车最早的整车出口发生在 1998 年，目前该公司在海外的产品主要集中在 SUV 和皮卡车型上。

长城汽车在海外有 1 家生产制造工厂和 5 家海外 KD 组装厂。其中，长城汽车俄罗斯图拉工厂是中国品牌首个海外四大全工艺独资制造工厂，投资 5 亿美元，年产能 15 万辆，能够生产哈弗 F7 等全球车型。

公开信息显示，长城汽车旗下哈弗品牌的出口区域主要涵盖了澳洲、南美洲、东南亚、中东、非洲等多个国家及地区，重点出口市场包括俄罗斯、澳大利亚、南非、厄瓜多尔、智利、秘鲁、马来西亚、沙特阿拉伯等。截至 2018 年，该公司在全球 60 多个国家建立了营销网络，海外经销商、分销商已达 500 余家，累计实现海外销售 60 多万辆。

此外，长城汽车已经在韩国、日本、美国、奥地利以及印度组建了海外研发团队。未来五年，还将继续投入 300 亿元用来支撑起全球化的研发体系。

第四节　"一带一路"带来的机遇

"一带一路"是"丝绸之路经济带"和"21 世纪海上丝绸之路"的简称。

习近平主席分别于 2013 年 9 月和 10 月提出建设"新丝绸之路经济带"和"21世纪海上丝绸之路"的合作倡议。

依靠中国与有关国家既有的双多边机制，借助既有的、行之有效的区域合作平台，"一带一路"旨在借用古代丝绸之路的历史符号，高举和平发展的旗帜，积极发展与沿线国家的经济合作伙伴关系，共同打造政治互信、经济融合、文化包容的利益共同体、命运共同体和责任共同体。

"一带一路"沿线各国，主要包括的国家有中亚的哈萨克斯坦、塔吉克斯坦、乌兹别克斯坦、土库曼斯坦、吉尔吉斯斯坦，南亚的印度、巴基斯坦、孟加拉国、斯里兰卡、马尔代夫，以及中西欧的德国、法国、荷兰、比利时等。

2015 年 3 月 28 日，国家发展改革委、外交部、商务部联合发布了《推动共建丝绸之路经济带和 21 世纪海上丝绸之路的愿景与行动》，标志着这一国家战略正式起航。

"一带一路"将给我国汽车产业带来新的战略机遇。工信部原总工程师朱宏任曾提出，它会带给汽车产业三个机遇：一是产品有了更广阔的市场；二是产能进一步得到释放；三是推动产业的升级改造。

从短期看，由于基础设施互通互联是"一带一路"建设的优先领域，因此大量启动的海外基建，会带动卡车等商用车的出口需求增加；而汽车作为非消费必需品，进入外国市场的难度相比作为生产资料的商用车要高不少。

同时，考虑到我国汽车企业的技术储备、人力资源储备、品牌等都与跨国公司有一定差距，在短期内自主品牌汽车企业大规模出口海外市场的可行性较小。但位于亚洲境内的"一带一路"沿线国家，其人均收入和千人汽车保有量较低，对高性价比汽车的需求是客观存在的。为此，对于中国汽车企业来说，如何精准打造辐射周边多个国家的区域级营销中心，成为借助"一带一路"实施海外市场扩张的关键。初期可以通过中欧班列向"一带一路"沿线国家出口整车，但在商贸模式下中国制造汽车对这些国家经济的吸引力相对较小，企业应在"走出去"之时就设计好整体的发展战略与规划。

对于中国汽车产业而言，有一个可能影响中国汽车品牌的因素需要通盘考虑，即二手车出口可能带来的风险。2019 年 4 月，国家商务部、公安部、海关总署联合下发《关于支持在条件成熟地区开展二手车出口业务的通知》，明确了首批开展二手车出口业务的地区，包括北京、天津、上海、台州、济宁、西安等。截至 8 月底，已有 25 例以上的二手车出口业务，参与企业包括汽车交易市场、二手车经销企业、大型经销商集团、二手车新零售企业和主机厂品牌二手车。

  有数据显示,许多二手车出口商将"一带一路"沿线各国视为主要出口地区。以商贸形式出口的二手车,如果重现之前自主品牌汽车出口时难以提供售后服务、配件等问题,可能会对中国制造汽车带来负面评价。

第五部分

企业案例篇

第一章 奥迪 SUV 发展及在华产品布局

作为豪华汽车品牌在中国市场的开创者，30 余年间，一汽—大众奥迪从年销不足万辆到 2010 年累计销量突破 100 万辆，再到 2018 年在华累计销量超过 500 万辆，一汽—大众奥迪始终不变地以不断突破的决心和不可动摇的进取精神进行创新和颠覆。

当然，这种创新和颠覆也体现在近十年来一汽—大众奥迪洞察到中国 SUV 市场的机遇，并依靠强有力的产品打开市场。

SUV 全称为 Sports Utility Vehicle，即"运动型多功能车"，它既保留了轿车的舒适性，又有越野车的越野性，同时还拥有广泛的使用范围。实际上，在豪华品牌中，奥迪在全球生产 SUV 车型应该算是后来者，但是在中国市场，奥迪作为最具认知度的豪华轿车品牌，抓住了市场机遇，快速导入 SUV 产品并进行本土化改造，并如同轿车一样，建立起兼顾性能与科技的 SVU 产品特质，不断为奥迪品牌在华的销量添砖加瓦。至今，奥迪在华已经拥有 7 款 SUV 车型，其中 5 款为传统燃油车，分别是奥迪 Q7、奥迪 Q5、奥迪 Q3、奥迪 Q2L、奥迪 Q8。除此之外，2019 年奥迪在华上市了两款纯电动 SUV 车型，奥迪 e-tron 和全新奥迪 Q2L e-tron。

除了奥迪 e-tron 系列纯电动 SUV 车型，奥迪其他 SUV 均以 Q 系列命名，其中 Q 系列"奇数"车型为较纯正的 SUV，而从 Q2L 以及 Q8 的概念车来看，"偶数"系车型明显更偏重于运动跨界的格调。下面，我们一起看看奥迪 Q 家族的演进史。

提到奥迪的 Q 家族，自然要从概念车 PikesPeak quattro（派克峰）谈起，可以说它才是奥迪 Q 家族的开山鼻祖，同样也是之后惊艳世人的奥迪 Q7 的设计灵感来源。奥迪概念车派克峰于 2003 年的北美车展亮相，取名自落基山脉的前岭山峰，并且加入了奥迪引以为傲的 quattro 四驱系统。此后，奥迪的 SUV 车型则定为字母"Q"开头，寓意自然是奥迪的 quattro 四驱系统，从而彰显它们的全能本性。

在 PikesPeak quattro 亮相后的第二年，也就是 2005 年，奥迪在第 61 届法兰克福车展中推出了首款 SUV 车型 Q7（底盘代号 4L）。它的到来，可以说重新定义了顶级豪华 SUV。第 1 代 Q7 运用了自适应空气悬挂、定速巡航、变道侧向辅助调节等多项奥迪的最新科技，并以 5086mm 的车长和 3002mm 的轴距，成为当时最大的 SUV 车型之一。

2006 年，奥迪 Q7 于我国青岛上市，以纯进口的方式销售，售价区间为 79.8 万~127.8 万元。由此可见奥迪对于我国汽车市场的重视程度。值得一提的是，2008 年奥迪还曾推出一款 6.0L 的柴油版 Q7。这台 V12 柴油发动机的最大功率为 368kW（500Ps）/3750rpm，最大扭矩则达到了 1000N·m/1750~3250rpm，百公里加速时间为 5.5s。

自 2005 年奥迪发布第一代奥迪 Q7 车型之后，奥迪 Q7 完成 4 代焕新。值第一代 Q7 诞生 10 周年之际，2015 年全新奥迪 Q7 在北美车展全球首发，完美定义了第四代 SUV，凭借前瞻的设计理念和科技内涵，颠覆了业界对 SUV 车型的传统认知，延续着奥迪 Q 家族的成功。

与大多数的品牌思路相同，奥迪在推出 Q7 之后，树立了绝对的形象。所以接下来，则该是完善产品序列，或者说覆盖更多的细分领域。因此，奥迪 Q 系列车型相继诞生。奥迪 Q7 自然令人着迷，但不菲的售价也让大部分人望而却步，而此刻奥迪则给了世人另一个选择——Q5。

2007 年的洛杉矶车展中，奥迪推出了一款 Cross Cabriolet quattro 概念车，它搭载了一台 3.0L 涡轮增压柴油发动机及 8 速自动变速箱，这便是奥迪 Q5 的雏形。2008 年北京车展中，奥迪 Q5 首发亮相。这台车一经问世，便备受国人追捧。在奥迪精明的营销策略以及品牌影响下，Q5 在国内的销量节节攀升。

2012 年，奥迪 Q5 迎来较大变动的改款，这一点与 Q7 相仿，主要是在外观、内饰设计上的变更，以及对动力系统的重新调校。另外，奥迪 Q5 也首次出现了混合动力版本。同样是经历了 10 年的不断改款和调整，奥迪 Q5 终于在 2017 年完成换代。全新一代奥迪 Q5 在 2018 年登陆我国市场。

相比家族里的两位前辈，奥迪 Q3 显然年轻很多，但由于车型定位以及主力消费者转变等原因，这款车型的受欢迎程度甚至超过了当年的奥迪 Q5。其实早在 2007 年，奥迪 Q3 的概念车 Audi Cross Coupé quattro 就已经在上海车展亮相。而最终的量产版直到 4 年后才迟迟推出，可算是吊足了胃口。

2011 年，同样是在上海车展，奥迪 Q3 终于亮相。作为奥迪首款紧凑型 SUV，奥迪 Q3 与 A3、大众高尔夫（MK5）一同诞生于 PQ35（Volkswagen Group A5）平台。奥迪 Q3 上市伊始，仅推出 2.0L 排量（汽油及柴油两款发动机）版本，且均搭配 7 速双离合变速箱，不同配置间的功率调校有所不同。

直到 2013 年，1.4T+6 速 AT 版奥迪 Q3 的出现，才让该车下探到了价格更低的级别，进一步扩张市场覆盖面。在 2016 年的北京车展中，奥迪 Q3 迎来改款，主要变动依然是采用全新的家族式设计语言，中网两侧的镀铬装饰是最为显著的标志。在 2019 年的上海车展中，全新奥迪 Q3 以全新的面貌完成全球首秀并隆重上市。

2018 年 10 月，奥迪 Q2L 正式上市，它继承了奥迪优秀的豪华品牌基因，依托一汽—大众奥迪强大的体系能力，Q2L 不仅拥有全球最高的先进生产技术和品质标准，更配备了超越同级的高端配置，是最具豪华感与价值感的高档 A 级 SUV。

2017 年的北美车展中，奥迪正式发布了 Q8 概念车，奥迪 Q8，应用了奥迪最新的设计语言以及智能科技，如运动轿跑式 SUV 的车身轮廓和线条、全新的 LED 灯组、玻璃化座舱以及全新的车载交互系统等。2019 年 10 月，作为奥迪 Q 家族最新的旗舰车型，奥迪 Q8 正式在华上市，它不仅与奥迪 A8、奥迪 R8 一道，完成了"传奇 8"旗舰产品矩阵的布局，更将开创一汽—大众奥迪在"新豪华时代"的全新战略格局。

2019 年 11 月，以"赋电新生"为主题的奥迪品牌电气化战略发布会在中国深圳蛇口价值工厂举行，奥迪品牌首款纯电动 SUV 奥迪 e-tron 耀世登场。电动化时代到来，奥迪致力于成为头号高端移动出行服务商，并通过先进技术和卓越的产品将电动出行提升到新的水平。而奥迪 e-tron 正是奥迪努力的结晶，它不仅是奥迪品牌技术旗舰，也是行业首款 C 级豪华纯电动 SUV。

至此，作为"最懂中国"的豪华汽车品牌，奥迪已扎根中国市场 30 多年，累计销量突破 500 万辆。未来，奥迪将继续扩大与一汽的合作，并持续提供更加贴近中国消费者需求的产品。

一方面，奥迪将持续扩充 Q 家族产品序列，覆盖更加细分的人群和市场，目前规划将陆续推出以奥迪 Q3 Sportback 为代表的 Sportback SUV 车型以及以奥迪 Q4 e-tron 为代表的全新 Q 家族车型。

另一方面，奥迪将发力电动化 SUV 产品序列，继奥迪品牌首款电动车型奥迪 e-tron 发布后，2019 年的洛杉矶车展还全球首发 e-tron Sportback 车型，SUV 将成为奥迪品牌发力电动化的关键产品序列。

尊重中国市场，了解中国消费者的用车需求，是奥迪在华成功的关键。面对如今中国汽车市场电动化、智能化转型的趋势，奥迪迅速采取应对措施，并制定出未来全面、清晰的路径规划。

其中，奥迪 e-tron 和奥迪 Q2L e-tron 的上市，为奥迪品牌吹响了电气化号角。一汽—大众奥迪还发布了全新"步进未来"（S. T. E. P.）电气化战略，涵盖体系支撑（System）、技术储备（Technology）、用户体验（Experience）、产品布局（Product）四大领域，以"赋电新生"之势打造电气化时代移动出行新体验，助力奥迪品牌持续发展。

在体系支撑方面，奥迪品牌将依托一汽—大众的有力支撑，推动实现覆盖研发、制造、质保、营销、组织五大领域的"全价值链电气化"建设，不断为中国消费者带来最值得信赖的高端电气化产品。

在技术储备方面，奥迪品牌将在深耕 MLB evo、MEB、PPE、J1 四大平台，以及三电技术、驾控技术、互联技术三大技术领域的基础上，推动最符合中国市场需求的电气化科技实现快速量产，切实解决用户在电气化时代的出行痛点。

在用户体验方面，一汽—大众奥迪全面升级"奥迪随 e 享"服务战略，提供贯穿"奥迪随 e 购、奥迪随 e 充、奥迪随 e 行、奥迪随 e 保"四个关键环节的 22 项服务举措，包括最高 3 年 55% 回购、涵盖五大场景 360 度充电服务、终身 7× 24 小时全天候安全状态保障等，给用户带来电气化时代的全新体验。

另外，一汽—大众奥迪将依托 Formula E 赛车文化平台、"陨石"概念路演活动、e-tron Campaign 生活方式体验平台等系列式的品牌活动，让更多用户亲身体验到奥迪 e-tron 的独特魅力。

在产品布局方面，一汽—大众奥迪将在布局轻混、插电式混合动力、纯电动三大产品序列的基础上，持续扩充奥迪电气化产品矩阵，全面匹配用户的多元化需求。根据了解，前不久上市的奥迪 Q2L e-tron、奥迪 e-tron 将于 2020 年实现国产，后续将会有更多国产电动车型投放到市场。

一、奥迪 Q7

在 PikesPeak quattro 亮相两年后的 2005 年，奥迪第一次在法兰克福车展展出了首款 SUV——奥迪 Q7，它的到来，可以说重新定义了顶级豪华 SUV。第一代 Q7 搭载了自适应空气悬挂、定速循环、侧向车道辅助等当时最新的科技装备，并以 5086mm 的车长和超过 3m 的轴距，成为当时最大的 SUV 之一。顶配车型甚至搭载了 4.2L V8 发动机，百公里加速仅为 7.4 秒。2006 年，奥迪 Q7 正式在国内上市，从而开创了奥迪 Q 家族的辉煌历史。

2015 年 12 月，全新换代后的奥迪 Q7 在三亚上市，基于大众 MQB Evo 平台打造的全新奥迪 Q7，不仅在设计语言上进行了大胆创新，更首次推出了插电式混合动力版车型。

二、奥迪 Q5（奥迪 Q5L）

在 2007 年洛杉矶车展中，奥迪推出了一款 Cross Cabriolet quattro 概念车，这便是奥迪 Q5 的雏形。一年之后的北京车展，奥迪在全球首发了 Q5 车型，并于 2009 年在中国正式上市，上市后的奥迪 Q5 堪称一代神车，10 年间累计销量超过 80 万辆，而全新换代后的奥迪 Q5L，更实现了奥迪在 SUV 序列的首次加长，成为细分市场当之无愧的产品标杆。

全新奥迪 Q5L 对于一汽—大众奥迪而言是一款极具特殊意义的车型，它是一汽—大众奥迪进入新时代元年的首款国产战略车型，是一汽与奥迪合资合作的又一个里程碑，更是一汽—大众强大体系能力的最佳例证。

作为首款全面越级的长轴距高档中型 SUV，全新奥迪 Q5L 不仅以同级最长的车身长度和轴距带来更加延展、更具力量感的全新造型设计，为用户提供前所未有的空间体验，更以舒适配置、动力操控、数字体验等全方位领先之势，再次刷新高档中型 SUV 市场标准。

三、奥迪 Q3

早在 2007 年，奥迪 Q3 的概念车 Audi Cross Coupé quattro 就已经在上海车展亮相，打磨四年后，奥迪 Q3 量产车正式推出，并于长春一汽—大众基地进行国产。作为奥迪首款紧凑型 SUV，奥迪 Q3 填补了国内紧凑级豪华 SUV 市场的空白，国产车型生命周期销量超过 50 万辆，颇受年轻用户和女性群体的欢迎。2019 年，奥迪 Q3 迎来全新换代，并于一汽—大众天津工厂投产。

此次换代的全新奥迪 Q3 是德国奥迪首次基于中国市场消费者诉求，全球同步开发的高档 A 级 SUV 车型。根据中国用户需求，轴距加长 77mm，达 2680mm；同时，造型更动感优雅，更符合中国消费者审美取向，势必再次引领红海市场。

四、奥迪 Q2L

作为奥迪 Q 家族中首款偶数系车型，奥迪 Q2 独特的外形设计语言，不仅收获了德国红点至尊奖的最高殊荣，也赢得了广大年轻人的喜爱，自 2016 年在欧洲上市以来，表现十分优秀。

全新奥迪 Q2L 是一汽—大众奥迪于 2018 年推出的奥迪品牌年轻化战略车型，也是奥迪 Q 家族第二款轴距加长的 SUV 车型。奥迪 Q2L 定位于入门级高档 A 级 SUV，开辟奥迪 Q 家族全新的产品序列，为奥迪品牌注入年轻活力。与此同时，全新奥迪 Q2L 在设计、驾驶体验以及互联、信息娱乐系统等方面拥有独特优势，开启了豪华 A 级 SUV 市场的另一片蓝海。

五、奥迪 Q8

作为奥迪品牌最新旗舰级 SUV 车型，全新奥迪 Q8 将"独具品位的全新设计""运动野性的驾控乐趣""豪华舒适的乘坐享受""前瞻智能的创新科技"集于一身。凭借新颖、前瞻的产品理念和全能的产品体验，树立了豪华 SUV 全新标准。奥迪 Q8 拥有与兰博基尼 Urus、宾利添越同根同源（MLB evo 平台）的贵族基因，从内而外的运动设计风格与精湛的做工品质都如出一辙。

奥迪 Q8 沿袭了奥迪一脉相承的设计理念，并广泛搭载了旗舰级别的创新科技，在传承品牌 DNA 的同时，又独具产品特色，与奥迪 A8、R8 共同形成了奥迪旗舰产品矩阵。全新奥迪 Q8 是奥迪"突破科技 启迪未来"品牌价值的又一次最佳诠释，代表着奥迪品牌对未来用户出行趋势的全新思考。

六、奥迪 e-tron

作为一款纯电动 SUV，奥迪 e-tron 在家族化外观设计元素基础上，采用八边形单幅进气格栅，搭配矩阵式 LED 前大灯、贯穿式 LED 动态尾灯，整体造型设计不拘一格，在科技与尊贵间达到完美平衡。

得益于行业领先的新能源技术，奥迪 e-tron 采用 NCM 软包集成电芯，NCA 圆柱 18650 电芯，散热及组装形式更稳定可靠。其底盘结构稳固，对电池的保护更是固若金汤，不但能涉水、防撞击，而且在发生碰撞时会自动切断高压电，最大程度保证电池安全。

此外，奥迪 e-tron 提供交流直流充电全支持：交流环境下，充电一晚可充80% 的电池电量；在直流环境下更可达到 40 分钟充至 80%，大幅超越竞品充电效率。95kWh 大容量电池的配备，则保证了奥迪 e-tron 的续航水平达到行业领先的 NEDC 470km。

最令人惊艳的是，奥迪 e-tron 装备了全新的 quattro 电动四驱系统，动态分配扭矩，充分利用地面附着条件，保证最佳动力输出效果。渐进式转向能够满足不同场景的驾车需求，被称为新能源车中最好开的车型。

此外，奥迪 e-tron 也为用户带来了奥迪一如既往的智能化科技体验，包括前方预警安全防护系统、3D 全景影像、低速蜂鸣器等在内的黑科技都为消费者带来更安全、更便捷、更舒适的驾车体验。

第二章 长安 SUV 发展史

长安汽车作为中国汽车四大集团阵营企业，拥有 158 年历史底蕴、36 年造车积累，全球有 16 个生产基地、35 个整车及发动机工厂。2014 年，长安系中国品牌汽车产销累计突破 1000 万辆。2016 年，长安汽车年销量突破 300 万辆。截至目前，长安系中国品牌用户突破 1800 万，领跑中国品牌汽车。

随着时代发展，长安汽车产品线愈加丰满。2012 年 CS35 的诞生拉开了长安汽车 SUV 的序章，一步步将 CS 家族带入大众的视野；2014 年 CS75 上市，用完美的口碑和品质，迅速锁定紧凑型 SUV 第一阵营，成为长安汽车销量的主力军；2016 年，长安汽车旗舰车 CS95 搭载蓝鲸 2.0T 直喷发动机耀世登场，并在包括奔驰、宝马在内的 165 款车型评选中脱颖而出，获得国内第一、全球第 11 的亮眼成绩；2018 年，55 辆长安 CS55 浩浩荡荡编队行驶，将"最大规模自动驾驶车巡游"的吉尼斯纪录收入囊中，同年亮相的 CS85Coupe，将"生命动感"设计语言与 SUV 体态合二为一，成为自主溜背的先行者。至此，长安 CS 家族谱系逐步完善，至今累计销量已超过 260 万辆。这一数字的背后是用户的信任和支持，也是长安汽车技术和产品力的彰显。

2018~2019 年，长安汽车 CS 系列产品不断推陈换新，迭代升级。CS35PLUS、CS55PLUS、CS75PLUS 等一系列 PLUS 级产品的推出，不仅为长安汽车产品线赋予更旺盛的生命力，也为用户提供了更多的个性化选择，同时也是长安汽车打造高端品牌的实力鉴证。长安汽车 SUV 产品在多年摸索中已经日趋成熟，但长安汽车并未就此止步，而是在原本就已经非常成熟的产品中持续投入，紧跟时代潮流，把握年轻用户对用车需求的变化，不断提升产品价值，不断完善产品功能，不断扩充产品品类，满足用户多元化需求。不仅在产品层面，长安汽车的发展之路也是如此。一直以来，长安汽车以"引领汽车文明 造福人类生活"为使命，努力为客户提供高品质的产品和服务，为员工创造良好的环境和发展空间，为社会承担更多责任。长安汽车不仅仅将"PLUS"赋予车型，更是赋予到整个企业，一丝不苟，精益求精，在追求完美的路上永不止步。

一、2012 年，CS35 拉开长安汽车谱系元年序幕

长安 CS35 是长安汽车自主研发的第一款 SUV，于 2012 年 10 月 30 日正式驶上舞台，三款车型售价 7.89 万~9.29 万元，其流畅的线条和时尚的造型设计并不亚于合资品牌车型，可见长安汽车近年来在汽车研发、设计上的进步。同时，该车搭载与逸动相同的 1.6 升发动机，领先的动力技术和日本爱信 Ss—Ⅱ 全新一代手自一体变速器，令 CS35 具有良好的操控性；全套美国天合 TRW 刹车系统兼容 ABS、EBD，采用四轮碟刹也令 CS35 具有卓越的安全性能，超越同级车的丰富实用配置令 CS35 驾乘更加舒适、便利。2013~2016 年，CS35 每年推出一款改款车型，先后在外观、内饰、智能系统、动力系统等方面不断优化调整，保持市场竞争力。

2017 年 3 月 16 日，长安新 CS35 正式上市，新车在外观、配置上有所调整，并提供 1.6L 和 1.5T 两款动力可选，共推出 8 款车型，售价 7.99 万~10.39 万元。2018 年 10 月 31 日，CS35 PLUS 正式上市，官方指导价为 6.99 万~10.49 万元，此次共推出 8 款车型，新车采用了更具魅力的"型潮"设计，配置、动力全方位提升。2019 年，搭载长安汽车蓝鲸系列 1.4T 发动机的 CS35PLUS 蓝鲸版正式上市，这款由长安汽车英国研发中心研制的蓝鲸系列 1.4T 发动机，马力达到 158 匹，最大扭矩 260N·m。

二、2014 年，CS75 用品质和口碑赢得信赖

2013 年第十一届广州车展于 11 月 21 日正式开幕，定位为紧凑型 SUV 的长安 CS75 在国内首度亮相，2014 年在北京车展时期正式上市，六款车型售价为 10.88 万~14.38 万元。CS75 搭载 Blue core 系列发动机，两款发动机供选择：2.0L 自然吸气发动机最大功率输出 158 马力，1.8L 涡轮增压发动机最大功率输出 177 马力，峰值扭矩为 230N·m。传动方面，与之匹配的是 6 速手动变速箱和爱信新一代 6 速手自一体变速箱。同年 12 月，在中国汽车技术研究中心发布的 2014 年度 C-NCAP 第四批碰撞车型评价结果中，长安 CS75 以 59 分高分问鼎 C-NCAP，刷新 C-NCAP 参评车型得分纪录。CS75 也成为长安汽车继逸动、睿骋、致尚 XT 之后又一五星安全车型，长安"五星安全家族"阵营已形成"规模化优势"。长安 CS75 拥有符合业界顶级安全标准的高强度车身，可在发生剧烈碰撞时有效抵御外冲击力，为车内驾乘人员赢得更大的生存空间。同时，长安 CS75 的

车身结构设计应用也充分考虑结构力学原理，大幅地增强了车体的抗撞击能力。

2015 年 9 月 4 日，CS75 四驱版车型于成都车展期间正式上市。新车共推出四款车型，外观和内饰设计与两驱车型保持高度一致，增加了车尾的 "4WD" 标识。动力方面，新车依然搭载 1.8T 涡轮增压发动机，最大功率为 130kW，峰值扭矩为 230N·m，匹配 6 速手自一体变速器。同年 12 月，在 -30℃ 的内蒙古牙克石，四驱版车型赢得中国量产车大赛 （CPC） 五项雪上特色项目组别冠军，实现了在高海拔、高寒和冰雪路面上的全部极限挑战。

2016 年 3 月 22 日，2016 款长安 CS75 正式上市，新车延续现款车型的动力配置，在外观和各款车型配置丰富程度上进行升级，中低配车型配置丰富程度得到明显提升。同年 10 月，CS75 1.5T 车型上市，新车使用了 1.5L 涡轮增压发动机，推出三款车型，售价区间为 10.58 万~12.38 万元，先期上市车型均为手动挡车型，同年年底 1.5T 自动挡上市。全新搭载的这台 1.5L 涡轮增压发动机最大输出功率为 170 马力 （搭载 2.0L 和 1.8T 发动机的 CS75 的最大功率分别为 158 马力和 177 马力），超过了现款 CS75 2.0L 车型的 158 马力，而这款 1.5T 发动机的峰值扭矩则达到 230N·m。

2017 年 2 月 22 日，CS75 尚酷版车型正式上市，新车推出搭载 1.5T 发动机和 1.8T 发动机的共 9 款车型，其售价区间为 9.38 万~16.28 万元。内饰是此次升级的重点，新车车门内饰板、仪表板等均选用软性材质包裹，并采用红色缝线勾勒，车内质感和触感有一定提升。科技配置方面，新车中控台显示屏尺寸升级为 8 英寸，并且具有全新车载语音识别功能、在线地图功能等。除此之外，CS75 尚酷版在安全配置方面进行了升级，自动泊车辅助系统、陡坡缓降、360 度全景影像、胎压监测、定速巡航等功能都出现在该车上。此外，新车部分车型还配备了全景天窗、带有 PM2.5 过滤功能的空气净化系统。

2018 年 4 月 25 日，外观内饰皆全新设计的新 CS75 正式上市，官方售价 9.98 万~15.98 万元。新车在配置上同样进行了升级，搭载包括 APA4.0 自动驾驶技术在内的多项智能配置。全系搭载全新 1.5T 发动机，最大功率 131kW，最大扭矩 265N·m。其中，自动挡车型匹配第三代爱信 6AT 变速箱，并搭载 STT 智能启停系统，百公里综合油耗为 6.5L。在中国首批智能汽车指数测评结果中，长安新 CS75 力压上海大众途观、长城 VV5，拔得头筹 （测试范围主要涉及当前应用较为广泛的 ADAS 先进驾驶辅助系统）。

2019 年 4 月 30 日，长安 CS75 百万版正式上市，共推出 280T 6MT 百万版和 280T 7DCT 百万版两款车型，官方指导价分别为 9.58 万元和 10.78 万元。新车传承长安 CS75 家族拥有较大空间的产品优势，同时还对外观、内饰、动力、配置四大方面进行了升级。

2019年9月5日，长安CS75PLUS正式上市。在长安汽车品牌代言人陈坤现场见证下，新车共推出六款车型，官方售价为10.69万~15.49万元。作为长安汽车"第三次创业——创新创业计划"战略下又一款重磅车型，在主流价值区间具备明日智能、明日动力、明日安全三重明日价值，CS75PLUS是一款"满足用户未来需求""力争十年不过时"的明日座驾，为具有未来视野、新思维的年轻消费人群带来了极具未来价值的全新选择。CS75PLUS的研发历时四年，会聚了中国、意大利、英国、美国、日本的近2000名专家、工程师共同研发打造。CS75PLUS的智能工厂设备综合自动化率高达90%，数据自动传输率达到100%。此外，博世、爱信AW、博格华纳等国际一线供应商的支持最大化地保障了零部件的质量和技术的先进。可以说，CS75PLUS代表着中国汽车工业发展的最高水准，也引领着中国汽车品牌向上突破的脚步。

CS75PLUS搭载了行业首发的遥控代客泊车系统APA5.0、同级少有的手机蓝牙钥匙、TINNOVE OS汽车智能系统。新车拥有1.5T、2.0T两种动力版本，其中，2.0TGDI+爱信8AT动力系统，最大功率171kW，最大扭矩360N·m，动力性能比肩3.5L自然吸气发动机。与之匹配的爱信当前最为先进的8AT变速器，具有响应急速（换挡响应时间小于0.8秒）、多挡位切换平顺舒适等优势。另外一套1.5TGDI+爱信6AT动力系统，其发动机领先的外置式水冷中冷技术实现了更低的进气温度，能够降低发动机的爆震概率，最新的350bar高压直喷技术可以让燃油雾化更加充分，提高燃烧效率，进一步降低油耗及污染物排放。最大功率可达131kW，扭矩达265N·m，百公里油耗仅为6.7L，其搭载的进口爱信新款6AT变速器，燃油经济性提升8.6%以上，让动力性与经济性完美融合。CS75PLUS经过千次仿真、百次实车碰撞。高达38.3%的热成型钢、超高强度钢占比，保证整车结构稳定性及乘员舱空间完整性。CS75PLUS还配备了六安全气囊，打造全方位的碰撞保护矩阵，侧气帘能100%覆盖车窗，最大限度保证后排乘客的安全。搭载IACC集成式自适应巡航系统，集合了单车道自动辅助驾驶、交通拥堵辅助、自动过弯减速、智能限速辅助、车道保持等多项功能，解放双手双脚，缓解驾驶疲劳。

CS75PLUS并不只是一款新车，它承载着长安汽车的品牌价值观，引领中国品牌实现品牌向上的使命。对于广大消费者来说，它意味着触手可及的未来用车享受。

自2014年上市以来，长安CS75就一直是市场的宠儿，销售累计超百万辆，并创下中国品牌车型的神话。正是凭借如此优秀的表现，长安CS75一直扮演着长安汽车销量担当的角色，甚至可以说是长安汽车的王牌。

三、2016 年，CS15 占领新生代年轻族群

长安 CS15 是长安汽车生产的一款小型 SUV，在 2015 年广州车展上亮相，于 2016 年 4 月 6 日上市。该车包括四款新车型，分别为 1.5MT 舒适版（5.79 万元）、1.5MT 时尚版（6.39 万元）、1.5MT 豪华版（6.89 万元）和 1.5MT 尊贵版（7.39 万元）。2019 年 3 月 22 日，全新 CS15 上市。共推出 7 款配置车型，售价区间为 5.59 万~7.89 万元。得益于长安汽车精益求精的研发理念和高规格的造车标准，全面升级的全新 CS15 将以极富动感与潮流的设计、领先同级的内饰工艺、出众的操控性能及安全品质，陪伴新生代年轻族群共同领略多彩生活的魅力与不凡。

全新 CS15 在造型、工艺、驾乘、安全、智能化上全面升级，整体提升了产品竞争力，并且着重体现颜质、格调、操控、智慧、守护五大亮点。相比上一代车型，全新 CS15 在外观设计上的变化可谓让人耳目一新：全新的蝶翼式家族前脸，声势夺人，一见倾心；车身线条激进动感，配合撞色晶体贯穿式尾背，融合锐气与萌意；同时还配备 17 寸镰刃式轮毂，让拉风就在此刻。颜值方面的拔升令全新 CS15 更加符合年轻人对美感的理解，也刷新了国产车型外观平庸老气的传统。

四、2016 年，CS95 占领车坛舞台 C 位

2016 年 11 月广州车展，长安汽车携旗下首款大型 SUV CS95 正式亮相，搭载长安汽车 100% 自主研发的中国最强蓝鲸 2.0TGDI 发动机，成为当时车展舞台上最耀眼的明星。

依托于长安汽车全球研发体系，集都灵设计中心最时尚的设计语言、英国伯明翰动力研发中心和美国底特律底盘研发中心的顶尖全球智慧，协同博世、博格华纳、爱信等全球顶级的供应商伙伴，长安汽车倾力打造了 CS95 这款"高性能智享 7 座 SUV"。

新车车身尺寸为长 4949mm、宽 1930mm、高 1785mm，轴距为 2810mm，长、宽、高尺寸均大于这一级别的 SUV 标杆汉兰达，定位为中大型 SUV，采用全新家族式造型设计，配备 2.0T 涡轮增压发动机，匹配 6 速手自一体变速器，预计售价在 15 万~20 万元。CS95 提供 5 座和 7 座车型可选，其中 7 座车型采用 2+3+

2 的座位布局。由于搭载了世界顶级的蓝鲸 2.0TGDI 直喷增压发动机，可实现最大 233 马力（171kW），在 1750~3500rpm 持续爆发 360N·m 的最大扭矩，尤其是在 1500rpm 即可爆发最大扭矩的 85% 达到 300N·m，急加速工况发动机在 2000rpm 左右可启发发动机超增压功能，瞬态可爆发最大 380N·m 的扭矩，配合强大的爱信 6AT 自动变速器液力增扭功能，起步瞬间可将发动机最大扭矩放大到 720N·m，坡道起步及脱困时拥有超凡的动力，更为难得的是，如此强大的动力仅需使用 92 号汽油即可实现。

长安汽车历时 6 年，100% 正向研发的蓝鲸 2.0TGDI 发动机，由人均研发经验超过 25 年的长安汽车英国研发中心主导开发，其精英研发团队大部分来自捷豹、路虎、福特、宝马、劳斯莱斯、宾利等著名汽车企业。这款发动机共申请专利 74 项，其中发明专利 24 项，相关研究成果已通过国家 863 项目专家验收，填补了国内 2.0L 及以上增压直喷发动机自主开发能力空白，是国内最强、世界领先的发动机。

2019 年 4 月 2 日，全新 CS95 车型正式上市，官方指导价为 16.59 万~21.39 万元。新车采用了长安最新的蝶翼式家族前脸设计，整体更加偏向年轻化，也提升了前脸的辨识度，尾灯采用了贯穿式设计，顺应了当下潮流。内饰方面，新车换装了 12.3 英寸中控液晶屏以及 10.25 英寸全液晶仪表盘，科技感十足。值得一提的是，新车还采用了时下非常流行的贯穿式出风口，使整个内饰看起来更具质感，此外，新车座椅采用 Nappa 皮质，在这个级别的车型当中并不多见，诚意满满。同时，新车的挡杆也采用了全新的造型，应当会有不错的握感。舒适及娱乐性配置方面，新车将全系标配 inCall 智能车载互联系统，拥有在线互联（车载软件及第三方应用）、在线语音识别交互、远程车况查询、远程控制（防盗监控定位、空调开启、解闭锁等）、防盗报警、救援服务以及 Wi-Fi 热点等。此外，新车还将搭载主驾座椅 8 向电动调节+4 向腰托、前排座椅加热+通风、350 瓦 10 扬声器先锋品牌音响、三区自动空调、遥控电动尾门、空气净化系统等。

五、2017 年，CS55 引领新青年风潮

2017 年 7 月 26 日，长安汽车旗下全新紧凑型 SUV——CS55 正式上市，新车搭载 1.5T 发动机，共发布 8 款车型。2018 年 9 月 12 日，新款长安 CS55 及长安 CS55 蓝动版正式上市，共推出 9 款车型。新车在外观、内饰以及配置上进行升级，售价为 8.49 万~13.39 万元。

2018 年 9 月 26 日，长安 CS55 在中国质量协会 2018 全国汽车用户满意度测

评中 8 万~10 万元紧凑型 SUV 组别中获得第一名；在 J. D. Power2018 年中国新车质量研究中，长安 CS55 以 87 分位列主流车市场紧凑型 SUV 组别第一。同年 11 月 28 日、29 日，长安汽车举办技术开放日暨挑战吉尼斯世界纪录活动，在位于重庆垫江的长安汽车综合试验场，55 辆长安 SUV 车型 CS55 以 "最大规模的自动驾驶车巡游" 项目成功挑战吉尼斯世界纪录。12 月，在中国汽车技术研究中心正式发布的 2018 中国生态汽车评价 （C-ECAP） 结果中，长安汽车凭借长安 2018 款 CS55 1.5T 6AT 蓝动版在健康、节能、环保方面的良好表现，以 88.73 分取得金牌。

2019 年 11 月 22 日，CS55PLUS 在广州车展上市，新车推出手动版炫色、炫动型和自动版炫色、炫动型共计 4 款配置车型，官方指导价为 9.19 万~11.49 万元。作为长安汽车 CS 家族新成员，CS55PLUS 集 "生命动感设计" "智能轻奢驾舱" "极致品质驾控" 于一身，专为新青年量身打造。CS55PLUS 的推出将丰富和拓展长安 CS 家族在 SUV 领域的布局，进一步夯实长安汽车在 SUV 市场的优势。

六、2019 年，CS85 开启跨界新玩法

2019 年 3 月 6 日，长安全新 SUV 车型——长安 CS85 Coupe 在三亚正式上市，根据配置推出 4 款车型，售价区间为 13.69 万~16.99 万元。定位于 "轿跑 SUV" 车型的长安 CS85 COUPE，凭借着运动化的造型设计以及 SUV 车型的空间实用性，深受当代年轻消费者喜欢。

造型方面，CS85 COUPE 延续了家族式设计风格，其中前脸采用了蝶翼式格栅设计，黑色高光材质搭配镀铬饰条填充了整个前格栅，下半部分的镀铬装饰条则呈现出如意的造型。搭配两侧全部采用 LED 光源的前大灯组，不仅使 CS85 COUPE 的前脸造型看上去更为精致，也带给人很强的视觉冲击力。

车身侧面的造型是其最吸引人的地方，CS85 COUPE 采用了溜背式设计风格，搭配流畅的线条，营造出非常动感的车身姿态。车尾造型的层次感很强，而且溜背的效果在此时看上去更为耐看，贯穿式镀铬饰条延展了尾部的视觉宽度。双边共四出排气布局则营造出运动化气息。

与外形相同的是，CS85 COUPE 的内饰同样采用了家族式设计风格。在内饰的做工用料方面，新车展现了很高的水准，中控台部分采用了大面积的皮质进行包裹，搭配白色缝线显得豪华感十足。而提供三种显示模式 10.25 英寸全液晶仪表盘及 12.3 英寸中控液晶屏的加入，则提升了车内的科技化氛围。值得一提的

是，12.3英寸中控液晶屏集成了功能丰富的腾讯智能车联网系统，不仅提供了三种不同的主题，屏幕分辨率也比较高，实际体验反应速度足够令人满意，包括在线收听、语音控制、360°全景影像以及CarPlay功能都配备在内。在中控液晶屏下方，包括座椅加热、座椅通风、自动泊车等功能被设置成实体按键，被独立了出来。

车身尺寸方面，新车长、宽、高分别为4720mm、1845mm、1665mm，轴距为2705mm。当身高173cm的体验者坐进前排，将座椅调至最低且合适的坐姿后，此时头部空间剩余一拳。保持前排座椅位置不变，位于第二排的体验者头部距离车顶剩余四指，而腿部有一拳+四指的余量。对于一款轿跑SUV而言，乘坐空间表现尚可。后排地板相当平整，对于满载时中间乘客的乘坐舒适性有积极影响。

动力系统部分，CS85 COUPE先期搭载一台蓝鲸2.0TGDI发动机，最大输出功率171kW（233Ps），峰值扭矩360N·m。传动部分，匹配8速手自一体变速箱。此外，还提供了经济、舒适、运动、雪地四种驾驶模式。而年内计划推出的车型中包括了1.5T车型，1.5T发动机最大输出功率138kW（178Ps）。传动部分，匹配7速双离合变速箱。

2019年6月3日，CS85 COUPE 1.5T车型正式上市，共推出3款车型，售价为11.99万~13.79万元。这次上市的1.5T车型搭载全新蓝鲸1.5TGDI直喷增压发动机+7速湿式DCT变速器动力组合，最大功率131kW，最大扭矩为265N·m。同时全系还将新增星云紫配色，将进一步丰富消费者购车选择。

自此，长安汽车SUV阵营已从小型SUV、紧凑型SUV、中大型SUV覆盖到轿跑SUV，实现了产品线的逐步丰满，极大程度满足了用户多元化的用车需求。2012~2019年，八年辛勤耕耘，长安汽车用实际行动彰显着实力。在丰富产品线的同时，长安汽车对产品质量更是有着严苛要求。2014年6月4日，长安汽车发布了行业第一个品质试验验证体系CA-TVS。

CA-TVS是长安汽车建立的一套国际标准的品质试验验证体系，这套体系覆盖了汽车开发的可靠性、行驶性能、NVH、安全、电器、动力等15个验证领域，包括357项整车试验，289项匹配试验，994项系统级试验，超过3000项零部件级试验。与此同时，长安汽车已建成涵盖震动噪声、碰撞安全、制动性能、底盘试验、驱动系统等15个领域的国际先进实验室，拥有安全碰撞与震动噪声国家重点实验室。一直以来，长安汽车通过正向开发、自主创新，打造了中国最强大且持续领先的研发能力。而CA-TVS品质试验验证体系无疑将会对长安的产品开发能力带来巨大提升，同时这一体系与CA-PDS产品研发管理流程一道，成为长安正向开发的两大法宝。

在 CA-TVS 品质试验验证体系下，长安汽车以超出用户使用极限的试验验证，全面模拟车辆行驶过程中承受的载荷条件，试验强度远高于用户使用载荷，且每款车型投入超过 150 辆车进行试验验证，累计耐久试验里程超过 400 万公里，保证用户至少使用 10 年或者行驶 26 万公里的品质要求。

另外，一期总投资为 13 亿元、占地 3300 余亩的长安汽车综合试验场已投入使用。该试验场按照世界一流水平进行设计和建造，是符合国际标准，以乘用车、商用车为主，兼顾摩托车的国内一流大型综合试车场。该试验场具备 34 种可自由组合的国际一流水平的可靠性试验路面，具备世界先进水平的干湿操纵性道路（国内独有），具备国际领先水平的最高车速达 250km/h 的高速环道，具备国内平整度最高、直径最大的动态广场（直径 300m），具备国内路面种类最丰富的综合性评价道路。

从产品的逐步升级到各大实验验证体系的建立，再到整合全球资源建立的"六国九地"全球协同研发布局，长安汽车在研发、创新中不断加大投入，只为打造世界一流研发实力！目前，长安汽车已经连续 5 届 10 年位居中国汽车行业第一，并已收获 1800 万用户的信赖与选择！未来，长安汽车必将以此为荣，继续前行，向"打造世界一流汽车企业"的宏伟愿景继续迈进！

第三章　北京越野不断拓展中国越野市场宽度

在运动型多功能车（SUV）领域，越野车是特殊的存在。越野车属于广义的SUV范畴，但通常意义上的SUV并不是真正的越野车。

中国的越野车从北京越野发端，启蒙了无数国人的越野情结。从军工到民用，从少数人专享到越来越多人喜爱，作为以"越野"为定位的品牌，北京越野几乎没有真正意义上的对手。北京越野对越野市场的拓展、对越野文化的普及起到了无可替代的作用，成为该领域无可置疑的头部领导品牌。如今，随着越来越多的消费者开始追求彰显个性、追求真我，期望汽车产品在作为出行工具的基础上带来全新的生活，北京越野也通过开启一体化运营的新阶段，迎来全新发展新时代。

从一定意义上讲，2019年初北京越野实现一体化运营是中国越野市场的分水岭。之前，是北京越野为中国越野市场打下烙印的时间，除了军队、专业领域等使用越野车外，在民间，越野更多以自发性为主，为少数人专享；之后，北京越野深入洞察市场，通过持续拓展越野边界，越野文化开始如火如荼开展，更多人的越野心被激活，越野赛道正不断地被拓宽。

一、越野开启：因荣耀而生，北京越野成头部代名词

可以说，北京越野从诞生之日起，就与荣耀为伍，而在不断发展过程中，荣耀又不断地给予北京越野加持。这形成了中国越野独有的现象，也让北京越野的车主具有了浓浓的家国情怀，正因此让北京越野拥有了两大认知体系。

1. 荣耀时刻，总有北京的大众化认知

新中国成立后，一度缺乏一款适合恶劣地形的通勤车辆。在此背景下，1965年BJ212正式下线，拉开了中国越野车"从无到有"的大幕。从BJ212开始，北京越野在随后的峥嵘岁月中，不忘初心、牢记使命，肩负起一个又一个重要国家任务，见证和参与了新中国一次又一次的"荣耀时刻"。

1966 年，BJ212 作为国家领导人检阅车，成为北京越野的首度"荣耀"聚焦；1984 年，BJ212 以引导车等多重身份，在新中国成立 35 周年庆祝仪式上，延续越野世家荣耀；1999 年，BJ2020 作为检阅引导车，在新中国成立 50 周年庆典中，见证祖国的跨越发展。2009 年，"勇士"高光登场，在新中国成立 60 周年大庆仪式上，引领方队接受检阅，向世界展示中国汽车工业的强大实力。2015年，BJ40 作为礼炮牵引车，在"纪念中国人民抗日战争暨世界反法西斯战争胜利 70 周年大会"仪式中，续写荣耀历史。2017 年，BJ80 连续两次荣膺主席检阅车，在香港回归 20 周年以及朱日和检阅仪式上，再次擦亮越野世家金字招牌。2019 年，BJ80 成为新中国成立 70 周年阅兵方阵引导车和礼炮牵引车军方唯一指定用车，再次见证和参与了中国发展进程中的又一荣耀时刻。

对于中国人来说，北京越野是一种情怀、信仰和骄傲。特别是 BJ2120 作为共和国历史上首款自行研发的纯正国产乘用车，曾红遍大江南北，创造了属于中国汽车工业的首个"百万"奇迹，在百万奇迹之下的越野用户，更是创造了许多越野奇迹。1997 年 12 月 28 日，四川车手周光强开始了中国人驾中国车孤身单骑环球远征史无前例的壮举。周光强与他驾驶的 BJ2020S 纵横欧亚大陆、横跨大西洋，出现在举世闻名的美国汽车城——底特律，周光强创造了世界奇迹。福建省歌舞剧院创作室编剧吴苏宁，在 20 世纪 90 年代初买了一辆 BJ2020SG，以他对国产车的执着追求和敢于向大自然挑战的非凡勇气，驾驶心爱的 BJ2020SG 开始周游祖国各地。自 1996 年起，他单车单人登上珠峰大本营，创造了孤身驾国产车登高之最等三项吉尼斯世界纪录，它的坐骑也成为世界上第一辆跑遍中国的汽车，获得了上海吉尼斯总部授予的吉尼斯纪录证书。

在 60 余年的发展历程中，北京越野更是从未缺席新中国众多值得铭记的历史瞬间，从而开启了属于自己的辉煌足迹，正式载入中国汽车工业发展史册。北京越野既能与高雅、尊贵相伴，也可与自然、纯朴亲近。在神圣的天安门广场，在无数次的山间土路，北京越野与人们结下了挥不去的情结。在百年汽车族谱中，这也是罕见的传奇。它不仅见证着民族汽车工业的历史，也见证了新中国历史发展的变迁。

2. 看越野首选北京的购买普遍性认知

正因北京越野是中国越野文化的开创者、引领者，在中国越野市场具有独一无二的地位。北京越野在开启、培育、推广并引领中国越野文化的发展之路上，奠定了四大难以超越的优势，成就北京越野的独特：

悠久的历史传承，赋予越野厚重感。伴随着中国首款越野车 BJ212 的诞生，北京越野就正式拉开了中国越野车的发展大幕，距今已有 60 余年的历史，放眼其他品牌，这是无可比拟的。

专业的研发团队，引领越野技术走向。北京越野拥有千人的越野车专业研发团队，专门建立的"越野车研究院"在全国独一无二，骨干人才从事越野车事业达 30 年以上，同时北京越野也在持续加大着软硬件方面的投入。

高水准的制造基地，打造越野最高水准的品质。北京越野斥资数十亿元建立起越野车现代化生产基地，工艺水平达到国内一流。这个高自动化、高质量管控、高环保等级的制造基地，可实现越野车的柔性化共线生产，开创了中国越野车制造行业先河。以 BJ40 系列为例，该车型累计完成 530 多万公里实车道路可靠性试验和 1260 余项系统及零部件试验，使之成为千锤百炼的精品。

完整的产品规划，实现越野人群全覆盖。北京越野基于平台化开发，持续完善"2-4-6-8/3-5-7-9"等产品序列，实现专业化、改装、泛越野等产品范围全覆盖，整个产品序列都有着清晰的延续性，保证产品不断升级推出。

正因因此，成就了北京越野在市场上强大的竞争优势，是国内越野车当之无愧的领军品牌，而且它以不断完善的产品体系和丰富的产品满足不断升级的市场需求。

二、一体化运营：描绘中国越野新蓝图

在整个北汽集团发展历史中，最有特色的标签非越野莫属。如今在北汽集团版图中，北京越野则是高质量差异化竞争的杀手锏。为此，北汽集团提出强化越野车这一战略构想，让北汽越野车实现了一体化运营的调整。2019 年伊始，北汽集团越野车有限公司正式揭牌成立，完成一体化运营改造的北汽越野车，打通了研发、采购、制造、品牌、销售全价值链体系，实现了"北京越野"品牌各节点的有力整合，以一体化运营全面开启了"北京越野"全新的时代征程。一体化运营后，北京越野对中国越野车市场进行了全面深入的思考，在此基础上展开了卓有成效的工作。

1. 向前拓宽：洞察市场大势，明晰发展规划

在中国车市进入存量发展时代的今天，有着 60 余年深耕越野车市场历史和传承的北京越野，对中国越野车市场有更加深刻的洞察，也面临着新的发展机会。

消费升级、新生代消费群体崛起，让小众的越野车市场蕴藏着大机遇。从市场总量上看，中国越野车市场相对来说属于小众市场。以 15 万~20 万元 SUV 市场为例，单月销量在 13 万辆左右，而同等价位区间的越野车市场容量却不足

3000 台。从消费趋势上看，随着消费升级，以及新生代消费力量的崛起，选择一台车，已经不再是简单地选择一种出行工具，更多的是选择一种生活方式。消费的升级和个性化需求，让越野车成为越来越多人的新选择，越野车这一小众市场，蕴藏了巨大的扩容空间和发展机遇。

市场竞争加剧下"马太效应"更加明显，购买清单向头部品牌聚拢转移。在竞争加剧和消费升级的双重作用下，延迟享受的"达尔文进化论"，让潜在消费者会"自然选择"头部地位的产品。各级别市场格局变化不大，强者恒强，已经成为不争的事实。以 A、B 级轿车市场为例，2016 年至 2019 年 1~9 月 A 级轿车销量 TOP10 中只有 3 个新增席位，而 B 级轿车只有 2 个新增席位。而越野车市场销量向头部品牌聚拢的趋势则更加明显，2016 年至 2019 年 1~9 月销量 TOP10 仅有 1 个新增席位。

销量、市场占有率大幅领先赢得"头部地位"，北京越野牢牢掌握竞争主动权。北京越野一直致力于打造"中国越野车第一品牌"，而且目前已经在销量、市场占有率上做到了中国品牌的第一，这也让北京越野在未来的竞争中赢得先手，将主动权牢牢掌握在自己手中。

基于市场发展趋势，北京越野已经有了清晰的应对规划：

坚持强化头部品牌引领作用，锐化"第一"的品牌力。充分利用和发挥北京越野既有的领先优势，不断夯实做深越野人群，巩固专业越野玩家首选北京越野的购买暗示，同时不断开拓越野向往者人群，扩大越野车用户基盘，形成"选越野必看北京"的品牌认知。

坚持技术深化和产品更新，打造硬核竞争力。北京越野有着世家级的千人研发团队、世家级的先进生产制造基地、世家级的越野车技术储备，坚持技术引领产品创新，持续推出超出客户期待的爆款产品，打造北京越野的硬核竞争力。

坚持文化引领，形成鲜明感召力。未来北京越野将继续深化北京©越野联盟以及越野生态圈的建设和经营，借助圈层力量，强化北京越野的品牌精神，与越野玩家和爱好者们一起推动中国越野文化的发展，形成鲜明的北京越野文化感召力。

2. 格局突破：明确以打造"中国越野车第一品牌"为品牌愿景

在北京越野一体化运营元年，北京越野以"专、精、特"发展路径，践行北汽集团"高、新、特"战略要求，明确以打造"中国越野车第一品牌"为品牌愿景，创新重塑"越野世家"特色基因辉煌，全力打造特色增长极。

显然，以振兴"越野世家"为初心，"打造中国越野第一品牌"为使命的北汽越野车，从越野车事业部到越野车公司，是格局的突破。以全新面貌示人的北汽越野车，在打造"中国越野车第一品牌"的同时，不仅以世家级研发积淀、世家级制造实力、世家级品牌坚守，凭借智能化的工厂和高质量的管理体系，打造出一系列明星级产品，还以别开生面的系列活动来刷新自己的品牌形象与定位。2019年，北京越野通过文化营销、赛事营销、圈层营销、体验营销等多维度的营销方式，持续传递越野文化。

以原创经典IP，深耕越野圈层极致体验。北京越野近年来在营销端频频发力，倾力打造了"38°向上人生""使命召唤"等原创IP，除了亮相国内重大活动外，北京越野还与中国探月工程开展全方位合作，基于用户、基于体验、基于圈层，为北京越野的品牌建设和终端销量达成做出了突出的贡献。

征战赛事实力封王，成就"长距离越野拉力之王"。2019年，北京越野征战中国环塔拉力赛、2019中国汽车越野锦标赛等长距离越野拉力赛，均成功夺冠，连续三年蝉联环塔拉力赛冠军，成为最强王者，被媒体和用户誉为"长距离越野拉力赛之王"。以国际性的顶级极限赛事为载体，北京越野向用户清晰地传递出对军工品质和专业越野技术的坚守。

建设文化主题阵地，多维体验撬动粉丝经济。北京越野持续打造越野小镇、越野公园、越野俱乐部等多种形式的越野体验基地，以越野车为载体和纽带，串联新的消费理念，持续推进体验营销，同时通过北京©越野联盟，以丰富多元的内容生态和极致体验，持续增加车主与品牌的黏性，建立核心用户粉丝圈层，撬动粉丝经济扩圈增量。

以跨界生活方式为引领，吸引越野向往者。北京越野持续引领越野文化的发展，在不断夯实专业越野圈层的同时，以跨界的生活方式为载体，不断地吸引越野向往者关注并认可北京越野的品牌和产品。

多维度的圈层营销，让北京越野建立起了从越野发烧友到越野爱好者再到越野向往者的用户粉丝越野生态圈，让越野成为一种健康、时尚、正能量的生活方式，为用户带来全新的出行生活。

3. 首创新定级标准，打开目标人群新视角

北京越野首创了"越野新定级标准"，通过S、P、C、SE四大系列，分别按照消费者的不同需求进行贴近，让硬派越野车变得更加细分，满足广大中国越野人对越野产品趋于多元化、个性化的需求和渴望，以此增加受众人群。通过产品谱系的细分，分别满足了越野狂热者、越野爱好者与越野向往者的追求，真正做到了以差异化按需生产，也在消费的新增长点上占据了先机。

（1）S系列：追求极限　打破极限。

环塔拉力赛是一项不断向艰苦自然环境、人类体能极限和赛车技术发起挑战

的赛事。作为 S 系列的代表，BJ40 环塔冠军版也同样是为了挑战极限而生。对于越野狂热者来说，普通的沟沟壑壑已经不能满足其旺盛的战斗欲，只有那些沙漠、戈壁、崇山峻岭，才能燃起他们心中超越极限的火。但遗憾的是，对于市面上大多数车型来说，并不具备挑战极限的能力。因此，北京越野便为这些用户量身打造出了这款环塔冠军版，并赋予了其惊艳的越野实力，让其可以更好地向极限发起挑战。

BJ40 环塔冠军版基于普通版车型所打造，整体延续了普通版车型的设计风格，但在细节方面却进行了进一步优化，如专属的大漠金车身配色、环塔车身拉花、环塔元素备胎，配合上黑色钢琴烤漆进气格栅，不仅提升了车辆的辨识度，还有效增强了车身整体的越野气息，也标志着其出色的越野性能。内饰方面，BJ40 环塔版内部设计同样延续现款，但略有不同的是，中控屏开机画面被特地设置成了环塔元素。在配置方面，BJ40 环塔冠军版还配备了 7+1 立体声音响、方向盘加热、12.3 英寸全液晶仪表盘与语音识别功能，提升了车内的科技感。

而在最核心的越野性能方面，BJ40 环塔冠军版采用了 2.3T+6AT 的动力总成，为越野提供强劲动力。配合上前双横臂螺旋弹簧+后五连杆螺旋弹簧的悬架结构，增强了其面对极限路况时的应对能力。除此之外，它还配备了电控分时四驱与后桥差速锁，进一步赋予了 BJ40 环塔冠军版超越极限的底气，也无愧环塔冠军版之名。

（2）P 系列：BJ40 PLUS 为越野而生。

北京越野 BJ40 PLUS 作为 P 系列的代表，用户群体则面向越野爱好者。毕竟 BJ40 环塔冠军版全球限量 2019 辆，更多的是面向越野狂热者，所以 BJ40 PLUS 则是为了那些一心追求越野性能的越野爱好者所打造。换句话说，BJ40 PLUS 是一款专业越野车，但又不只是一款基础的专业越野车。

在动力系统方面，2.3T+6AT 的动力组合，为 BJ40 PLUS 提供了强劲的动力，使得其可以胜任各种路况。除此之外，博格华纳分时电控四驱与螺旋弹簧前悬结构加成，让 BJ40 PLUS 硬派加身，使得其可以快速高效地应对各种地形，改装空间也更大，全方位满足了越野爱好者对硬派越野车的需求。

关于智控层面，BJ40 PLUS 则配备了 12.3 寸全液晶仪表、10 寸智能车机显示屏、流媒体自动防炫目内后视镜、智能双区自动空调系统等众多配置，使车主可以更好地在出行过程中享受智控加载，也更加贴近时下越野爱好者多样化的需求。

（3）C 系列：越野向往者的追求。

而对于"越野向往者"来说，城市通行场景才是主旋律，虽然一心向往路随心定、快意驰骋的豪迈，但迫于生活与家庭，只能拥有却不能践行。对此，北京越野推出了 C 系列代表——BJ40 城市猎人版，它不仅能够为消费者在城市中提供舒适驾控体验，还能在举家出行时，在丛林进行穿梭。而这种静若处子、动若脱兔的生活态度，也被我们称为"轻越野"。

对于这种拥有"轻越野"生活态度的消费者来说，想要寻求一款静动兼得的车型，实属困难。但 BJ40 城市猎人版就是这么一款车，它不仅搭载北汽越野车自主研发的 2.0T&2.3T 黄金双擎动力，提供强劲动力，还配备了采埃孚的 6AT 变速器，让动力输出更加平顺。此外，新车还采用铝合金双色轮圈及轻享轮胎，进一步减轻车身重量，配合全新升级的悬架系统，让车辆侧倾减少 33%，大大提升城市驾驶的舒适性。加之 LASD 德奔隔音降噪技术加成，让整车隔音面积提升 50%，带来优异的 NVH 体验与城市舒适体验。

而当遇到越野场景后，BJ40 城市猎人版沿用越野世家标志性的电控分时四驱系统，能够从容应对多种地形，让消费者可以畅行无阻。其专业越野车身，离地间隙达到 220mm，配合 37°接近角、31°离去角以及 23°纵向通过角，真正做到了路随心定，快意驰骋。

（4）SE 系列产品：满足定制用户需求。

以 BJ40 盛世华章版为例，全球限量发售 700 台，为献礼 70 周年专属打造，在外观、内饰、便利性方面全面升级，契合新中国成立 70 周年主题元素，再现国之盛典的荣耀时刻，对于车主来说，每一台盛世华章版车型都是独一无二的，非常具有纪念意义。

4. 组合拳初见威力，前景更可期

一体化运营让北京越野更具活力，提升效果显著。车市的大变局下，北京越野在 2019 年一体化运营的元年，不断探索品牌升级的新路径——专于越野高品质发展，精于品质新模式运营，打造特色增长极，形成了"四轮驱动"的领先优势，在中国越野车市场建立起了越来越明显的头部效应。

销售业绩持续攀升：2019 年一体化运营以来，北京越野在汽车市场大盘持续下行的背景下，成功实现逆势增长，旗下主力车型 BJ40 系列连续 30 个月销量位居中国品牌越野车细分市场第一，占有率突破 74%。此外，北京越野整体在中国越野车市场占比达到 26.8%，也就是说，在中国越野车市场上，每 4 台越野车便有 1 台来自北京越野。销量领先的同时，在企业利润和经销商经营利润方面同样收获了可喜的成果，厂商一体化高质量发展成果显现。

产品口碑持续领先：北京越野强势推出了 BJ40 城市猎人版、BJ40 环塔冠军版、BJ40 PLUS、BJ80/BJ40 盛世华章版五款焕新产品，实现了"特"字头战略的完美落地。主力产品 BJ40 系列长期稳居汽车之家等各大口碑排行榜前列，收获各类奖项 20 余项。"选越野必看北京"已成为越野圈层中的共有认知。

品牌影响力不断强化：北京越野拥有 60 余年的发展底蕴，BJ212 的辉煌与情怀、电影《战狼 2》的英雄座驾、两次荣膺主席阅兵用车，这些都让北京越野在社会公众心目中形成了"荣耀时刻必有北京"的品牌认知。在 2019 年新中国成立 70 周年阅兵盛典中，北京越野 BJ80 再次担纲阅兵方阵领航车和礼炮牵引车，出色完成国家任务的同时，也进一步提升了品牌的影响力。

多元化圈层营销效果显现：2019 年，北京越野在巩固专业越野市场发展优势的同时，积极地通过体验营销、赛事营销、文化营销、圈层营销进行拓圈、拓网和拓能。北京越野城市猎人版在整个 BJ40 系列的销量组成中扮演着越来越重要的角色，而且从终端反馈来看，一些关注城市 SUV 产品的消费者开始对北京越野产生兴趣，家庭的女主人逐渐不再反对购买越野车，甚至越来越多女性消费者愿意选择 BJ40 城市猎人版作为自己的伙伴。北京越野已经建立起了从越野狂热者到越野爱好者再到越野向往者的用户粉丝越野生态圈。

2019 年，通过在产品结构、消费结构、营销模式方面的探索以及取得的阶段性成果，北京越野看到了越野车市场更广阔的发展机会，不断以技术和产品革新、营销和文化引领打造硬核驱动力，持续打造中国越野车第一品牌。

5. 追求极致，"中国越野车第一品牌"愿景徐徐展开

在北京越野看来，想要成为"中国越野车第一品牌"，主要有四个第一的指标：市场占有率第一、产品与服务品质第一、用户口碑第一和经销商满意度第一，北京越野正是在这四个第一的指标上精耕发力、站稳市场。

市场占有率第一：市场占有率是一个品牌综合实力的体现，只有市场占有率第一，才是名副其实的"中国越野车第一品牌"。北京越野主力车型 BJ40 系列连续 30 个月销量排名中国品牌越野车细分市场第一，细分市场占有率超过 74%，这是北京越野打造"中国越野车第一品牌"最直接的体现和支撑。

产品与服务品质第一：包括产品越野性能的领先、产品质量的可靠性以及为消费者提供高品质的服务。

用户口碑第一：不仅包括车主对于产品使用的口碑，还有社会各界对于北京越野的高接受度，让潜在用户对品牌心存向往。

经销商满意度第一：北京越野致力于通过区域营销工作升级、市场秩序管控力度加强、加大资源投入、加大经销商支撑力度及厂端政策执行力度等措施，提升经销商能力和满意度。

为了更好地巩固北京越野"四个第一"的市场优势，北京越野着力依靠锻

造四个极致，包括极致的性能、极致的产品、极致的科技和极致的体验，来保持北京越野的发展活力和领先地位。

锻造极致性能：专注于对军工品质的卓越追求，依托专业化越野车生产基地，按照军用、专业化标准体系，锻造极致而耐久的越野性能。

打造极致产品：承袭60余年越野历史血脉的优秀基因传统，基于平台化开发，持续完善"2-4-6-8/3-5-7-9"等产品序列，实现军用、专业化、改装、泛越野等产品范围全覆盖。

创新极致科技：依托国内首个越野车研究院，围绕全球顶尖、前沿专业化科技开展创新突破；同时，加快智能网联功能搭载应用，持续丰富基于户外越野等使用场景的可选科技配置。

创造极致体验：不断提升产品与服务的融合发展能力，推进越野生态圈建立，围绕专业赛事、越野小镇、越野俱乐部等创新模式营运增效，打造越野体验经济。

未来，北京越野将继续巩固已有的发展优势，并结合客户需求和越野文化的发展，聚焦"三新"，以全新的品牌形象、全新的产品阵容、全新的营销理念打造"中国越野车第一品牌"，推动北京越野开启发展新时代。

总的来说，从北京越野在2019年的一系列动态来看，该品牌正在逐步推进越野生态圈的建立，围绕专业赛事、越野小镇、越野俱乐部等创新模式营运，打造越野体验一体化模式，也让北京越野的品牌IP发扬光大，深入人心。无疑，北京越野黄金时代正在来临，在践行北汽集团"高、新、特"的理念下，北京越野不断向着"中国越野车第一品牌"的目标迈进，引领中国越野车迎来最好的发展时代。